本书为北京大学与耶鲁大学博士生交换项目、中国国家留学基金委建设高水平大学公派研究生项目、云南大学人文社科青年研究基金项目（批准号：15YNUHSS029）成果，出版得到云南省"中国陆地边疆治理协同创新中心"资助

云南大学周边外交研究丛书

基金会、冷战与现代化

——福特基金会对印度农业发展援助之研究（1951—1971）

冯立冰◎著

中国社会科学出版社

图书在版编目(CIP)数据

基金会、冷战与现代化：福特基金会对印度农业发展援助之研究（1951—1971）／冯立冰著．—北京：中国社会科学出版社，2016.12

（云南大学周边外交研究丛书）

ISBN 978-7-5161-9726-4

Ⅰ.①基… Ⅱ.①冯… Ⅲ.①福特基金会—经济援助—农业发展—印度—1951—1971 Ⅳ.①F351.39②D771.2

中国版本图书馆 CIP 数据核字（2016）第 316514 号

出 版 人	赵剑英	
责任编辑	王 茵　马 明	
责任校对	胡新芳	
责任印制	王 超	

出　　版	中国社会科学出版社
社　　址	北京鼓楼西大街甲 158 号
邮　　编	100720
网　　址	http://www.csspw.cn
发 行 部	010-84083685
门 市 部	010-84029450
经　　销	新华书店及其他书店

印　　刷	北京明恒达印务有限公司
装　　订	廊坊市广阳区广增装订厂
版　　次	2016 年 12 月第 1 版
印　　次	2016 年 12 月第 1 次印刷

开　　本	710×1000　1/16
印　　张	18
插　　页	2
字　　数	265 千字
定　　价	78.00 元

凡购买中国社会科学出版社图书，如有质量问题请与本社营销中心联系调换
电话：010-84083683

云南大学周边外交研究中心
学术委员会名单

主 任 委 员：郑永年

副主任委员：邢广程　朱成虎　肖　宪

委　　　员：（按姓氏笔画排序）

王逸舟　孔建勋　石源华
卢光盛　刘　稚　许利平
李一平　李明江　李晨阳
杨　恕　吴　磊　陈东晓
张景全　张振江　范祚军
胡仕胜　高祖贵　翟　崑
潘志平

总　序

近年来，全球局势急剧变化，国际社会所关切的一个重要议题是：中国在发展成为世界第二大经济体之后，其外交政策是否会从防御转变为具有进攻性？是否会挑战现存的大国和国际秩序？甚至会单独建立自己主导的国际体系？的确，中国外交在转变。这些年来，中国已经形成了三位一体的新型大外交，我称之为"两条腿，一个圈"。一条腿是"与美、欧、俄等建立新型的大国关系，尤其是建立中美新型大国关系"；另一条腿为主要针对广大发展中国家的发展战略，即"一带一路"；"一个圈"则体现于中国的周边外交。这三者相互关联，互相影响。不难理解，其中周边外交是中国外交的核心，也是影响另外两条腿行走的关键。这是由中国本身特殊的地缘政治考量所决定的。首先，周边外交是中国在新形势下全球谋篇布局的起点。中国的外交中心在亚洲，亚洲的和平与稳定对中国至关重要，因此是否能处理好与周边国家关系的良性发展，克服周边复杂的地缘政治环境，将成为影响中国在亚洲崛起并建设亚洲命运共同体的关键。其次，周边外交是助推中国"一带一路"主体外交政策的关键之举。"一带一路"已确定为中国的主体外交政策，而围绕着"一带一路"的诸多方案意在推动周边国家的社会经济发展，考量的是如何多做一些有利于周边国家的事，并让周边国家适应中国从"韬光养晦"到"有所作为"的转变，并使之愿意合作，加强对中国的信任。无疑，这是对周边外交智慧与策略的极大考验。最后，周边外交也是中国解决中美对抗、中日对抗等大国关系的重要方式与途径。中国充分发挥周边外交效用，巩固与加强同周边国家的友好合作关系，支持周边国家的发展壮大，提升同中国的向心力，将降低美日等大国在中国周边地区与国家中的影响力，并化解美国在亚洲同盟与中国对抗的可能性与风险，促成周边国家自觉地对中国的外交政策做出适当的调整。

从近几年中国周边外交不断转型和升级来看，中国已经在客观上认识到了周边外交局势的复杂性，并做出积极调整。不过，目前还没能拿出一个更为具体、系统的战略。不难观察到，中国在周边外交的很多方面既缺乏方向，更缺乏行动力，与周边国家的关系始终处于"若即若离"的状态。其中导致该问题的一个重要原因是对周边外交研究的不足与相关智库建设的缺失，致使中国的周边外交还有很大的提升和改进空间。云南大学周边外交中心一直紧扣中国周边外交发展的新形势，在中国周边外交研究方面有着深厚的基础、特色定位，并在学术成果与外交实践上硕果颇丰，能为中国周边外交实践起到智力支撑与建言献策的重要作用。第一，在周边外交研究的基础上，云南大学周边外交中心扎实稳固，发展迅速。该中心所依托的云南大学国际问题研究院在 20 世纪 40 年代起就开始了相关研究。进入 21 世纪初，在东南亚、南亚等领域的研究开始发展与成熟，并与国内外相关研究机构建立了良好的合作关系，同时自 2010 年起每年举办西南论坛会议成为中国西南地区最高层次的学术性和政策性论坛。2014 年申报成功的云南省高校新型智库"西南周边环境与周边外交"中心更在中央、省级相关周边外交决策中发挥重要作用。第二，在周边外交的研究定位上，云南大学周边外交中心有着鲜明的特色。该中心以东南亚、南亚为研究主体，以大湄公河次区域经济合作机制（GMS）、孟中印缅经济走廊（BCIM）和澜沧江—湄公河合作机制（LMC）等为重点研究方向，并具体围绕区域经济合作、区域安全合作、人文交流、南海问题、跨界民族、水资源合作、替代种植等重点领域进行深入研究并不断创新。第三，在周边外交的实际推动工作上，云南大学周边外交中心在服务决策、服务社会方面取得了初步成效。据了解，迄今为止该中心完成的多个应用性对策报告得到了相关部门的采纳和认可，起到了很好的咨政服务作用。

云南大学周边外交中心推出的《云南大学周边外交研究丛书》

系列与《云南大学周边外交研究中心智库报告》等系列丛书正是基于中国周边外交新形势以及自身多年在该领域学术研究与实践考察的深厚积淀之上。从周边外交理论研究方面来看，该两套丛书力求基于具体的区域范畴考察、细致的国别研究、详细的案例分析，来构建起一套有助于建设亚洲命运共同体、利益共同体的新型周边外交理论，并力求在澜沧江—湄公河合作机制、孟中印缅经济合作机制、水资源合作机制等方面有所突破与创新。从周边外交的具体案例研究来看，该套丛书结合地缘政治、地缘经济的实际情况以及实事求是的田野调查，以安全合作、经济合作、人文合作、环境合作、边界冲突等为议题，进行了细致的研究，客观独立的分析与思考。从对于国内外中国周边外交学术研究与对外实践外交工作的意义来看，该丛书不仅将为国内相关研究同人提供借鉴，也将会在国际学界起到交流作用。与此同时，该两套丛书也将为中国周边外交的实践工作的展开提供智力支撑与建言献策的积极作用。

郑永年

2016 年 11 月

序

　　本书涉及的课题很广、也很大，很重要、也很富有挑战性。把这么广、这么大的重要课题结合起来研究考察，同时又要做到明确而不失去焦点、简要而不至于复杂、厚实而不陷于空洞，对任何一位雄心勃勃的青年学者而言，其难度无疑都是巨大的。如书名主副标题显示，本书研究的课题是两个重要关联层面。其一，主题层面是"基金会、冷战与现代化"，彰显其关注的三个相互关联的重大主题。现代化是人类社会摆脱愚昧与贫困、追求进步和发展的伟大历程；现代化理论，20世纪六七十年代曾在西方学界非常流行，80年代后中国学界承接过来，呼应正在开启的中国改革开放现代化的伟大征程。冷战是二战结束后几十年来东西方世界之间殊死博弈对抗的现实政治生态；对冷战史的研究，成为近二十年来中外学界的热点。基金会，作为特殊的非政府组织，其重要性与影响力，更是与日俱增。

　　其二，操作层面是"福特基金会对印度农业发展援助之研究（1951—1971）"，揭示支撑主题的经验个案研究的专门切入点与聚焦点，以及地理空间与历史时间的专门维度。换言之，操作层面具体涉及印度、美国、农业发展与对外援助等至少四个重要关联维度，样样都是牵动人类社会与世界格局的战略性课题。众所周知，中国与印度，文明悠久，彼此相邻，同属亚洲新兴大国经济体，具有许多突出相似与截然不同的可比性。基于历史、文明、人口、面积与经济发展等因素，在亚洲与全球战略中，印度的重要性是不言而喻的。考虑到与印度地缘政治密切关联的中国与俄罗斯因素，任何世界大国与印度的关系互动，远远超越了双边关系的范畴，都具有全球与地区战略博弈的匠心。在冷战背景下，印度农业发展不仅是农村产业经济发展课题，更是国家社会政治稳定课题；美国对外援助不仅是双边纾贫解困资金与技术课题，更是全球政治意识形态与大国关系博弈的工具手段。

面对上述两大层面众多相互关联却无法回避的重大问题与课题，既是冯立冰博士研究面临的严峻挑战，也是本书难能可贵的出彩之处。本书在绪论中明确澄清了三个重要立论前提与定位："其一，本研究涉及印度农村和农业发展的重要问题，这是一个更大范畴的重大课题，但是，印度农村与农业发展不是或者不完全是本书焦聚的中心问题。本书仅仅选择从福特基金会对印度农业发展援助这一特定视角切入，进而关联印度农村与农业发展的大背景、大课题来探讨问题。其二，本研究涉及美国对外援助，这同样是一个非常大的重要课题，但是，本书并不是研究美国对外援助甚至美国对印度援助的本身。本书选择焦聚福特基金会对印度农业发展援助这一特定视角切入，关联美国对外援助、特别是美国对印度援助的主轴与背景来考察问题。其三，本研究涉及意识形态与冷战、发展援助与对外政策、发展与现代化、贫困与绿色革命等宏大的理论课题……但是，在本研究中，任何对这些课题的理论关怀主要出于对研究背景与对象课题的更好理解，以及出发点的锁定与再出发的方向定位考量。"鉴于此，本书选择福特基金会对印度农业发展援助为专门切点，聚焦美国对印度粮食援助、农业社区发展、深耕县计划与绿色革命等系列具体个案研究，探讨冷战背景下二十年间其政策演变与援助内容的发展进程，分析农业发展的理论与策略、变革的设想与实践，以及发展援助的作用和局限，进而全面把握福特基金会对印度农业发展援助的性质、客观效果和本质。

冯立冰博士热爱学术、积极向上，是一位自珍自爱、自立自强的青年学者。在北大自硕士阶段便研习印度历史，一直师从我的同事王红生教授。因系里博士招生年龄限制严格规定，王红生教授无法直接将其收于门下攻读博士学位。在王教授引荐下，立冰找到了我，表达了继续在北大攻读博士学位的意愿。由于本人治学方向是东南亚近现代史和华侨华人史，进入博士生阶段后，立冰面临一个非常棘手的选择：要么更变博士研究课题，另起炉灶，随我研究东南亚近现代史和华侨华人史；要么在原来硕士论文基础上，继续做印度史方向博士论文研究。前一种选择，对一个没有任何基础的新人而言，短短四年之内完成一篇博士论文几乎是不可想象的；后一种选择，则要求王红生教授继续承担立冰博士论文的专业指导。于是，我们三人立刻达成了一项君子协议：我接受立冰在我名下攻读博士学位，负责行政与一般学术性专业指导；王红生教授则同意继续承担对其印度史方向的具体专业指导。所以，立冰博士论文的顺利完成是我们三方成功合作的尝试，特别是与王红生教授一直以来的悉心指导和重要贡献是分不开的。

　　无论是在北大，还是在耶鲁和阿姆斯特丹，立冰都能够积极把握机会，出色地完成学业任务。毕业后能够获聘南亚与东南亚研究重镇的云南大学国际关系研究院，无疑是她职业生涯的幸运和福气。南亚与东南亚研究，在云南大学一直得天独厚，享有不可比拟的地理区位与学术特色的传统优势。以本书出版为新起点，我相信并祝福立冰能够继续保持初心，虚心学习，立足云大，深耕印度，在今后漫长的学术生涯中能够百尺竿头，更进一步。

　　是为序。

吴小安
2016 年于燕园

目　录

图表目录

图　片

表　格

第一章

绪　论

本书考察 1951—1971 年间美国福特基金会对印度农业发展的援助，紧扣基金会对印援助这条主线索，兼顾冷战期间美苏制度竞赛以及印度国内农业发展问题，思考国际援助与第三世界国家发展问题。

本书研究主要有三个方面的重要意义。第一，基金会是一项非常重要的制度发明，并且在国际舞台上扮演着越来越重要的角色，目前学者越来越重视对基金会和其他非政府组织的研究。福特基金会自 1949 年改组后，成为美国国内最重要的基金会，同时也是在国际舞台上最为活跃的基金会之一。冷战期间，福特基金会通过国际援助活动，在传输现代化意识形态与民主价值观方面发挥了至关重要且不可替代的作用。其中，福特基金会对印度的援助是一个具有典型性和代表性的重要案例。福特基金会 1951 年进入印度，1971 年大规模收缩对印度的发展援助，在此期间，福特基金会深入地参与了印度农业发展政策制定、实施和调整的全过程。这是基金会通过援助传输现代发展理念进而影响第三世界国家发展进程的重要案例，同时对于历史研究而言，这是一个有始有终的完整的研究案例。

第二，西方国家试图向第三世界国家传输现代化发展理念与民主价值观，1951—1971 年间恰逢美苏在第三世界开展意识形态与制度竞赛的关键时期，美苏重视印度在地缘政治上的重要性，在政治上试图拉拢印度，在经济上则渴望影响印度的发展政策和发展进程。① 印度则采取了中立和不结盟的外交政策，在美苏竞赛中左右逢源，获得了大量的援助。尽管印度处于美国冷战"遏制"战略的"边缘地带"②，却是接受美国粮食援助最多的国家，同时得到了大量技术支持。可以说，印度独立以来的政治经济发展有着西方发展理念的太多烙印，西方的发展理念给印度带来了什么样的影响？半个世纪已经过去，如今已经有条件对美国通过现代化意识形态干预印度发展进程的历史做出反思。

第三，农业是一个国家发展的基础，印度是一个农业大国，1951—1971 年是印度独立后探索农业发展道路的关键时期，印度的政治与知识精英围绕农业应该在国民经济中占什么样的地位、应该采取怎样的农业发展政策有过诸多思考与讨论。印度最终选择了怎样的农业发展道路，为什么会做出这样的选择，这对印度独立后的整体发展进程带来了什么样的影响？印度如今是世界上人口第二大国与发展势头强劲的"金砖"五国之一，号称"最大的民主国家"，却拥有世界上最多的贫困人口，世界在关注着印度的发展，需要对印度发展进程中的这些关键问题做出历史的研究与分析。

---

① 印度在冷战期间坚持不结盟政策和"中立主义"外交政策，不与美苏任何一方结盟。在冷战的绝大部分时间内，印度不是美苏政治、军事争夺的重点。但如果从意识形态的层面观察，苏联试图通过社会主义国家计划经济的发展模式影响印度的工业化进程，美国则要用自由民主的价值观影响印度的现代化进程。从这一角度来看，印度是冷战期间美苏意识形态较量的主战场之一。印度也正是利用了美苏之间意识形态的较量，在坚持外交中立的同时，从美苏双方获得大量的经济援助和粮食援助。

② 在传统冷战史的叙事中，印度处于冷战的"边缘地带"。这主要是因为，传统冷战史叙事强调国家层面的外交关系，而印度在美国"遏制"战略中始终不占优先地位。根据对美国外交重要性由高到低排列，最重要的是大西洋共同体内的国家和领土，包括加拿大、格陵兰和冰岛、斯堪的纳维亚、英伦三岛、西欧、伊比利亚半岛、摩洛哥和直到突出部的西非海岸，还有从突出部往北的南美诸岛。第二重要的是包括伊朗在内的地中海和中东诸国。第三是日本和菲律宾。参见 [美] 约翰·刘易斯·加迪斯《遏制战略：战后美国国家安全战略评析》，时殷宏等译，世界知识出版社 2005 年版，第 29 页。

第一节 选题与研究意义

关于论文选题及其研究意义有三点需要说明：为什么选取福特基金会对印度的援助为研究主题？为什么将考察的时间段锁定为1951—1971年间？为什么关注农业发展援助？

图 1—1 福特基金会的办公楼（新德里）

（作者拍摄，新德里，2015 年 1 月。）

（图片说明：福特基金会办公楼，位于印度首都新德里的中心地带，与印度国际中心等机构毗邻。）

一 为什么选取福特基金会对印度的援助为研究主题？

美国的公益传统（philanthropic tradition）可以追溯到很久以前，直至殖民地时期。在 19 世纪的新英格兰，上流社会已经有系统的公益事业，如医院、高等院校、图书馆等。至于现代大型官僚制公益基金会，则要从镀金时代说起。从南北战争结束到 20 世纪初期，一批大资本家通过垄断石油、铁路、钢铁等行业聚敛了巨额财富。

中产阶级呼吁增加遗产税和个人所得税，将这些取之于民的财富变成国家税收，由民选政府决定这些财富的用途。基金会的出现成为大资本家的避税保护伞，巨额的财富仍然留在大资本家和权力精英的手中。正如皮埃尔·布尔迪厄（Pierre Bourdieu）所指出的，基金会及其公益活动成为大资本家和权力精英的文化资本。①

美国目前有十多万个基金会，欧盟国家有 6 万多个基金会。②世界银行、国际货币基金组织等重要的国际机构都接受基金会的资金支持，美国的大学、科研机构与智库更是长期接受基金会的资助。③ 20 世纪 80 年代以来，基金会越来越多地支持世界各地的NGOs 和跨国机构的活动。可以说，基金会不仅是美国的权力枢纽，而且已经通过其财力和智力资源构筑了一张世界网络。通过这一网络，基金会将其影响力深入到世界每一个角落，甚至包括一些民族国家政府无法有效控制的村庄和部落。④

目前各国对基金会的法律定义各有不同。一般来说，基金会是指不隶属和依附政府机构，有着一套完整运作体系的独立的机构，同时具有可靠的收入来源，并运用其财力促进教育、文化、宗教、社会等有益于公众的事业。通常而言，基金会是非营利机构，但是绝大多数国家并没有明文禁止基金会从事贸易与商业行为。基金会从事公共公益活动并获得免税资格，基金会若参与投资活动则需要对投资收益纳税，但是一些欧洲国家甚至对基金会的非公益活动也予以免税。⑤ 美国最初对基金会的投资行为和税收的规定也很宽松，

---

① See Pierre Bourdieu, "Intellectual Field and Creative Project", *Social Science Information*, Vol. 8, No. 2, 1969, pp. 89-119.

② Helmut K. Anheier and David C. Hammack, eds., *American Foundations: Roles and Contributions*, Washington, D. C.: Brookings Institution Press, 2010, p. 3.

③ George M. Beckmann, "The Role of the Foundations", *Annals of the American Academy of Political and Social Science*, Vol. 356, Nov., 1964, pp. 12-22.

④ Robert R. Arnove, *Philanthropy and Cultural Imperialism: The Foundation at Home and Abroad*, Boston, MA: G. K. Hall and Co., 1980.

⑤ See Helmut K. Anheier and David C. Hammack, eds., *American Foundations: Roles and Contributions*, Washington, D. C.: Brookings Institution Press, 2010, p. 3; European Foundation Center, "Comparative Highlights of Foundation Laws: the Operating Environment for Foundations in Europe", Belgium, 2011.

直到《1969 年税制改革法》颁布，才明确规定基金会每年投资所得利润要交一定的税，税率为 4%（后来降低到 2%）；严禁基金会内部转移资金；基金会每年必须至少捐赠其当年资产的一定的比例（这个比例经过反复争议，后来基本固定在 5%）；基金会一般不得持有任何一家公司 20% 以上的有投票权的股票，并不得从事危及本金安全的投机；要求基金会每年提出更加详细的报告；严禁资助选举登记、政治宣传以及足以影响立法和政策的游说活动；捐赠给其他非营利机构的款项必须符合公益事业标准，接受单位必须在一年内将此款用于原定目的；对个人的捐赠必须符合严格的审批标准等；如有所违反，将课以重税，最高达 100%。[1]

　　基金会是非政府的、非营利性的组织，他们宣称政治和价值中立，但实际上有着鲜明的政治和社会主张。在外交政策上，众多的基金会几乎无一例外地支持自由国际主义和全球主义外交政策。在二战期间，美国所有与国际关系相关的系统研究都是在卡耐基基金会和洛克菲勒基金会资助下完成的，主要研究成果基本都持以下主张：美国应该在全球进行经济扩张，美国的国家安全和国家利益需要依靠强大的军事实力和活跃的外交政策来实现。战后，"自由国际主义是美国外交政策的基本性格，它内在地要求生成美国主导的全球变迁的方案，特别是一个以援助和发展政策为核心的系统的第三世界政策，这是现代化理论运动在美国兴起的基本动力和历史条件"。[2] 在冷战期间，福特基金会和卡耐基基金会、洛克菲勒基金会积极开展海外援助活动，实践全球主义外交政策，成为美国现代化意识形态输出不可或缺的一环。

　　福特基金会从 1950 年开始积极开展海外援助活动，并且将第一个海外援助的目标锁定为印度和巴基斯坦。福特基金会会长保罗·霍夫曼（Paul Hoffman）亲自前往印度考察。霍夫曼曾经担任经济合作总署的负责人，负责马歇尔计划的执行工作。他表示对欧

---

　　① 资中筠：《财富的归宿：美国现代公益基金会述评》（增订本），生活·读书·新知三联书店 2011 年版，第 50 页。

　　② 牛可：《自由国际主义与第三世界——美国现代化理论兴起的历史透视》，《美国研究》2007 年第 1 期，第 34—56 页。

洲十分了解，对南亚次大陆所知甚少，但是他的"智识和判断力"告诉他，"全世界未来几代人能否享有和平也许要取决于印度所发生的一切"。① 因为贫穷是和平的威胁，如果印度能够建立起民主制度，成功地通过民主的方式消除贫困，那么印度就会像"一个强大的锚一样，让民主的政府形式以及个人自由留在亚洲"。② 反之，印度的贫困就是共产主义成长壮大的沃土，一旦印度发生农民革命、走上共产主义的道路，整个东南亚都会争相效仿，整个亚洲地区将从"自由世界"的地图中消失。

1951 年 8 月，霍夫曼亲自率领一个小团队出访印度。霍夫曼表示印度之行的目标是"将 500 万美金用于支持海外国家的发展……针对那些印度政府和美国政府不方便资助的发展项目"开展援助活动。③ 霍夫曼与尼赫鲁总理进行了会谈，并且参观了印度北方邦的村庄，最终制订了援助印度农业发展的援助方案。福特基金会专门设立一个部门负责对印度的援助，并且选派道格拉斯·恩斯明格（Douglas Ensminger）担任福特基金会派驻印度的代表，全面负责福特基金会在印度的援助事务。

综上，福特基金会的海外援助活动与美国全球主义外交政策相呼应，与美国反共产主义的冷战意识形态高度一致。在印度，福特基金会决心发挥公益机构的特殊优势，在美国政府不便开展援助活动的方面，向印度输送美国的自由民主的价值观和发展经验。

二 为什么将考察的时间段锁定为 1951—1971 年间？

从 1951 年福特基金会会长保罗·霍夫曼亲自前往印度考察开始，福特基金会先后援助了印度农村社区发展、农业精耕县发展

---

① Douglas Ensminger, Oral History, Douglas Ensminger Papers (MS 1315), box 1, Manuscripts and Archives, Yale University Library, Oct. 17, 1971.

② Douglas Ensminger, Oral History, "The Foundation's Objectives and Reasons for Its Presence in India", Douglas Ensminger Papers (MS 1315), box 1, Manuscripts and Archives, Yale University Library, Nov. 28, 1971.

③ "Ford Foundation Tour", *The Times of India*, July 28, 1951; "Five - Million - Dollar Aid for Undeveloped Areas: Mr. Hoffman to Tour India and Pakistan", *The Times of India*, Aug. 3, 1951.

（Intensive Agriculture District Programme）、农业新战略等，充分地介入了印度发展进程，特别是农业发展政策的演变过程中。

第一，1951—1971 年期间，福特基金会深入参与印度农业发展进程，并推动印度农业发展政策做出重要调整。

1951 年霍夫曼与尼赫鲁政府达成基本共识，决定由福特基金会援助印度农业发展。在全国 15 个主要的邦各选择一个发展试点，福特基金会定期拨款，前三年的拨款额为 120 万美元。不仅如此，福特基金会还促进美印政府签订了《印美技术合作协定》，美国通过《印美技术合作协定》援助印度的农业、工业、通信、教育等方面的发展，并且将福特基金会援助的 15 个农业发展试点扩大到至少 55 个社区发展区。在福特基金会和美国官方援助的共同资助下，社区发展计划在印度全国范围迅速推广起来。

社区发展旨在改变农村面貌，全面提升农民的生活水平，但是实施了几年以后，社区发展并没有达到初衷。由此，福特基金会意识到印度农村和农业面临的最主要问题是快速提高粮食产量。1959 年福特基金会派遣专家考察印度粮食生产问题，撰写了极具影响力的报告《印度的粮食危机与应对方略》。① 报告建议印度政府开展农业精耕县发展计划，选取几个土壤和气候条件较好的区域，改善灌溉条件，种植高产作物品种，保证化肥供应，并为农民提供贷款。福特基金会资助了 7 个农业精耕县的开展。

从 20 世纪 60 年代开始，福特基金会更重视通过科研创新来推动农业发展，而不是直接参与农业发展过程。在福特基金会和洛克菲勒基金会共同资助下，墨西哥"神奇"小麦种子和菲律宾高产水稻种子问世。此时，西方国家也在迅速调整援助第三世界国家发展的策略，在印度及其他发展中国家掀起了一股"绿色革命"的浪潮。

在"绿色革命"期间，福特基金会通过资助科学研究进而促进和推动印度农业的发展。"绿色革命"在很大程度上提高了印度的

---

① Ford Foundation, Agricultural Production Team, *Report on India's Food Crisis and Steps to Meet It*, New Delhi: Ministry of Food and Agriculture and Ministry of Community Development, Government of India, 1959.

粮食产量。当然，美国也从援助印度的"绿色革命"中收获了政治和经济利益。启动农业新战略，不仅意味着印度放弃了温和制度改良为主的农业发展思路，代之以强调市场和价格刺激的发展道路，同时印度政府还被迫大幅度放宽了外国在印度投资建立化肥厂的限制。在某种程度上来说，这是美国对印度意识形态影响下的工农业政策的重大打击。

这段时间，福特基金会深刻影响了印度的农业政策。来自美国的援助者、知识精英、技术专家，他们对印度算不上真正了解，但是他们自认为掌握了人类发展的普遍规律。他们来到印度，根据美国的发展经验，给印度开出一张张"处方"。这些"处方"是否对症下药？对印度的农业发展政策产生了什么影响？这是值得深思的问题。

第二，福特基金会对印度的援助从1951年开始，到1971年告一段落。1970年福特基金会驻印度代表道格拉斯·恩斯明格结束任职回到美国，与此同时，福特基金会大规模减少了对印度的发展援助，造成这一结果的主要原因是印度各界对发展援助的怀疑与批评。

20世纪60年代末期，随着越南战争的升级，以及拉丁美洲国家军人威权主义代替民主政府，发展经济学和政治现代化理论的种种假设都被现实打破了。依附理论批判发展援助和国际贸易是新殖民主义，只会让欠发达地区陷入结构性的贫困和不平等中。① 依附理论在全世界范围产生了极大的影响。此时，印度等第三世界国家的政治和知识精英也开始反思现代化发展理论，并批评西方的发展援助。

此时，印度的政治和知识精英对福特基金会等国际援助机构的警惕性增强。随着美国中情局赞助基金会、大学、科研机构在第三世界国家搜集情报的丑闻相继爆出，印度各界开始怀疑和批判福特基金会的援助，指责福特基金会通过援助活动在印度搜集情报、宣

---

① ［美］保罗·巴兰：《增长的政治经济学》，蔡中兴、杨宇光译，商务印书馆2000年版。

传资本主义、散播反苏情绪等。与此同时，美国国内对基金会的海外援助也存在诸多批评，福特基金会内部工作人员对其海外援助活动及援助方式进行了反思。1970年，随着美印关系的恶化，美国政府终止了对印度的一切经济援助，此时，福特基金会也决定大规模收缩对印度的发展援助。至此，福特基金会通过援助深入参与印度农业发展计划制定和实施的历史告一段落。20世纪70年代末期以来，美国恢复对印度的援助，福特基金会也"重返"印度。但是，20世纪70年代以后福特基金会大幅调整了援助策略，不再直接援助政府的发展项目，而是更多地资助其他小型NGOs，关注的领域也从农业发展转移到文化和福利事业，包括环境保护、妇女保护等领域。

总的来说，1951—1971年是一个特殊的历史时期，在此期间，福特基金会作为公益机构充分参与了印度的发展进程，这是在战后国际关系格局的影响下的特殊的时代产物。对于历史研究而言，这一时段显得弥足珍贵，提供了观察私人基金会运用其财力和发展的知识影响欠发达国家发展进程的重要契机。不仅如此，1951—1971年间印度农业发展政策经历了重要的调整和转变，将这一转变放在美国通过发展援助影响第三世界国家发展进程的大背景下进行观察，对于理解独立后印度农业发展道路也有很重要的启示。

三 为什么关注农业发展援助？

1951—1971年间福特基金会对印度的发展援助，与同时期美国在欠发达地区的官方发展援助有相似之处，即主要针对农业发展。在现代化发展理论中，欠发达地区的农业和农村社会代表着现代的对立面——传统，发展的对立面——停滞。农业不仅仅是一个生产部门，农村不仅仅是地理意义上的一个个村庄，农业和农村成为概念化的术语，指代第三世界国家的传统与落后、愚昧与无知、贫穷和欠发达，甚至带有意识形态的色彩，被认为是最易滋生农民革命和共产主义的土壤。

纵观历史，欠发达地区在数百年的时间里一直备受贫困的煎熬，农民依靠祖祖辈辈积累的经验进行耕种，农业产出受到自然条件的极大限制。殖民统治时期，农民成为殖民者及其代理人的盘剥对象，农业承受了最严苛残酷的剥削，农民付出辛勤劳作，却食不果腹，饥荒时有发生。西方殖民者忙于从欠发达地区获取最大的政治利益和经济利益，对于普遍的贫困熟视无睹。直到欠发达地区民族主义者争取独立运动此起彼伏，殖民者才为了巩固统治地位偶尔派遣一些官员到殖民地参与农村建设。二战结束后，殖民地国家相继获得独立，在赢得政治独立的同时，新独立国家的领导人不得不面对严峻的考验，摆脱了殖民统治以后，是否有能力建设一个真正独立的国家？能否让百姓丰衣足食，摆脱贫困？用什么样的方式能够实现独立、自由和富强？

摆在欠发达国家领导人面前的主要有两条发展道路。第一条道路是学习美国，在政治上建立民主政治制度，在经济上走资本主义道路，强调市场和价格的作用，讲求自由和效率优先。第二条道路是学习苏联，在政治上建立人民民主专政的政权，在经济上实行计划经济，强调国家和集体的作用，追求平等。在此情况下，欠发达地区的贫困问题与共产主义在第三世界的胜利紧密联系起来。美国认为，贫困和饥饿可能导致共产主义革命，而共产主义的扩张则与美国的政治、经济和外交利益相悖，威胁着美国的国家安全，甚至会"破坏世界和平和自由"。[①] 因此，美国从 20 世纪 50 年代开始通过发展援助"帮助"欠发达地区的民众消除贫困，通过美国先进的知识、技术和资金来"帮助"这些贫困的人。

与此同时，印度等第三世界国家的农村地区变成了美国发展理论的试验基地，变成了美苏意识形态竞赛的主战场，变成了西方国家围堵共产主义的前线阵地。美国的政策制定者、基金会和社会科学家们试图通过一整套科学的办法改造传统农业，保障欠发达国家农村地区的稳定。[②] 美国要以此证明美国发展模式的优越性，并且赢得与共产主义的制度竞赛，遏制共产主义在第三世界农村地区的

---

① ［美］雷迅马：《作为意识形态的现代化：社会科学与美国对第三世界政策》，牛可译，中央编译出版社 2003 年版。

② Nicole Sackley, "The Village as Cold War Site: Experts, Development, and the History of Rural Reconstruction", *Journal of Global History*, Vol. 6, No. 3, 2011, pp. 481-504.

扩张。正如切斯特·鲍尔斯（Chester Bowles）所指出的，"共产主义通过农村掌握了中国，因此，我们要在印度的农村把共产主义打败"[①]。美国积极通过经济援助，向第三世界的农村地区输送美国的发展经验与发展理论，以及民主自由的价值观。美国政策制定者相信，"当与世隔绝的村民开始投身于水井、学校和公共厕所的建设中时，他们的世界观也会发生剧烈和深刻的变化"。反过来，当人民意识到"究竟什么是值得一个人牺牲生命去保卫的"时候，"共产党的游击队就没有活路了"。[②]

　　基于上述理由，本书将锁定 1951—1971 年福特基金会对印度农业发展的援助，考察福特基金会如何通过发展援助影响印度农业发展政策的演变？如何通过援助农村社区发展和"绿色革命"，传播现代化发展理念和意识形态，进而影响印度农业发展进程？福特基金会的援助活动对美国的外交政策做出了什么贡献，对印度的农业发展而言又产生了什么结果和影响？

第二节　研究综述

一　西方学者对发展援助的研究状况

　　西方学界关于发展援助的研究卷帙浩繁，下文将梳理有关美国对第三世界国家发展援助，特别是美国对印度发展援助的重要研究成果与主要观点。

　　（一）从经济增长的视角探讨外援的必要性

　　冷战期间，美国发展援助政策的制定和开展是与发展经济学密切相关的，在一定程度上，发展经济学为美国的对外援助政策提供了理论基础。从发展经济学的角度来思考发展援助问题，学者强调外援是帮助不发达国家摆脱传统经济恶性循环，实现经济持续增长

---

　　① Chester B. Bowles, "The Partnership that must not fail", *Department of State Bulletin*, 1952, p. 164.

　　② ［美］雷迅马：《作为意识形态的现代化：社会科学与美国对第三世界政策》，牛可译，中央编译出版社 2003 年版，第 269 页。

的重要途径。

发展经济学是在凯恩斯的"有效需求"理论和"哈罗德—多马模型"的基础上发展起来的，其核心观点是强调以"储蓄率"为标志的资本积累量是影响经济增长的唯一决定性因素。在此基础上，罗格纳·纳克斯（Ragnar Nurkse）提出了"贫困的恶性循环"理论。纳克斯指出经济不发达国家贫困和落后的根源在于资本稀缺，进而导致收入低下，这造成了供给循环和需求循环两方面的"恶性循环"。从供给方面来说，低收入造成储蓄率低，进而造成资本缺乏、劳动生产率低，最终导致收入低下。从需求层面看，收入低造成居民购买力低，进而导致市场需求不足、投资引诱不足、投入生产资本不足、劳动生产率低，最终还是导致收入低下。要摆脱恶性循环、缓解贫困，只有通过资本积累这条道路。①

哈维·莱宾斯坦（Harvey Leeibenstein）指出，不发达国家任何提高人均收入的努力，都会刺激人口的增加，而人口的快速增长，很快将人均收入降低到勉强糊口的水平。莱宾斯坦提出"临界最小努力"学说，指出不发达的国家要想实现发展，必须有足够强大的推动力量，促使国民经济的增长速度超过人口增长速度，进而打破贫困的恶性循环。②

沃尔特·W. 罗斯托（Walt W. Rostow）是麻省理工国际研究中心的著名经济学家，后来成为约翰逊总统的国家安全顾问。罗斯托把人类从原始社会向现代经济的转变划分为五个阶段：传统社会、起飞的前提条件、起飞、走向成熟和大众高消费时代。"起飞"阶段意味着不发达国家突破了长期经济停滞的状态，摆脱传统经济的恶性循环，进入经济大规模持续增长的阶段。早在20世纪50年代美国和西欧国家就已经进入了大众高消费时代，此时，印度和中国仍处于起飞前的准备阶段，能否顺利进入起飞阶段还很难预料。顺利进入起飞阶段需要具备三个条件：生产性投资率的提高，例如由占国民收入或国民生产净值的5%或不到5%增加到10%以上；有一

---

① ［美］R. 讷克斯：《不发达国家的资本形成问题》，谨斋译，商务印书馆1966年版。

② 朱富强：《经济学说史：思想发展与流派渊源》，清华大学出版社2013年版。

个或多个重要制造业部门以很高的增长速度发展；有一种政治、社会和制度结构存在或迅速出现，这种结构利用了推动现代部门扩张冲力和起飞的潜的外部经济效应，并且使增长具有不断前进的性质。①

罗斯托主张美国应通过对外援助有组织地促进不发达国家的开发，让这些国家实现经济"起飞"，进而摆脱外援，实现自促的经济增长。罗斯托还强调，美国的对外援助应该同美国的长远利益相结合。罗斯托和马克斯·米利肯（Max Millikan）合著的《一项建议——有效对外政策的关键》一文充分体现了这一思想，他们指出军备竞赛和强权外交不应当是美国外交政策的全部，这些传统的外交手段在新独立的国家和地区不是最有效的。在新的国际形势下，美国的外交手段应该做出调整，必须结合时代和新独立国家当地的情况。美国应该引导新觉醒的民族朝着建设性的方向，而非破坏性的方向发展。② 罗斯托和米利肯积极主张美国对不发达国家实施经济和技术援助。一方面，他们深信，只有在美国提供的资金和技术帮助下，不发达国家才有可能突破经济增长的"瓶颈"，实现经济起飞；另一方面，罗斯托不仅是经济学家，更是"冷战斗士"，他认为不发达国家的贫困是共产主义滋生的土壤，促进不发达国家的发展符合美国的国家安全和长远利益。

20 世纪 60 年代，担任美国国际开发署副署长、世界银行副行长，后成为哈佛大学教授的霍利斯·B. 钱纳里（Hollis B. Chenery）进一步提出了"双缺口模型"。"双缺口模型"是对纳克斯和罗斯托等人观点的补充和修正，并为美国的对外援助提供了更为直接的理论依据。钱纳里指出，制约发展中国家发展的关键在于两个缺口，第一是国内储蓄，第二是外汇缺口。这一理论模型，强调了外汇储备对于不发达国家发展的重要性，国际发展援助意味着发达国家、国际组织或社会团体，为欠发达国家提供资金、物资、设备和技术。来自援助国的资金、技术和经验，直接将西方百余年来技术

---

① ［美］W. W. 罗斯托：《经济增长的阶段：非共产党宣言》，郭熙保、王松茂译，中国社会科学出版社 2001 年版，第 39—45 页。

② Max F. Millikan and Walt Rostow, *A Proposal: Key to an Effective Foreign Policy*, Connecticut: Greenwood Press, 1957, pp. 5–8.

革命的成果和发展经验带到第三世界国家，为第三世界国家迅速完成经济起飞提供必要的资金、技术和制度条件。[①]

虽然发展经济学家对经济增长理论信心十足，但是他们的理论假设被不发达国家的现实一次次地证伪了。从 20 世纪 60 年代末期开始，越来越多的学者认识到，绝大多数的受援国并没有实现经济的突飞猛进，相反地，在工业和少数城市地区获得一定程度发展的同时，贫困问题仍然十分严峻。在此情况下，依附理论和世界体系理论对发展经济学的假设提出了最猛烈的挑战。

依附论和世界体系理论批评发展经济学的这种主张是欧洲中心论的。发展经济学认为可以在欠发达地区复制西方发达国家的发展经验，发展援助可以帮助欠发达地区实现发展。依附理论认为，所谓的"发展援助"是富国剥削穷国的工具，富国通过援助行为使低收入国家对发达国家的依附关系制度化和结构化。在国际援助结构中，发达国家始终占支配和主导地位，受援国处于被动地位。依附理论代表人物保罗·巴兰（Paul Baran）在《增长的政治经济学》一书中批判发展援助和国际贸易，认为所谓的将发展从发达的中心地区传播到欠发达的边缘地区的做法，实质上是帝国主义和新殖民主义。[②] 伊曼纽尔·沃勒斯坦（Immanuel Wallerstein）进一步提出世界体系的概念，指出资本主义世界体系包括中心、边缘和半边缘地区，中心地区的发展是建立在边缘和半边缘地区的欠发达基础之上的。[③] 阿吉里·伊曼纽尔（Arghiri Emmanuel）则提出不平等交换的概念，指出欠发达国家要获得工业化，必须切断与中心国家的联系。[④]

除此之外，很多学者批评发展经济学的"增长优先战略"，认

---

① Hollis B. Chenery, Alan M. Strout, "Foreign Assistance and Economic Development", *American Economic Review*, Vol. 56, No. 4, Part I, 1966, pp. 679-733.

② ［美］保罗·巴兰：《增长的政治经济学》，蔡中兴、杨宇光译，商务印书馆 2000 年版。

③ ［美］伊曼纽尔·沃勒斯坦：《现代世界体系》，郭方等译，社会科学文献出版社 2013 年版。

④ Arghiri Emmanuel, *Unequal Exchange: a Study of the Imperialism of Trade*, New York: Monthly Review Press, 1972.

为这是"经济中心论"的。"增长优先战略"设想经济增长可以带动政治与社会的共同进步。但越来越多的学者认识到，社会结构和制度因素会限制经济发展的程度，而且经济发展和社会转型并不必然导致政治民主化。

巴林顿·摩尔（Barrington Moore）在《民主和专制的社会起源》一书中指出，革命和暴力在现代化进程中有不容忽视的作用，"在英格兰有乡绅和早期的工业资本家，在俄国有共产党，在日本有后来转化为官僚的贵族反对派"来推动社会革命。印度恰恰缺少这样一个"精明强干而又冷酷无情的阶级"。虽然印度也有某些种姓为了争取更高地位而进行的集体斗争，但这与社会革命无关。"种姓制度作为一种安全阀，提供了一种集体擢升的形式，但并没有越出传统制度的框架。"印度缺少革命，因此不具备实现现代化的社会结构，甚至没有实现民主的社会基础。①

詹姆斯·斯科特（James C. Scott）在《国家的视角：那些试图改善人类状况的项目是如何失败的》一书中指出，第三世界国家那么多试图改善人类状况的项目只得以悲剧收场，其中重要的原因是极端现代化意识形态，也即一种强烈而固执的自信。他们对科学和技术进步、生产能力的扩大、人们需求不断得到满足，以及对自然的掌握有着强烈的信心。极端现代主义从根本上来说是一种信仰。这种现代化的意识形态，将自然和社会的发展和管理制度简单化，使人们相信他们可以重塑社会，掌握发展的进程。现代化的意识形态提出的极端现实主义的设想，受到很多发展中国家政治精英的欢迎，他们通过国家的力量将其付诸实践。在这些国家，通常缺少强大的公民社会，因此无法抵制这些发展计划的实施。这些建立在对自然和社会大量简化基础上的发展规划，总是忽略真实的和活生生的社会制度的基本特征。②

从发展经济学的角度看，美国的发展援助是既有利于不发达国

①　［美］巴林顿·摩尔：《民主和专制的社会起源》，拓夫、张东东等译，华夏出版社1987年版，第309—312页。

②　［美］詹姆斯·C. 斯科特：《国家的视角：那些试图改善人类状况的项目是如何失败的》，王晓毅译，社会科学文献出版社2004年版，第4—6页。

家的经济增长，同时又保障美国国家安全和长期繁荣的双赢战略。然而，在批评发展经济学的学者看来，所谓的"发展援助"很难给不发达国家带来真正的发展，甚至有可能加深这些国家对工业发达国家的经济依附。不发达的国家要想获得真正的发展，必须切断与工业发达国家的经济联系，并且应该充分重视本国的社会结构和制度改革。

（二）从国际关系的视角思考外援的利他性与利己性

从国际关系的角度来看，发展援助是美国外交政策的一部分，既体现了理想主义的外交理念，也体现了现实主义的外交传统。从国际关系理论视角研究发展援助，主要围绕援助的利他性和利己性进行分析。

首先，有一批学者认为发展援助从根本上而言是"利他"的行为，充分体现了美国理想主义的外交理念。理想主义外交理念的思想基础是"美国例外论"和新教"上帝选民"的观念。美利坚民族自认是"上帝的选民"，是世界上独一无二的优秀民族，代表着文明、进步、正义和光明。美国拥有最先进的宪政制度，拥有完善的市场经济制度，更重要的是拥有自由民主的价值观念。不仅如此，美利坚民族是乐善好施的民族，有意愿帮助世界上落后地区实现文明，摆脱愚昧、贫困、压迫和苦难。美国有责任将美国的价值观和发展模式推广到全世界、全人类。美国有能力构建一个和平繁荣的国际秩序，美国人民将此视为光荣且伟大的历史使命。

一战接近结束之际，世界格局发生了很大变化，美国经济和军事实力得以壮大，美国的外交政策也开始发生转向。威尔逊总统是一个典型的国际主义者，并具有传教士的理想主义追求。他认为美国不应该继续奉行"孤立主义"外交政策，安心做一个地区性的大国，而是应该更积极地参与国际事务，用美国的民主制度、生活方式和价值观影响世界上更多的国家。

威尔逊总统在1918年1月参众两院演说中，正式提出"十四点"美国和平计划，勾勒的战后世界秩序蓝图，集中体现了理想主义外交理念。1919年初，威尔逊亲自率领美国代表团参加巴黎和会，郑重推出他的"十四点"计划。欧洲大国的外交家们认为威尔逊的"十四点"计划过于理想主义，并未完全接受他的提议。但是，威尔逊的主张奠定了美国理想主义外交传统，他的很多主张对美国的外交政策始终存在影响。威尔逊"十四点"计划有三个关键词：第一，"自由贸易"，提倡公海航行自由，消除贸易壁垒等内容。第二，"民族自决"，对所有有关殖民地做出自由的、坦率的和绝对公正的调整，在决定主权问题时，必须重视当地居民的利益。第三，"国际联盟"，强调建立一个能够有效维持世界和平与正义的国际秩序，通过国际法和国际公约来维系国家之间的信任和良好的国际社会秩序，并强调美国的特殊使命，即美国有责任主持"调停"和谈判来结束战争与维持和平。[①]

二战后，理想主义的外交传统成为美国对外经济援助的道德基础，也成为福特基金会等民间机构开展海外援助活动的理论出发点。"理想主义认为，这个世界是一个共同体，帮助贫穷国家摆脱困境是发达国家应尽的责任。民族国家有责任帮助它们自己国内的穷人去实现社会福利一样，同样地，这一观念应该被扩展至世界共同体……因为对穷人和弱者的道德责任不应该止于民族国家边界。"[②]

国际关系学理想主义范式强调援助国的国际责任和利他主义，强调援助的根本动机是人道主义关切。理想主义范式认为发展援助关注的是受援者的需要，有意淡化受援国的战略诉求。工业发达国家对落后国家具有道德义务，通过外援满足落后国家民众的基本需求，这是基本的人权。理想主义范式还强调，在国际援助关系中，援助国和受援国之间是医生和病人的关系，援助国提供的资金和技术专家，可以帮助受援国解决社会病症。[③] 大卫·拉姆斯登（David Lumsdaine）反对从援助国的经济和政治利益的角度出发来分析对外援助行为，他强调必须要充分考虑到援助国的人道主义关切和平等

---

①　王玮、戴超武：《美国外交思想史》，人民出版社 2007 年版，第 262—268 页。

②　娄亚萍：《试论战后美国对外经济援助》，博士学位论文，复旦大学，2010 年。

③　Tomohisa Hattori, "The Moral Politics of Foreign Aid", *Review of International Studies*, Vol. 29, No. 2, Apr., 2003, pp. 229-247.

主义信念。①

与理想主义相对的是现实主义外交理念。现实主义外交理念主张国家是国际体系的主要行为体，国家是根据国家利益进行决策的理性行为体，权力则是解释和预测国家对外行为的重要依据。根据这一假设，对外援助是援助国为了其政治、经济、文化利益而采取的外交工具。②

大卫·A.鲍德温（David A. Baldwin）是用现实主义范式分析美国对外援助的代表人物之一。他使用"经济治国方略"这一术语，提出贸易和援助是国家经济治国方略的两个重要手段，国家许诺提供援助或者威胁减少和终止援助，这都是国家重要的经济工具。③国际政治学家汉斯·摩根索（Hans Morgenthau）主张，国际政治就是权力的较量，国际政治和外交政策的本质是国家利益。摩根索指出，二战结束以后，军事手段和传统外交方式作为外交工具的作用受到限制，美国在海外的利益需要通过经济外交来实现。对外援助有很多类型，包括发展援助、军事援助、人道主义援助、紧急援助等，国家可根据外交利益的具体需要选择恰当的援助方式。④肯尼思·N.华尔兹（Kenneth N. Waltz）指出对外援助是西方国家实现霸权的工具，其本质无益于行贿。⑤

传统国际关系现实主义和理想主义的研究视角是相对立的，得出的结论也截然不同。美国的外交政策受到理想主义和现代主义外交传统的交替影响，理想主义和现实主义理念充满矛盾冲突，却在不断寻求平衡。美国对外发展援助常常兼具利己主义和利他主义的

---

① David Lumsdaine, *Moral Vision in International Politics*: *The Foreign Aid Regime*, 1949—1989, Princeton: Princeton University Press, 1993.

② 丁韶彬、阚道远：《对外援助的社会交换论阐释》，《国际政治研究》2007年第3期，第38—55页。

③ David A. Baldwin, "Analytical Notes on Foreign Aid and Politics", *Backgroud*, Vol. 10, No. 1, 1966, pp. 66-90.

④ Hans Morgenthau, "A Political Theory of Foreign Aid", *The American Political Science Review*, Vol. 56, No. 2, 1962, pp. 301-309.

⑤ ［美］肯尼思·华尔兹：《国际政治理论》，信强译，上海人民出版社2003年版。

特点。因此，在分析美国的对外援助过程中，不应过分强调其利己性或利他性的特点，应该结合历史和时代背景综合考量。

（三）从新冷战史的视角考察外援与现代化意识形态的关系

冷战结束后，大量美苏外交档案和国际援助机构档案的解密，将冷战史研究推向一个新的阶段。20 世纪 80 年代，约翰·刘易斯·加迪斯（John Lewis Gaddis）等冷战史学者对美国外交史及国际冷战史研究的现状及其理论基础提出了尖锐挑战。[①] 加迪斯指出，冷战的结束让我们有条件更全面地审视冷战的历史，同时大量外交档案的解密，也提供了使用多国档案材料展开研究的机会。加迪斯提出"新冷战史"或者"冷战史新研究"的观点，对冷战史研究产生了重要影响。

新冷战史为发展援助研究提供了新的历史视角。传统冷战史研究强调大国政治、外交和军事斗争，"新冷战史"则重视将冷战看作一个历史时代，关注其本身多层次的历史内涵。[②] 与传统冷战史相比，新冷战史在方法论上的最大突破在于，将冷战的实质视为不同制度与意识形态之间的对抗。传统冷战史分析大多遵循摩根索的"权力分析"方法，新冷战史则强调意识形态或者说"软权力"的较量。加迪斯指出，"软权力"才是决定冷战发生、发展以及最终走向结束的最为重要和关键的因素。[③]

受这一思想影响，冷战史学者在研究发展援助的过程中，重视现代化意识形态与发展援助政策之间的关系。奈尔斯·吉尔曼（Nils Gilman）指出，现代化理论是冷战的产物，同时也是美国历史传统的产物。冷战初期，在福特基金会、洛克菲勒基金会为代表的私人基金会的资金资助下，以哈佛大学社会学系、麻省理工学院国际研究中心、比较政治委员会为代表的学术机构，推动了发展经济

[①] 陈兼、余伟民：《"冷战史新研究"：源起、学术特征及其批判》，《历史研究》2003 年第 3 期，第 3—22 页。

[②] 翟韬：《现代化理论与冷战政治——冷战国际史研究中的一种新的学术潮流》，《北大史学》2010 年第 15 期，第 379—400 页。

[③] 陈兼、余伟民：《"冷战史新研究"：源起、学术特征及其批判》，《历史研究》2003 年第 3 期，第 3—22 页。

学与政治发展理论的创立。随着罗斯托、米利肯、白鲁恂（Lucian Pye）等现代化理论的开创者成为美国政府的要员，现代化理论逐渐成为美国对第三世界外交政策的指导思想。不仅如此，吉尔曼还指出，现代化理论还是美国自由主义历史传统的延伸。新政自由主义主张国家通过理性和科学改革经济与社会的弊端。现代化理论的目标是将新政自由主义延伸到国外，通过资金技术的支持革除第三世界的社会的弊端。①

大卫·埃克布拉德（David Ekbladh）指出，美国的外交政策受到自由主义思想的极大影响。在进步运动和新政时期，发展和进步的思想成为美国最主流的意识形态。美国逐渐以世界的领导人自居，参与和引导世界各国的政治和社会进步。新政时期，美国通过制订发展计划、技术革新和社会变革等方式，取得了很多显著的进步和发展，其中，田纳西河流域管理局（Tennessee Valley Authority）在治理和改善田纳西河谷流域社会问题方面取得的成绩，让美国人引以为自豪和津津乐道。美国的增长方式，成为可以代替共产主义和法西斯主义，进而促进人类社会快速增长的发展模式。二战后，社会科学家将美国式的发展模式概括提炼进而产生现代化理论，并通过第四点计划（"Point IV" Program）等援助计划将美国的发展模式推广到欠发达的贫穷国家。②

雷迅马（Michael E. Latham）具体考察了美国在拉丁美洲推动的争取进步联盟、在亚非国家开展的和平队运动、在越南实施的战略村计划。肯尼迪政府从 1961 年 3 月开始实施针对拉丁美洲国家的争取进步联盟计划，希望通过注入大量外援实现拉美 80% 以上人口的"自促的增长"。这一计划受到现代化理论的直接影响，现代化理论家在肯尼迪政府中充当顾问和政策制定者，在制订计划并达成目标的手段上施加影响力。在现代化意识形态的驱动下，一个雄心勃勃而又热热闹闹的计划开展起来，将拉美国家的发展和美国遏制共产主义的目标结合起来。但是，现代化意识形态的僵化模式使

---

① Nils Gilman, *Mandarins of the Future*, Johns Hopkins University Press, 2003.

② David Ekbladh, *The Great American Mission*: *Modernization and the Construction of an American World Order*, 1914 *to Present*, Princeton, NJ: Princeton University Press, 2010.

人们相信，只要引入现代的价值和资源，欠发达地区的发展和社会转型就会启动。这限制和阻碍了官员对拉美国家面临的实际问题做出正确判断。肯尼迪政府推行的和平队计划，则是现代化意识形态制度化的一个表现。在现代化理论的科学话语之下，和平队的志愿者跨越"新边疆"，到那些在制度和道德意义上都属于欠发达的社会。他们肩负着现代化的伟大使命——推动欠发达地区实现现代性，帮助这些国家克服帝国主义遗产，同时促进美国社会内部的道德复兴。面对越南问题时，美国的决策者也时常援引现代化理论来判断越南人民的缺陷，通过规划战略村这样的"社会工程"来彰显美国的仁慈。战略村计划无法达到预期的目标，此时，现代化意识形态再一次阻碍美国的政策制定者反思战略村的策略，而是将问题的根源归结于前南越政府。美国在越南的错误战略，不仅给越南人民带来了惨重的伤害，美国人也为之付出了沉重的代价。①

丹尼斯·梅里尔（Dennis Merrill）考察了1947—1963年间美国对印度的经济援助。梅里尔的考察主要针对美国对印度的官方援助，他指出杜鲁门政府、艾森豪威尔政府和肯尼迪政府期间，美国国会基本上是反对为印度提供经济援助的，因为印度坚持不结盟政策，并且在许多国际问题上与美国唱反调。以罗斯托、米利肯为代表的一批发展经济学家支持为印度提供经济援助，他们强调美国的经济援助可以帮助印度通过民主的方式实现经济起飞，并且美国还可以获得一个自由的投资和贸易伙伴。但总的来说，美国对印度的发展援助主要是冷战意识形态的工具，主要目标是抑制共产主义在印度的发展，经济上的利益一直处于次要地位。②

尼克·库兰德（Nick Cullather）的观点和梅里尔类似，他认为在冷战初期印度在美国的外交政策中不占优先性。到肯尼迪政府时期，印度在美国冷战战略中的重要性才得到凸显。印度从"不重要"到"重要"，关键原因在于美国发展经济学家要通过现代化理

① ［美］雷迅马：《作为意识形态的现代化：社会科学与美国对第三世界政策》，牛可译，中央编译出版社2003年版，第111—311页。

② Dennis Merrill, *Bread and Ballot: The United States and India's Economic Development*, 1947-1963, Chapel Hill: University of North Carolina Press, 1990.

论促进印度经济发展，让印度在与社会主义中国的经济竞赛中胜
出，以凸显美国模式的优越性，而美国模式的优越性就体现在民主
与自由上。①

上述学者在看待美国对第三世界发展援助问题方面基本上达成
了一个共识。他们相信，在冷战期间发展援助是冷战意识形态的工
具。美国通过发展援助向第三世界国家推销美国模式的优越性，向
第三世界输出民主和自由的价值观。发展援助是美苏制度竞赛的重
要手段，发展援助在外交和意识形态层面的考虑，远远超过了其对
经济增长和发展问题本身的思考。

二　印度学者对外援与发展的看法

下文梳理第三世界国家学者，特别是印度学者对外援与发展问
题的看法。关于中国学者对此问题的研究，后文将专门探讨。

（一）外国援助是否有助于经济增长

西方的发展经济学家标榜外援为不发达国家提供资金、物资和
技术支持，可以弥补不发达国家外汇储备不足、财政资源有限和科
学技术上的落后状态。发展援助可以帮助不发达国家突破经济增
长的"恶性循环"，实现经济大规模持续增长。发展经济学家还
相信"涓滴效应"，认为工业发展和经济持续增长会逐渐惠及更多
的地区，最终有助于消除贫困。② 对此，第三世界国家学者的看法
如何呢？

20 世纪 50 年代和 60 年代，绝大部分的印度经济学家赞赏西方
经济学的理论以及西方对印度的发展援助。他们强调，印度独立之
初经济发展计划的实现需要大量的资金和技术支持，外援可以弥补
印度国内财政紧张与外汇储备不足的问题，外援对于印度独立之初
的经济增长有着重要的作用。例如，S. 钱德拉塞卡尔（S. Chan-
drasekhar）在《美国援助与印度经济发展》一书中考察了美国对印

---

① Nick Cullather, "Hunger and Containment: How India became 'Important' in US Cold
War Strategy", *India Review*, Vol. 6, No. 2, 2007, pp. 59-90.

② ［美］阿尔伯特·赫希曼:《经济发展战略》，曹征海、潘照东译，经济科学出
版社 1991 年版。

度的经济援助，结合印度发展计划的制订和执行情况，得出了美元对印度发展有着重要贡献的结论。他充分肯定了美国为印度提供的援助促进了印度经济发展和技术进步，特别强调了援助在推广教育方面的重要贡献。①

再如，苏达坎达·米什拉（Sudhakanta Mishra）在《对印外援：1951—1964》一书中，从经济学的角度考察了 1951—1964 年外国资本对印度经济产生的影响，并围绕如何有效运用国际援助实现经济发展进行了讨论。米什拉的著作由四个部分组成：经济发展的概念与内涵，外国援助的基本原理，各国对印度援助的基本情况，以及批判和建议。米什拉在大量一手材料的基础上分析指出，二战结束后印度从发达国家那里得到了大量的经济和技术援助，比南亚其他国家要多很多，其中既有西方国家的援助，也有来自苏联的援助。尽管印度领导人和民众对国际援助抱有警惕心理，但事实证明，外国援助对实现五年计划的发展目标而言是必不可少的。②

V. K. R. V. 拉奥（V. K. R. V. Rao）是印度著名的经济学家，德里经济学院（Delhi School of Economics）的创始人，他不赞成盲目地将凯恩斯经济学运用到发展中国家。即便如此，他在 1963 年的著作《外国援助与印度经济发展》中充分肯定了美国等发达国家为印度提供的经济援助，称外援是印度头三个五年计划得以顺利实施的保障。③

达亚尔·拉杰什瓦尔（Rajeshwar Dayal）讨论了农村社区发展的情况。农村社区发展得到福特基金会和美国政府的共同援助，并获得了印度联邦和地方政府的共同支持。拉杰什瓦尔高度肯定了社区发展的成果，认为社区发展极大改善了农民的生活，很多其他国家都效仿印度的做法，社区发展对于改善世界范围民众生活水平贡

---

① S. Chandrasekhar, *American Aid and India's Economic Development*, London: Pall Mall Press, 1965.

② Sudhakanta Mishra, *Foreign Aid to India*: 1951-1964, Allahabad: Tirabhukti Publications, 1965.

③ V. K. R. V. Rao, and Dharm Narain, *Foreign Aid and India's Economic Development*, London: Asia Publishing House, 1963.

献极大。[1]

但是，从 20 世纪 60 年代末期开始印度的学者和很多其他第三世界国家学者一样，开始反思经济增长理论，反思西方国家的发展援助。在依附理论和世界体系理论的影响下，很多学者注意到西方的援助未能从根本上促进第三世界国家的发展，尤其是在消除贫困问题上，大量受援国的贫困率不减反增，贫富差距日益加剧。

很多印度学者开始批评西方的援助，他们指出西方援助造成了印度对外部资金的依赖，并对国际机构大力资助的"绿色革命"尤其不满。2004 年，世界社会论坛（World Social Forum）组织拒绝接受福特基金会的资助，理由就是福特基金会援助印度"绿色革命"的行为，加剧了印度农民的贫困，造成了诸多社会问题。[2]

孟加拉国学者拉米亚·卡里姆（Lamia Karim）研究格莱珉银行（Grameen Bank）为代表的非政府组织在孟加拉农村地区的小额信贷。研究显示，这些私人机构以造福穷苦百姓为己任，实际上却也从中赢利，另外，他们对贫民的"帮助"常常没能改善人民的生活。比如，格莱珉银行倾向于贷款给妇女而不是男性，主要原因在于银行可以很容易地向妇女施加压力，要求她们按时还款。但是，银行没有提供任何机制来控制贷款的使用情况。在此情况下，很多妇女拿到贷款之后，被迫交给家中的男性。妇女不能决定如何使用贷款，却要承担归还贷款的责任，这使得很多妇女的生活变得更加悲惨。再如，很多私人机构认为要让村民生活好起来，就应该发展商品经济。他们鼓励村民生产瓶装水、酸奶等商品，但是这些商品并不是村民生活所需要的。[3]

赞比亚女学者丹比萨·莫约（Dambisa Moyo）的著作《援助的死亡》一经问世就在国际上引起了强烈的反响。她讨论的重点是发

① Rajeshwar Dayal, *Community Development, Panchayati Raj and Sahakari Samaj*, Delhi: Metropolitan Book Co. Private Ltd., 1965, pp. v-vi.

② Inderjeet Parmar, "Foundation Networks and American Hegemony", *European Journals of American Studies*, Vol. 1, 2012, pp. 1-18.

③ Lamia Karim, *Microfinance and its Discontents: Women in Debt in Bangladesh*, Minnesota: University of Minnesota Press, 2011.

达国家针对非洲国家政府的贷款和赠予给非洲带来的影响。她指出，从20世纪40年代起非洲从富裕国家获得了近万亿的援助资金。在1970—1998年间，对非洲的援助资金达到最高峰，但这一时期，非洲的贫困率反而从11%增加到66%。她强烈抨击了外援，指责外援支撑了腐败的政府，阻碍了透明的市民机构的建立，阉割了企业家精神，减少了储蓄和投资，引起通货膨胀，扼杀出口行业，造成对外援的过度依赖，实则是"发展的无声杀手"。[①]

（二）对民主、发展与贫困问题的思考

冷战时期，美国重视通过援助向第三世界国家输出民主价值观，鼓吹用民主的方式实现发展、缓解贫困，进而消除滋生共产主义的土壤。美国有意让印度成为亚洲民主的橱窗，美国要帮助印度通过自由民主的方式取得发展成绩，与社会主义红色中国展开制度竞赛。如今，印度号称"世界上最大的民主国家"，而且在经济发展方面常常被拿来和中国做比较。那么，如何看待印度的民主、发展与减贫之间的关系呢？印度的学者对此问题有什么看法呢？这是与本书研究息息相关的重要问题。

20世纪50年代美国政府和福特基金会援助印度的农村社区发展，强调在印度农村培育美国基层民主的"社区精神"，并且借助传统的潘查亚特对村民进行"民主训练"。社区发展的根本目标是通过民主的方式改善农村的面貌，提升农民的生活水平。对此，印度学者有过大量的研究和思考。

普兰纳布·巴尔坦（Pranab Bardhan）指出，将美国联邦制和社区发展的经验直接嫁接到印度、巴西、阿根廷等发展中国家，并不能建立卓有成效的治理机制。正如"政府失灵""市场失灵"一样，社区也会失灵。他认为印度尚不具备地方责任结构，地方政府受地方权力精英控制。要实现民主或参与式发展，必须切实改变既存的社会权力结构，重新分配权力。[②]

---

① ［赞比亚］丹比萨·莫约：《援助的死亡》，王涛、杨惠等译，世界知识出版社2010年版，第33—47页。

② Pranab Bardhan, "Decentralization of Governance and Development", *The Journal of Economic Perspectives*, Vol. 16, No. 4, 2002, pp. 185-205.

但是，有相当数量的印度学者肯定社区发展的意义，同时，肯定民主对于发展和缓解贫困的重要意义。他们认为，社区发展和潘查亚特建设，虽然没有剧烈的社会改革，却在逐渐地改变村庄的社会结构。P. K. 乔杜里（P. K. Chaudhari）指出，社区发展计划借助了传统村庄社会中的恩主关系，让不少农民精英通过成为社区发展的乡村工作者或者参加潘查亚特选举等方式继续他们对村庄的统治。但是，地方精英的统治至少比行政官员的统治要好。正如中央难于了解地方的真实需要一样，官员难于真正融入地方发展进程中。官员是村庄以外的统治者，关心的是控制权力和资源、获得升迁。他们不了解村庄的传统与实际，对村庄事务也没太大兴趣，只是"偶尔驱车到村中，找到几个人问一些抽象而又普遍的问题"，而潘查亚特的治理更能反映农民的需求。[①]

H. D. 马拉维亚（H. D. Malaviya）指出，社区发展计划虽然没有在短期内破除村庄传统权力结构，但是它为权力结构下层的农民提供了机会。农民可以与乡村工作者交谈，他们拥有表达意见的机会、受教育的机会，参加潘查亚特选举和潘查亚特大会的机会。当他们的政治意识觉醒、学会利用社区发展为他们提供的机会之时，农村地区将会出现新的局面。"高种姓往昔的权威受到削弱，过去少数家庭居于顶端，大量贫穷的佃农和农业雇工处于底层，这种状况不能维持下去了。对处于社会顶端的人来说，他们的经济权力、社会特权、在村庄中的政治权力以及他们的傲慢，统统在走向消亡。"[②]

印度著名社会学家安德利·博特利（Andre Beteille）在南印度坦焦尔地区进行田野调查，考察种姓、阶级和权力分配在社会变革中发挥的作用。他指出，成人普选与潘查亚特的意义恰在于提供了获得权力的途径。权力并不必然属于高种姓，也不再与土地所有权挂钩。在种姓制度内部或者是通过获得土地的方式提高社会地位是

---

① P. K. Chaudhari, "Panchayati Raj in Action: A Study of Rajasthan", in A. R. Desai ed., *Rural Sociology in India*, Bombay: Popular Prakashan, 1978, pp. 539-552.

② H. D. Malaviya, "Panchayats and Village Conflicts", in A. R. Desai, ed., *Rural Sociology in India*, Bombay: Popular Prakashan, 1978, p. 404.

一个非常漫长的过程。潘查亚特则提供了权力变更与社会流动，使得传统结构消退、新的社会结构的出现得以可能。①

印度政府曾指派巴尔万特赖·梅塔委员会（Balwantray Mehta Committee）调查社区发展计划实施情况。梅塔委员会系统全面地考察了社区发展计划涉及的核心概念、发展路径以及实行情况。其所提供的报告从各个角度对社区发展计划做出评估，包括基层民主的建设，中央与地方的关系，计划的制订，行政上的配合协调，人民的参与，妇女、儿童、部落民在社区发展过程中的角色，农业发展，农村教育医疗等内容。梅塔委员会认为从促进农业发展的角度看社区发展计划是失败的，但是通过民主的方式实现发展的思路值得肯定，通过潘查亚特调动地方资源与农民参与发展进程的做法也值得赞扬。梅塔委员会报告主张给予潘查亚特更多重视，建设三级地方自治机构，通过村民选举，推进基层民主建设。②

虽然印度至今尚未能够解决贫困问题，社会贫富差距严重，但是这并不影响印度学者对本国民主制度的欣赏。印度著名经济学家阿玛蒂亚·森（Amartya Sen）指出，民主和权力是消除贫困和避免饥荒的关键。他在《贫困与饥荒》一书中指出，经济增长加上民主制度的保障，是解决饥荒问题的关键。饥荒不仅仅是与粮食产量有关的农业问题，更是与权利有关的政治问题。饥荒反映的是人与粮食的关系，即便是在经济繁荣的时期也可能出现饥荒。印度在避免饥荒方面取得了成就，其根本原因在于印度的民主制度，因为民主可以根治饥荒。③

三 中国学者的相关研究状况

目前国内有大量关于国际发展援助的研究，下文将重点梳理国

---

① Andre Beteille, *Class and Power: Changing Patterns of Stratification in Tanjore Village*, Berkeley, California: University of California Press, 1965.

② Government of India, Committee on Plan Projects, *Report of the Team for the Study of Community Projects and National Extension Service*, New Delhi, 1957.

③ ［印］阿玛蒂亚·森：《贫困与饥荒》，王宇、王文玉译，商务印书馆 2009 年版。

内学界有关美国对印度发展援助的研究，以及国内学者对基金会海外援助的研究状况。

（一）关于美国对印度发展援助的研究

首先，有学者将美国乃至世界主要大国对第三世界国家的援助视为研究对象，从整体上把握发展援助的概念和相关理论。例如，1993 年对外经济贸易大学章昌裕主编的《国际发展援助》，① 是国内学界对国际发展援助问题研究的早期成果的代表。中国社会科学院周弘主编的《对外援助与国际关系》，② 中国农业大学李小云等编著的《国际发展援助概论》，③ 全面介绍了对外援助的相关理论，并对主要发达国家对外援助的历史演变和特点进行了述评。

其次，国内学者重视考察美国对外援助的政策。例如，中国社会科学院美国研究所资中筠主编的《战后美国外交史——从杜鲁门到里根》，在大量解密档案和文献书刊的基础上详细梳理了从杜鲁门到里根总统时期美国的外交政策。④ 中国社会科学院美国研究所周琪总结了冷战时期美国对外援助的目标和方法；⑤ 浙江大学刘国柱分析了冷战早期美国对外援助的政策，⑥ 并且专门考察了肯尼迪时期的"和平队计划"。⑦

此外，还有很多学者重视美国对第三世界国家和地区的援助情况。例如，北京大学历史学系牛可在其博士论文中分析了美国对台湾的援助策略，以及美援对台湾政治经济发展产生的影响；⑧ 上海国际问题研究院邵育群在把握美国对巴基斯坦援助历史的前提下，

---

① 章昌裕主编：《国际发展援助》，对外贸易教育出版社 1993 年版。

② 周弘主编：《对外援助与国际关系》，中国社会科学出版社 2002 年版。

③ 李小云、唐丽霞、武晋编著：《国际发展援助概论》，社会科学文献出版社 2009 年版。

④ 资中筠主编：《战后美国外交史——从杜鲁门到里根》，世界知识出版社 1994 年版。

⑤ 周琪：《冷战时期美国对外援助的目标和方法》，《美国问题研究》2009 年第 2 期，第 33—57 页。

⑥ 刘国柱：《艾森豪威尔政府对发展援助政策的调整与美国冷战战略》，《求是学刊》2011 年第 3 期，第 124—132 页。

⑦ 刘国柱：《美国文化的新边疆：冷战时期的和平队研究》，中国社会科学出版社 2005 年版。

⑧ 牛可：《战后东亚发展中的美国因素：台湾个案研究》，博士学位论文，北京大学，1998 年。

分析了 2010 年以来美国对巴发展援助的新战略。①

有关美国对印度的援助研究，目前国内专门性的著作首推尤建设的《美国对印度援助研究（1951—1971）》。该书分析了战后美国的南亚政策以及对印度提供援助的主要动机，并分阶段考察了1951—1971 年间美国对印度官方援助政策。通过对相关外交档案的梳理，尤建设指出，1951—1971 年间随着国际局势的变化和美国全球战略的调整，美国对印度援助政策也在不断变化，美国对印度的援助是外交政策的工具，援助兼具利己性和客观上的利他性，但是最高目标无疑是美国的国家利益。②

华东师范大学王昊的博士论文《冷战时期美国对印度援助政策研究（1947—1971）》，在美国外交档案的基础上理清了 1947—1971 年间美国对印度援助政策的脉络。该文指出，美国出于冷战制度性对抗的考虑，对那些具有重要战略价值、未进入西方同盟体系的欠发达国家进行了经济和军事援助，其中美国对印度的援助就是这类援助的典型案例。美国对印度的援助，最初是出于遏制战略的需要，目的是维持南亚地区稳定，减少苏联和中国对印度的影响，随着冷战形势的变化，美国希望将印度建设为亚洲"民主发展橱窗"，以服务于美国的长期安全。③

云南大学陶亮的博士论文《理想主义与地区权力政治：冷战时期印度对外政策》，系统且详细地梳理了冷战时期印度的外交政策。他指出印度的外交政策具有明显的大国意识和追求，但是 20 世纪50 年代和 60 年代接连爆发的粮食危机迫使印度政府不得不向国外求援，对外援的依赖限制了印度在国际事务中的活动能力和对外战略的实施。另外，印度外交政策为印度争取了美苏双方的援助，印度充分享受了"冷战红利"。④

---

① 邵育群：《美国对巴基斯坦发展援助新战略评估》，《南亚研究》2011 年第 1 期，第 110—122 页。

② 尤建设：《美国对印度援助研究（1951—1971）》，中国社会科学出版社 2010 年版。

③ 王昊：《冷战时期美国对印度援助政策研究（1947—1971）》，博士学位论文，华东师范大学，2008 年。

④ 陶亮：《理想主义与地区权力政治：冷战时期印度对外政策》，博士学位论文，云南大学，2012 年。

　　最后，曾经担任中国南亚学会会长的孙培钧先生，从 20 世纪 60 年代开始就持续关注美国对印度的发展援助。他指出，印度独立后的农业发展战略几经调整，从农业增产运动到乡村发展计划①，再到农业新战略和农村综合发展计划，再到 20 世纪 80 年代末期根据自然地理条件因地制宜实现全国农业均衡发展的目标。② 印度农业发展过程中，外援有着重要影响。"从印度独立到 1970 年代初，美国一直是印度最大的援助国。1971 年印巴战争，美国中断了对印度的一切援助。1951—1971 年，美国对印度提供的各类援助（包括贷款和赠款）共 500.52 亿卢比。其中对农业的援助多达 80 多亿卢比，约占全部援助的 1/6。"美国对印度农业的援助，最初是针对乡村发展计划，之后全力支持农业新战略，也即所谓的"绿色革命"。另外，美国在第 480 号公法下为印度提供了巨额的粮食援助。再说苏联，从 20 世纪 50 年代中期开始，苏联援助印度的重工业部门，对农业的援助并不大。到 1978 年为止，苏联对印度的援助额达到 144.4 亿卢比，其中对农业的援助仅为 5 亿卢比。苏联对印度农业的援助主要是援建国营农场，例如，占地 30331 英亩的拉贾斯坦邦苏拉特加中央机械化国营农场。③ 孙培钧先生在《外"援"在印度造成的经济后果》一文中分析指出，国外援助，特别是美国农产品贷款和赠款，造成的最直接后果是大量美国农产品涌入印度。这压低了农产品价格，打击了农民投资和生产的积极性，阻碍了印度农业的发展，增大了印度对美国粮食援助的依赖，这是外援带来的"一个灾难性后果"。④

---

　　① 乡村发展计划是国内学界对印度 20 世纪 50 年代农村社区发展计划（Community Development Program）的另一译法，本书更倾向于使用农村社区发展这一译法，以凸显这一时期印度农业发展策略背后的核心理念。

　　② 孙培钧：《印度独立以来农业发展战略的演变》，《南亚研究》1990 年第 1 期，第 1—13 页。

　　③ 孙培钧：《外援在印度农业发展中的作用》，《世界经济》1982 年第 9 期，第 60—65 页。

　　④ 孙培钧：《外"援"在印度造成的经济后果》，《世界知识》1963 年第 14 期，第 12—14 页；孙培钧：《日益严重的印度粮荒》，《世界知识》1964 年第 1 期，第 15—16 页。

（二）关于基金会海外援助的研究

近 20 年来，学界越来越重视基金会、国际机构的援助行为。例如，南开大学韩铁在《福特基金会与美国的中国学（1950—1979）》一书中，梳理了福特基金会资助美国研究机构和大学开展中国学研究，同时对中国进行公益援助活动。韩铁指出福特基金会的援助行为是美国外交政策的一部分，同时是服务于美国在世界体系中建立文化霸权的长期需要。[①]

奥本大学翟强将基金会的公益活动看作冷战期间美国宣传战的有机组成部分。他指出，冷战期间，美苏在意识形态领域展开竞争。他们不仅充分调动政府的资源和力量，而且尽量挖掘民间的才智和潜能。动员社会各界人士和组织，特别是基金会以及出版商、记者、教师、研究人员等社会精英，在国内和国际各种场合进行宣传，通过宣传战，展示本国的文化特色和制度优越性，进而争取民心、赢得民意。[②]

东北师范大学张杨考察了福特基金会和亚洲基金会在亚洲的教育项目。她指出，冷战期间，在"国家安全危机"影响下，美国政府与基金会之间形成了"冷战共识"。在这种"冷战共识"的影响下，美国对亚洲开展了教育援助项目，有促进经济发展、社会进步和推动美国式民主的一面，但更重要的是为了在中国周边树起一道防范共产主义的"思想屏障"。参与亚洲教育援助项目的基金会为数众多，其中起关键作用的是福特基金会和亚洲基金会。福特基金会资助了"领导者类型"项目，针对亚洲国家政治领袖、文化领袖、劳工领袖和知识青年等提供资金资助和海外交流学习的机会。福特基金会还促进亚洲的大学与美国的大学建立"姐妹校合同计划"，便于在两国知识界的领袖之间建立起沟通渠道。在东南亚地区，福特基金会为了防止"红色中国"的蔓延，资助研究机构和书院。这些针对海外华人的教育项目，其主要目的是为了争取更多的

---

① 韩铁：《福特基金会与美国的中国学（1950—1979）》，中国社会科学出版社 2004 年版。

② 翟强：《国际学术界对冷战时期美国宣传战的研究》，《历史研究》2014 年第 3 期，第 155—169 页。

学生到"自由世界"。张杨认为，基金会推动的海外教育援助是冷战期间"争夺人们心灵与智慧"的意识形态武器。①

美国研究专家资中筠2003年出版了《散财之道——美国现代公益基金会评述》，2006年该书再版并更名为《财富的归宿：美国现代公益基金会述评》。资中筠从文化、宗教、历史等层面分析了公益基金会在美国产生和兴盛的原因，指出基金会是传播美国文化，支持美国外交政策的重要机构。她指出，二战后基金会的国际援助活动受到冷战背景的影响，包括福特基金会在内的公益基金会的活动与对抗共产主义、与苏联争夺第三世界的影响力是密切相关的。她指出，"二战结束后……国际上的主角是福特基金会。福特基金会在1950年改组并重新确定工作方向……此时正值冷战开始和激化之时，因此国际工作的政治色彩较浓，而且更加明确重点在争夺第三世界。与洛克菲勒基金会一样，福特基金会支持过许多大规模的研究外交政策的项目。"② 另外，资中筠还特别提到福特基金会资助印度"绿色革命"。她分析道，"印度在6年中粮食翻了一番。这项革命还推动了科学和经济向前发展……拉美和印度都是土地高度集中的国家，绿色革命使庄园主和地主在获得灌溉、肥料、杀虫剂、农具方面都得到优惠，同时又从销售产品中得利，但即使粮食因此有所减价，大多数贫民获利甚微。从事这项工作的印度和拉美人士，以及洛克菲勒和福特基金会的工作人员后来都意识到，不改变购买力的分配，粮食增产和持续的饥馑之间的鸿沟是难以填平的……但是，改变分配制度的问题恰恰是基金会解决不了而且有意不涉及的问题。"③ 资中筠认为，即便基金会的国际援助活动带有冷战色彩和局限性，但总的来说，基金会在推动第三世界国家现代化进程方面发挥了积极的作用。

与资中筠的看法不同，北京师范大学张宏毅认为，战后美国外

　　① 张杨：《冷战共识：论美国政府与基金会对亚洲的教育援助项目（1953—1961）》，《武汉大学学报》2013年第3期，第60—68页。
　　② 资中筠：《财富的归宿：美国现代公益基金会述评》（增订本），生活·读书·新知三联书店2011年版，第180—181页。
　　③ 同上书，第280页。

交政策是高度意识形态化的，归根结底是要用美国的"立宪民主制"去最终战胜共产主义。从十月革命开始，美国就与共产主义和苏俄势不两立。美国认为苏维埃政权与美国制度根本对立，布尔什维主义否定私有财产的做法是对美国的极大威胁，布尔什维主义这种共产主义的意识形态是对美国的可怕挑战，十月革命的胜利本身是对美国世界扩张计划的严重威胁。从二战结束到 60 年代末期，美国的外交政策是高度意识形态化的，反共主义外交发展到登峰造极的地步。此时，美国的实力和扩张野心均达到空前的高度。社会主义的力量和全世界人民革命的力量在世界范围内达到了一个新的高度。社会主义不仅经受了战争的严峻考验，而且很快从战争的创伤中恢复，显示了社会主义的强大生命力。1949 年新中国的成立，更是对战后国际局势发生深刻影响。在此情况下，"反共成为美国外交政策的万应膏，几乎是无处不在，无所不用"。[①] 70 年代以后，美国的外交政策更加灵活，但仍然是运用"自由"和"民主"的价值观去影响世界。在这种反共意识形态影响下，美国的外交政策是不可能助益第三世界国家实现民主自由和现代化的。相反地，美国在向世界输出政治价值观的同时，其国内民众的自由、民主价值正在接受挑战。美国宣传的民主价值观以及民主、自由、私有化为主要内涵的"美国模式"，并非其所标榜的公益行为。无论是从主观动机，还是从客观现实来看，美国的外交政策在第三世界国家造成了动乱，扩大了南北贫富鸿沟。"美国利用现行国际经济秩序而成为全球化的最大受益者，并进一步扩大了与发展中国家在产值、科技、国民收入等各方面的差距……非洲国家的内部混乱，东南亚金融危机，拉美国家的经济动荡等等，无一不与'美国模式'有关。尽管如此，美国仍在软硬兼施，压发展中国家接受这种模式，致使这些国家不仅经济困难无法摆脱，政治动荡难以平息，而且经济主权、政治安全也将进一步丧失。"[②]

---

① 张宏毅：《现代美国对外政策中的意识形态因素》，《世界历史》1988 年第 6 期，第 17—29 页。

② 张宏毅：《美国政治价值观与世界霸权》，《理论前沿》2004 年第 4 期，第 10—13 页。

综上，国内学者目前普遍达成一个共识，即冷战期间美国的外交政策是高度意识形态化的，美国的民间机构的国际援助活动也受到冷战思维的影响。但是从外援的结果来看，美国外交政策和援助活动在第三世界造成的客观结果如何？是客观上促进了第三世界国家的现代化进程呢？还是加剧了第三世界国家的经济困难，加重了第三世界国家对美国主导的世界经济体系的依赖性？目前学界还存在分歧。例如，资中筠认为发展援助客观上推动了第三世界国家的现代化进程，张宏毅则认为发展援助加深了第三世界国家的贫困和苦难。本书认为，这个问题需要结合个案，通过具体的研究加以思考。

四　近 20 年来研究的新进展

近年来学界越来越关注基金会、国际机构的援助行为，以及大学、科研机构与发展援助之间的关系。

（一）学者关注非政府组织的援助活动

目前有很多学者在研究世界银行、联合国等国际机构的发展援助活动。例如，艾米·L. M. 斯特普尔斯（Amy L. M. Staples）的著作《发展的起源：世界银行、联合国粮食与农业组织、世界卫生组织是怎样改变世界的（1945—1965）》;[①] 理查德·约利（Richard Jolly）等编著的《联合国对发展概念和发展计划的贡献》;[②] 迪甘贝尔·布拉斯卡尔（Digambar Bhouraskar）的著作《联合国的发展援助：一项历史和政治的考察》;[③] 梭·盛（Soe Saing）考察了联合国在缅甸的技术援助。[④]

[①] Amy L. M. Staples, *The Birth of Development: How the World Bank, Food and Agriculture Organization, and World Organization Changed the World*, 1945–1965, Kent: Kent State University Press, 2006.

[②] Richard Jolly et al., *U. N. Contributions to Development Thinking and Practive*, Bloomington: Indiana University Press, 2004.

[③] Digambar Bhouraskar, *United Nations Development Aid: A Study in History and Politics*, New Delhi: Academic Foundation, 2007.

[④] Soe Saing, *United Nations Technical Aid in Burma: A Short Survey*, Singapore: Institute of Southeast Asian Studies, 1990.

同时，也有很多学者关注大学、科研机构与发展援助的关系。克里斯托夫·辛普森（Christopher Simpson）编著《大学与帝国：冷战期间社会科学中的金钱与政治》一书，该书收录的十篇文章集中表达了一个思想：冷战期间，美国的大学是服务于冷战意识形态的。美国大学从联邦政府国务院、中央情报局、国防部以及福特基金会、洛克菲勒基金会、卡耐基基金会等机构获取研究资金。研究的推动力不单纯是对知识的诉求，社会科学的发展受到权力和金钱的深刻影响。① 瑞贝卡·S. 洛文（Rebecca S. Lowen）在大量翔实史料的支撑下，考察了斯坦福大学从 20 世纪 30 年代到 60 年代的情况。二战后，美国的大学主动地转换角色，从过去的学术象牙塔变成学术企业家，积极地从政府、基金会等机构获取研究经费，借助冷战的契机变成"为国所用"的知识制造商。②

大卫·C. 恩格曼（David C. Engerman）研究指出，大学和科研机构的学者通过他们的研究以及他们创造的概念对现代世界和现代国际关系产生了深远的影响。例如，粮食供给、人口增长、经济活动等概念的创造，看似再平常不过，却深刻影响了人类的活动。③ 恩格曼还指出，平均每年有来自 55 个国家的 600 名专家，通过联合国技术援助署前往 65 个发展中国家，每年递交 1000 多篇项目结题报告和 4000 多篇中期报告。类似的国际机构就像一个个"生意兴隆的店铺"，而且他们之间保持密切的来往和合作，形成一个巨大的网络，服务于东西方意识形态和发展理念的对抗。④

沃尔克·R. 伯格翰（Volker R. Berghahn）以德国为例，分析了美国的基金会、知识分子如何通过出版物、学术会议等形式在德国宣传文化自由主义，削弱苏联"优越社会"（Superior Society）思想

---

① Christopher Simpson ed., *Universities and Empire: Money and Politics in the Social Sciences during the Cold War*, New York: New Press, 1998.

② Rebecca S. Lowen, *Creating the Cold War University: The Transformation of Stanford*, Berkeley and Los Angeles: University of California Press, 1997.

③ David C. Engerman, "Bernath Lecture: American Knowledge and Global Power", *Diplomatic History*, Vol. 31, No. 4, Sept., 2007, pp. 599-622.

④ David C. Engerman, "Reproducing Power?" *History and Technology: An International Journal*, Vol. 26, No. 1, 2010, pp. 61-67.

的影响力，同时削弱欧洲社会存在的批判美国的思想。① 艾瑞克·瓦基恩（Eric Wakin）以泰国为例，描述了美国政府如何将社会科学运用到泰国反共和反暴动的行动中。在美国深陷越战泥潭的时期，美国需要确保泰国是一个"自由"的国家。这期间，许多美国的人类学家在泰国开展田野调查，并且为美国政府提供大量数据和情报。② 约翰·恩斯特（John Ernst）关注的是密歇根州立大学在越南战争中扮演的角色。在诸多关于越战的著作中，密歇根州立大学的校长约翰·汉娜（John Hannah）和密歇根州立大学在南越研究项目的负责人韦斯利·费谢尔（Wesley Fishel）都饱受批评。约翰·恩斯特通过史料分析指出，费谢尔是一个只关心个人仕途的人。他还指出密歇根大学为南越官员提供培训，为联邦政府提供情报等。③

（二）霸权理论：基金会研究的热门路径

目前对基金会及其发展援助的学术研究著述为数不少。从研究路径上来看，目前国际学界对基金会及其发展援助的学术研究，主要借鉴了葛兰西的霸权理论。

葛兰西在对意大利和欧洲的政治发展实践的研究基础上指出，在政府经济领域以外还存在非政府和非市场的机构和活动，包括工会、学校、专家、教育、文化协会、政党、教会，它们组成了公民社会。公民社会反映的是既存的霸权和社会秩序，同时也包含一系列的社会创新，有可能产生新的社会秩序。霸权是指一种占主导地位的生活和思考方式，这种方式在整个社会广为流传，形成规范、价值、品味、政治实践和社会关系。霸权是在强制（coercion）和共识（consent）的共同作用下实现的。④

马克思将社会关系划分为物质基础和上层建筑。在马克思看来，公民社会反映的是生产的经济关系，构成人类社会的物质基

---

① Volker R. Berghahn, *America and the Intellectual Cold Wars in Europe*, Princeton: Princeton University Press, 2001.

② Eric Wakin, *Anthropology Goes to War: Professional Ethics and Counterinsurgency in Thailand*, Madison: University of Wisconsin Center for Southeast Asian Studies, 1992.

③ John Ernst, *Forging a Fateful Alliance: Michigan State University and the Vietnam War*, East Lansing: Michigan State University Press, 1998.

④ ［意］安东尼奥·葛兰西：《狱中札记》，人民出版社 1983 年版。

础，国家（政治和司法）是上层建筑，物质基础决定上层建筑。马克思在《德意志意识形态》中指出，公民社会是自为的，和国家一样有着内部组织，公民社会决定国家和国家的目标。葛兰西对马克思理论的贡献在于，他让公民社会及其与国家的关系的理论更加丰富。在葛兰西看来，公民社会中生产关系的部分是物质基础，社会关系的部分则是上层建筑。社会关系包括文化的、意识形态的、知识的关系，以及大众传媒、教会、政党这类组织机构内部的力量。马克思认为资本主义获得和维持其支配地位是凭借武力及其威慑力，也即是国家的强迫力。葛兰西则认为一个阶级获得支配地位，是运用其政治的、道德的和知识的优势去创造一种世界观，其他阶级只得适应。这种世界观就是社会的共识，被认为是自然的现象，将不平等的阶级关系合法化。统治阶级不仅依靠强制力，更依靠在社会建立起主流价值体系，从而实现霸权。但是阶级斗争始终存在，统治阶级为了维持统治，避免和抑制社会中的革命势头，采取自上而下的改革来缓和阶级矛盾，这就是葛兰西所说的消极革命。通常统治阶级会将传统的知识精英和挑战的知识精英混合，以此更好地实现维持统治的目的。①

　　葛兰西霸权理论是在意大利政治实践的基础上提出来的，他从未看到过20世纪的美国，但不少学者认为如果他到过美国，他一定会将美国的基金会视作典型的公民社会中上层建筑的部分，因为基金会与文化、意识形态、知识紧密相关。这些学者主张使用葛兰西的理论反思基金会的公益活动。最早使用葛兰西理论来考察基金会公益活动的学者是英属哥伦比亚大学的唐纳德·费希尔（Donald Fisher）。他认为从基金会成立开始，其成员所做的事情就是在支持捐赠者的意识形态和利益取向，基金会全力防止革命的意识形态在

　　① Hagai Katz, "Gramsci, Hegemony, and Global Civil Society Networks", *Voluntas: International Journal of Voluntary and Nonprofit Organizations*, Vol. 17, No. 4, Dec., 2006, pp. 333-348; Barry D. Karl and Stanley N. Katz, "Foundations and Ruling Class Elites", *Daedalus* Vol. 116, No. 1, Winter, 1987, pp. 1-40.

美国社会科学领域生根发芽。[①]

　　不少学者支持费希尔的观点，他们认为从 19 世纪末期到 20 世纪初期，工业资本主义发展导致了城市贫困和劳工生活处境恶劣等社会问题，资本家担心发生社会主义革命。基金会的成立就是尝试避免革命思想在社会科学领域生根发芽，避免美国发生社会革命的举措之一。不仅如此，许多学者还注意到基金会不仅帮助美国的统治精英维持统治霸权，而且还蠢蠢欲动地要帮助美国在全世界建立霸权。印第安纳大学的罗伯特·F. 阿尔诺夫（Robert F. Arnove）编著《公益与文化帝国主义：基金会在国内外的活动》一书，收集了批判基金会的文章。在书中，阿尔诺夫称基金会"扮演了非官方的谋划机构，不仅在美国社会起作用，还影响日趋形成的以美国为中心的世界体系"。[②]

　　琼·勒洛夫斯（Joan Roelofs）在《基金会和公共政策》一书中，借助葛兰西知识和权力的理论以及米尔斯（C. Wright Mills）的权力精英理论，批评基金会的本质是打着多元主义的旗号维持资本主义世界秩序。基金会通过资助、智库、出版、研究等方式，与知识分子保持特殊的关系，通过在公民社会中制造满意度的办法确保统治精英的霸权地位。"知识分子衰减，深受其害的绝不会是饥肠辘辘的农民，而是资本主义！"基金会代表资本主义意识形态，是支持自由主义的机构。他们打着自由主义的名义开展国际援助活动，常常阻碍受援国真正的社会变革的发生，让受援对象永久地成为基金会的乞讨者。一方面，基金会高举缓解贫困和解决不平等现象的大旗，而实际上收入平等从来都不是主流的美国价值。美国人信仰的是自由和经济机会，基金会的根本宗旨是推广自由主义，而非结束社会不平等。另一方面，基金会鼓励地方民主和公民参与，实际上是让这些公民与地方以外的事务之间保持一段安全的距离，

---

　　① Donald Fisher, "The Role of Philanthropic Foundations in the Reproduction and Production of Hegemony", *Sociology*, Vol. 17, 1983, pp. 206-233.

　　② Robert R. Arnove, *Philanthropy and Cultural Imperialism：The Foundation at Home and Abroad*, Boston, MA：G. K. Hall and Co., 1980.

让公民不能充分享有其公民权利。①

　　因德吉特·帕玛（Inderjeet Parmar）指出，在观察基金会及其援助活动时，葛兰西的经典提供了最恰当的理论框架和分析工具。帕玛指出，洛克菲勒基金会、卡耐基基金会和福特基金会这三大基金会，不仅从目的上，更从客观结果上影响了美国的知识精英和学术思想，充分体现了葛兰西关于知识分子和霸权的论述。20世纪上半叶，洛克菲勒基金会和卡耐基基金会通过援助科研机构和大众教育，促进全球主义外交主张取代孤立主义外交政策。二战结束后，福特基金会加入进来，通过丰厚的财力资源和知识储备，利用与政府部门畅通和密切的联系，从战略角度调动知识资源，建立重要的机构，界定学术，识别和挑选最优秀的人才。他们允许知识界有不同的声音，但是确保主流的知识和价值符合统治精英的需要。基金会通过国际援助、建立跨国家的组织和机构，形成一个"国际公民社会"，将国家政府手中的权力转移到国际公民社会中一个个的机构手中，形成一个高度政治化的知识网络，通过这个知识网络促进美国国际主义外交政策的实现，捍卫美国的国家利益。②

　　因德吉特·帕玛不仅运用葛兰西霸权理论来分析基金会的海外援助活动，还特别强调了基金会通过援助构建起一个全球知识网络的观点。帕玛认为全球知识网络是指一系列的合作研究、新闻传播与出版业、学术交换、跨国的学术资助等活动组成的一个知识人才体系。无论是否处心积虑，美国的基金会和其他一些机构通过国际援助建构起一个实实在在的知识网络，并且对第三世界国家产生了深远的影响。这个体系将不同国家发展政策制定者以及国际援助机构成员包括在内。正是这个全球知识网络，促进了美国霸权的确立

　　① Joan Roelofs, *Foundation and Public Policy: the Mask of Pluralist*, New York: State University of New York Press, 2003.

　　② Inderjeet Parmar, *Foundations of the American Century: The Ford, Carnegie, and Rockefeller Foundaitons in the Rise of American Power*, New York: Columbia Unviersity Press, 2012; "The Carnegie Corporation and the Mobilisation of Opinion in the United States' Rise to Globalism, 1939-1945", *Minerva*, Vol. 37, 1999, pp. 355-378.

和巩固。①

　　全球知识网络的概念，准确概括了基金会通过援助科研机构建立起来的覆盖全球的知识人才体系。但是，知识网络是否帮助美国实现了文化霸权，学界关于这个问题是存在争议的。

　　E. 索伦森（E. Sorensen）和 J. 托芬（J. Torfing）编著了《民主网络治理的理论》，他们承认国际援助行为建立起一个全球网络，但是他们不认可这个全球网络中权力关系的不平等。"参与是完全自愿的，参与的人随时可以离开这个网络。网络中的不同角色相互依赖，没有人能够通过这一网络向任何人施加等级控制，因为这么做将有可能摧毁整个网络。"② 哈坎·索恩（Hakan Thorn）认为索伦森和托芬的看法过于乐观。在这个全球网络中，所有参与者，特别是那些非政府的机构和组织，看似可以自由地选择参与和退出全球网络，但是由于他们之间相互联系与相互依赖的关系日趋深化，他们是否还有能力实现民主全球治理，这是值得思考的。

　　更多学者倾向于认为，基金会的国际援助活动将不平等的权力关系合法化，是资本主义和自由主义的重要工具，本质是一种帝国主义的行为，并且这种行为正鲸吞蚕食着民主制度赖以存在的根基——民族国家，代之以在援助审核和评估制度基础上形成的强干预的"管理和监察体系"。与此同时，基金会、大学、科研机构构建起来的全球知识网络，也在摧毁民主制度本身。因为基金会、非政府组织等的存在和活动不依靠选民的投票，完全建立在人民的信任之上。受援国因为信任加入了全球网络，却因此变得高度依赖这一网络的财力和智力资源，由此无法自由地离开全球网络。在此情况下，基金会构建的全球知识网络所实施的治理比民选政府的治理

　　① Inderjeet Parmar, "The 'Knowledge Politics' of Democratic Peace Theory", *International Politics*, Vol. 50, No. 2, 2013, pp. 231–256; "American Foundations and the Development of International Knowledge Networks", *Global Networks*, Vol. 2, No. 1, 2002, pp. 13–30; "Foundation Networks and American Hegemony", *European Journals of American Studies*, Vol. 1, 2012, pp. 1–18.

　　② E. Sorensen and J. Torfing eds., *Theories of Democratic Network Governance*, Basingstoke: Palgrave Macmillan, 2007, pp. 9–10.

更加不平等和不民主。①

　　借鉴葛兰西的霸权理论来分析基金会及其援助活动看似有理，实际上也存在很多根本上的问题。巴里·D. 卡尔（Barry D. Karl）和斯坦利·N. 卡茨（Stanley N. Katz）反对通过葛兰西霸权理论批判基金会的援助行为。他们指出，即便是资本家想要捍卫和支持资本主义，他们也用不着通过基金会来压抑社会主义思想的发展，更用不着去干预研究和教学领域。而且，那些由基金会资助成立的大学和研究机构，很快就被一批专业的学者掌握，学术的方向是由各个学科带头人引导，而绝不是由这些基金会的管理者所轻易摆布。他们强调美国大学的学术自由以及知识分子的自主性。同时，他们对葛兰西学派提出了一个尖锐的问题：葛兰西的理论是基于意大利和欧洲的社会和政治现实创作的，这样的理论是否适合美国的社会和经济背景呢？20 世纪初美国的统治精英是否通过基金会成功地团结了知识分子？葛兰西所观察的欧洲，政党是连接政治和知识分子的重要媒介，它也就成为统治阶级的重要工具。但是在美国，政党和政治精英之间的联系更为复杂，公众对非政治的、非政党的社会领袖有着坚定的信任。政党并不只是意识形态控制的主要工具，政党很少组织社会团体来支持知识分子，知识分子和学术界也很少支持特定的政党。基金会是支持知识分子的重要机构，但是他们从一开始就避免与联邦政府有公开的联系。在美国，基金会是独立于政府和商业的，是非政治和非营利的，这并不是说政治或商业精英不能参与到公益过程中来。相反，他们的参与是必要的，是作为董事会选举出来的公民参与。商业精英、知识分子在某种程度上是与政治分离的，既允许必要的交流，同时也保证政治在可控制的范围内。基于此，他们认为用葛兰西的理论和欧洲的精英理论来解释美国的基金会的现象具有局限性。②

---

　　① Rikki Abzug, "The Nonprofit and the Informal Sector: A Theoretical Perspective", *Voluntas: International Journal of Voluntary and Nonprofit Organizations*, Vol. 10, No. 2, June 1999, pp. 131-149.

　　② Barry D. Karl and Stanley N. Katz, "Foundations and Ruling Class Elites", *Daedalus*, Vol. 116, No. 1, Winter, 1987, pp. 1-40.

　　总的来说，运用葛兰西文化霸权理论来分析基金会的海外援助活动是具有风险的，彻底否定美国知识精英和学术机构的自主性是有失妥当的。本书认为，既不能过分强调基金会援助活动的公益性质，也不能简单地将其归结为政治工具，而是应该通过历史的考察，一分为二地看待基金会的援助及其造成的客观结果。

第三节　研究问题与学术创新

　　在回答了为什么选取福特基金会对印度的援助为研究主题、为什么将考察的时段锁定为 1951—1971 年间、为什么关注农业发展援助，以及梳理了国内外相关研究文献之后，下一步应该是集中论述本书将具体如何做、怎么做，以及论文学术价值在哪里的问题。换言之，这里的中心问题应该是回答何谓本书突破口与切入点，聚焦点与创新点？在详细回答这些核心问题之前，三个重要立论前提需要首先在此明确澄清：其一，本书涉及印度农村和农业发展的重要问题，这是一个更大范畴的重大课题，但是，印度农村与农业发展不是或者不完全是本书焦聚的中心问题。本书仅仅选择从福特基金会对印度农业发展援助这一特定视角切入，进而关联印度农村与农业发展的大背景、大课题来探讨问题。其二，本书涉及美国对外援助，这同样是一个非常大的重要课题，但是，本书并不是研究美国对外援助甚至美国对印度援助的本身。本书选择聚焦福特基金会对印度农业发展援助这一特定视角切入，关联美国对外援助特别是美国对印度援助的主轴与背景来考察问题。其三，本书涉及意识形态与冷战、发展援助与对外政策、发展与现代化、贫困与绿色革命等宏大的理论课题，而且这些课题之间又都是相互关联、无法回避的。但是，在本书中，任何对这些课题的理论关怀主要出于对研究背景与对象课题的更好理解，以及出发点的锁定与再出发的方向定位考量。理论研究既不是本书的初衷，也不是本书的最终目的，更超越了本人的能力范围。本书仅仅选择福特基金会对印度农业发展援助这一独特的切点，再现 20 年间其政策演变与援助内容的历史进程。本书的目的和任务，是期望以福特基金会对印度农业发展援助的历史深度个案研究为基础，进而检视和思考上述重要的理论课题在印度这样一个所谓"世界上最大的民主国家"以及关键的历史时期到底意味着什么。

关联上述背景，鉴于本书集中考察 1951—1971 年间福特基金会对印度农业发展援助，那么两组重要问题是本书无法回避、需要亟待回答的。首先，最基本的问题是：1951—1971 年间福特基金会对印度农业发展援助政策和内容是什么？主要集中在哪些领域？其出笼的背景与原则如何？其间有变化吗？如果有，又是如何以及为何演变的？如果没有，那么不变的原则是什么？其次，更进一步的问题是：福特基金会在此 20 年间对印度农业发展援助，一方面，对印度农村和农业发展进程有什么影响？另一方面，与美国政府对外援助特别是美国对印度援助有什么关系？换言之，在前人研究的基础上，在基本史实建构与具体史料分析的基础上，本书需要回答这样一个核心问题：福特基金会对印度农业的援助活动到底产生了什么样的客观结果？我们应该如何历史地客观地看待它？实际上，这个问题包括两个层面，第一，从美国对南亚的外交政策的角度看，福特基金会的援助活动发挥了什么作用，做出了什么贡献？第二，从印度农业发展的角度看，福特基金会的援助活动对农业发展政策的制定和调整产生了什么影响，这对印度农业发展有怎样的影响？实质上，这不仅是一个关于如何理解、如何定位福特基金会对印度农业发展援助的问题，更是一个关乎如何理解、如何定位意识形态与冷战、发展援助与对外关系、发展与现代化、贫困与绿色革命等重大理论命题在第三世界的实践的问题。

联系目前学界讨论背景，问题之所以如此提出，主要考量有三点，具体如下。

第一，传统冷战史研究重视大国的政治和外交行为。印度不仅处于冷战的"边缘地带"，而且处于冷战史叙事的边缘地带。近年来，随着新冷战史研究方法的兴起，学者重视运用多国的档案进行考察。有更多的学者在关注第三世界国家，特别是那些处于"边缘地带"的中立国家。很多学者已经注意到，在冷战前期，印度的农村地区是美苏意识形态较量和制度竞赛的主战场之一。① 但是围绕美国和苏联如何向印度输送发展理念，如何影响印度农业发展政策的制定，进而展开制度竞赛，目前学界还尚未有系统的研究。本书通过研究发现，冷战前期，在向印度输送现代化意识形态和发展理念的过程中，美国官方援助具有很大的局限性。官方援助不仅受制于美印关系以及国际格局变化的影响，还受到美国国内援助审批制度的严格限制。在此情况下，福特基金会、大学、科研机构等民间机构发挥了重要的作用。其中，福特基金会与美国官方援助相互配合、相互补充，在向印度输送现代化发展理念、影响印度农业发展进程方面，发挥了无可替代的重要作用。福特基金会是如何做到这一点的？本书将通过福特基金会对农村社区发展、农业精耕县发展和农业新战略的援助，进行分析和说明。

第二，发展援助既是国家外交政策的一部分，又是与第三世界国家密切相关的发展问题。从国际关系学理想主义和现实主义的研究视角，争论发展援助的利他性和利己性，难以得出客观全面的结论。从发展经济学的角度出发，学者得出发展援助有利于受援国的结论。从批评发展经济学的角度，学者则指出发展援助的失败和无效。无论是对经济因素的强调，还是对制度和国家因素的强调，都反映学者对发展问题的思考。双方各有道理，在不同时期，不同观点占上风，也影响着国际发展援助的开展。例如，20 世纪 50 年代和 60 年代，在发展经济学影响下，美国等西方国家为第三世界国家提供了大量的发展援助；20 世纪 70 年代和 80 年代，发展经济学饱受诟病，国家和制度的因素得到凸显，与此同时，西方大国减少了对第三世界的发展援助，增加了对第三世界国家的人道主义援助和民主援助；到了 20 世纪 90 年代，新自由主义重新强调市场的作用，国际援助机构重视通过发展援助促进第三世界国家开展自由化和市场化的经济改革。因此，在研究发展援助的过程中，不能偏信政治学或经济学的不同理论流派，进而赞赏或者批评发展援助对第

① David C. Engerman, "The Romance of Economic Development and New Histories of the Cold War", *Diplomatic History*, Vol. 28, No. 1, Jan., 2004, pp. 23-54.

三世界国家的影响。

此时特别需要从历史的角度出发，观察发展经济学的理论如何塑造了西方大国的对外发展援助政策，以及极端的现代化意识形态如何影响了第三世界国家的发展进程。对这一历史过程的历史性的考察和分析，无疑比批评或赞赏发展援助更为重要。因此，本书将以历史学实证研究的方法为主，在福特基金会档案材料、印度政府出版的发展报告、美国外交档案等材料的基础上，借鉴其他社会科学学科的研究方法和成果，进而展开分析和论述。

第三，从前人对发展援助和基金会的研究中可以看到，学者对美国官方发展援助和基金会的海外援助活动的研究，讨论得最多的是援助的目的和性质。国际关系理想主义范式和现实主义范式，思考了发展援助的道德基础和理论依据，前者强调发展援助的人道主义关切，后者强调援助的权力诉求。新冷战史的学者思考发展援助和现代化意识形态的关系，他们基本达成了一个共识，即发展援助带有强烈的冷战意识形态色彩，充当了大国向第三世界国家传输意识形态和发展理念的渠道和工具。从葛兰西文化霸权理论出发，学者思考了基金会海外发展援助的性质。大多数学者倾向于将基金会的援助活动与美国的文化霸权联系起来，认为基金会向第三世界国家输出资金、技术和知识，目标是实现美国的文化霸权。国内学者围绕发展援助和基金会援助活动的研究，也基本达成了一个共识，即发展援助是冷战时期美苏的重要外交手段，基金会的海外援助活动受到冷战意识形态的深刻影响。

至于基金会的援助活动带来了什么客观结果，学者也有所思考。例如，资中筠认为，美国官方的援助以及基金会的援助活动，虽然受到冷战思维的影响，但是在推动第三世界国家现代化进程方面发挥了积极作用。[①] 张宏毅则坚持美国的发展援助造成了亚非拉国家的经济动乱和社会混乱。[②] 孙培钧先生认为美国对印度农业的

----

① 资中筠：《财富的归宿：美国现代公益基金会述评》（增订本），生活·读书·新知三联书店 2011 年版。

② 张宏毅：《美国政治价值观与世界霸权》，《理论前沿》2004 年第 4 期，第 10—13 页。

援助，增加了印度对美国粮食援助的依赖，带来了"灾难性的后果"。① 外国学者丹尼斯·梅里尔认为，冷战前期美国对印度的发展援助，经济上的考虑是次要的，最主要的是意识形态上的目标，也即抑制共产主义。② 由上可见，在这个问题上，学者的观点存在较大的分歧，而且，目前还缺乏基于个案研究的具体分析。那么，究竟应该如何看待基金会海外援助的客观结果呢？本书认为，在思考福特基金会对印度援助的客观结果时，首先要考虑的是，福特基金会的援助活动与美国意识形态目标的实现之间的关系，其次是分析这种意识形态的目标对印度农业发展产生的客观影响。

本书论证的重点将围绕福特基金会对印度援助的最核心的内容，也即其对印度农业发展的援助展开。因此，有必要弄清1951—1971年间围绕印度农业发展问题的相关讨论和思考，包括工业立国还是农业立国的问题，如何定义农业发展的问题，促进农业产出提高的方法问题以及政府干预农业发展的方式问题，其中还涉及如何看待外国粮食援助、如何制定粮食价格政策以及如何开展土地关系变革等重要议题。印度政治精英、美国官方援助以及福特基金会的援助者对上述问题的思考与讨论，集中体现在印度政府采取的三种农业发展策略上，分别是接受外国粮食援助、开展农村社区发展，以及启动农业新战略，也即"绿色革命"。这三种农业发展策略代表着对农业和农业发展的不同定位和认识，既反映出印度政府在农业发展问题上一以贯之的发展理念，也彰显了农业发展政策调整和变化的一面。

本书的主体部分将具体考察这三种农业发展策略出台的原因以及其中包含的利益诉求，农业发展策略的内涵和核心内容，并对三种农业发展策略的实施情况及其产生的客观结果进行分析论证。同时，本书对印度农业发展策略的考察，始终围绕着福特基金会的援助这一主线索展开，并且时刻紧扣时代的和国际的大背景加以分

① 孙培钧：《外援在印度农业发展中的作用》，《世界经济》1982年第9期，第60—65页。

② Dennis Merrill, *Bread and Ballot: The United States and India's Economic Development*, 1947-1963, Chapel Hill: University of North Carolina Press, 1990.

析。关注福特基金会援助印度农业发展的出发点和动机，以及福特基金会得以参与到印度农业发展进程中的原因、基础和条件。这涉及冷战期间美国对印度的外交政策和利益诉求，以及福特基金会对美国全球主义外交政策的支持，还涉及印度独立初期的发展定位和发展条件。同时，本书将重点分析福特基金会在印度农业发展策略的制定、实施和调整过程中发挥了什么样的特殊作用。这个过程又体现出美国发展理念与印度发展经验和发展实际的碰撞、融汇与排异。通过对上述问题的考察和思考，最终回归到对印度农业发展、对外援助、基金会发展援助问题的反思。

第四节 主要史料与结构安排

一 主要史料

本书的研究和写作主要采用历史学实证研究的方法，因此档案爬梳和分析是本书研究的重要工作。本书写作所依托的主要史料包括以下几类：

第一，道格拉斯·恩斯明格口述史。道格拉斯·恩斯明格于1951—1971年间担任福特基金会驻印度代表，这期间福特基金会对印度的一切援助活动都是经过恩斯明格的签字批准才得以生效的。不仅如此，他还是尼赫鲁总理的好朋友，可以随时给尼赫鲁打电话讨论印度的发展问题。1971年他回到美国，立即将其在印度的活动和经历转化为口述史，这份口述史是了解福特基金会在印度活动的最宝贵的史料之一。

第二，福特基金会在印度活动的相关档案①，包括福特基金会对印度援助的资金申请、拨款文件，福特基金会工作人员及其邀请的专家对印度发展项目的调研报告，重要的通信文件等。

---

① Douglas Ensminger Papers（MS 1315），Manuscripts and Archives，Yales University Library.

　　第三，美国外交文件和国会记录。① 这些文件是理解美印关系、美国对印度官方援助的重要资料，其中最为重要的是美国对外关系文件集（The Foreign Relations of the United States），涵盖美国外交相关的重要文件，包括政策文件、会议备忘、外交官来往信件等。

　　第四，英国外交部关于印度等南亚国家的档案。② 英国利兹大学数据库"外交部关于印度、巴基斯坦和阿富汗的档案"系统收录了大批外交档案、报告、会晤记录，内容涉及 1947—1980 年间南亚各国的政治经济社会发展情况、南亚各国之间以及南亚与世界大国间的互动与紧张关系。

　　第五，印度政府社区发展与合作部 1953 年 10 月至 1960 年 7 月期间的重要通信，这是考察印度社区发展的重要材料。③

　　第六，《印度时报》，20 世纪 50 年代和 60 年代关于社区发展、农业发展和福特基金会的相关报道。

　　第七，印度政府印发的项目文件和评估报告。例如，社区发展与合作部发行的《通往福利国家之路》《社区发展、潘查亚特与合作》《社区发展相关信息手册》；④ 1957 年，印度政府任命巴尔万特赖·梅塔委员会调查报告；⑤ 1962 年印度财政部对印美技术合作的调研报告；⑥ 1964 年印度政府针对潘查亚特建设过程中的问题进行

　　① 1861—1960 年的档案文件参见 http：// uwdc. library. wisc. edu/collections/FRUS；1961 年以来的档案文件参见 http：//history. state. gov/。

　　② http：//www. archivesdirect. amdigital. co. uk/Introduction/FO_ India/default. aspx #Introduction.

　　③ Government of India, Community Projects Administration, Ministry of Community Development and Co - operation, *Important Letters*：*From October* 1953 *to July* 1960, New Delhi, 1961.

　　④ Government of India, Planning Commission, *Road to the Welfare State*, Issued on behalf of the Community Projects Administration, New Delhi, 1954; *Community Development*, *Panchayati Raj and Cooperation*, issued on behalf of Ministry of Community Development and Cooperation, Delhi: Publications Division, 1968; Ministry of Food, Agriculture, Community Development and Cooperation, Ministry of Community Development and Cooperation, *Pocket Book of Information on Community Development*.

　　⑤ Government of India, Committee on Plan Projects, *Report of the Team for the Study of Community Projects and National Extension Service*, New Delhi, 1957.

　　⑥ Government of India, Ministry of Finance, *Report on the Indo-U. S. Technical Co-operation Programme*, New Delhi, 1962.

的研讨等。①

第八，重要人物的著作、演讲和档案材料。例如，切斯特·鲍尔斯的档案；② 尼赫鲁文集；社区发展计划的负责人 S. K. 戴伊（S. K. Dey）的著述《社区发展：1954 到 1961 年大事记》；③ 印度计划委员会副主席 V. T. 克里希纳马查理（V. T. Krishnamachari）的著作和演说；④ 印度财长 C. D. 德希穆克（C. D. Deshmukh）的著作和演说等。⑤

最后，1951—1971 年间西方和印度学者在印度农村进行的田野调查报告，这是认识当时印度农业和农村实际情况的重要文献。⑥

二 结构安排

本书的结构安排如下：

第一章为绪论部分，说明研究主题和研究意义，在梳理前人研

---

① All India Panchayat Parishad, Kailash Colony, *Seminar on Fundamental Problems of Panchayati Raj*, New Delhi, 1964.

② Chester Bowles Papers (MS 628), Manuscripts and Archives, Yale University Library.

③ S. K. Dey, *Community Development*: *A Chronicle*, 1954−1961, Delhi: Ministry of Information and Broadcasting, Government of India, 1962; *Power to the People*, *A Chronicle of India* 1947−67, Bombay, Calcutta, Madras, New Delhi: Orient Longmans, 1969.

④ V. T. Krishnamachari, *Community Development in India*, New Delhi: Publications Division, Ministry of Information and Broadcasting, Government of India, 1958; "Address by Shri V. T. Krishnamachari, Deputy Chairman, Planning Commission, at the Annual Conference on Community Development held at Mysore", 1959; *Planning in India*, Bombay, Madras, Calcutta, New Delhi: Orient Longmans, 1961; *Report on Indian and State Administrative services and Problems of District Administration*, New Delhi: Planning Commission, Government of India, 1962.

⑤ C. D. Deshmukh, *Lectures on the Pre − Requisites of Development in Under − Developed Countries*, Nagpur University R. B. Bapu Rao Dada Kinkhede Lecture Series, Nagpur: Nagpur Vidyapeeth Mudranalaya, 1961−1962.

⑥ Kusum Nair, *Blossoms in the Dust*, *the Human Factor in Indian Development*, New York: Frederich A. Praeger, 1962; Melvin M. Tumin, *Caste in a Peasant Society*, *A Case Study in the Dynamics of Caste*, Princeton, New Jersey: Princeton University Press, 1952; S. C. Dube, *India's Changing Villages*, *Human Factors in Community Development*, London: Routledge and Kegan Paul LTD, 1958; Tarlok Singh, *Poverty and Social Change*, *with a reappraisal*, Bombay, Madras, Calcutta, New Delhi: Orient Longmans, 1969; Shanti Kothari, and Ramashray Roy, *Politicians and Administrators at the District Level*, New Delhi: Indian Institute of Public Administration, 1969.

究状况的基础上提出问题和主要观点，并介绍本书的研究方法和使用的主要材料。

第二章将考察福特基金会参与印度农业发展的背景，分析美国对印度的援助政策以及美印关系的基本脉络，并分析福特基金会如何通过对发展研究和地区研究的资助，实现对美国全球主义外交政策的支持。通过对上述历史史实的梳理，回答福特基金会为什么要援助印度，以及福特基金会何以能够参与到印度发展进程中的问题。

第三章将考察福特基金会与美国对印度的粮食援助，具体考察美国对印度提供粮食援助的时代背景以及美援对于印度独立后农业发展进程产生的客观影响。通过对独立后印度饥荒频发以及印度领导人对如何解决饥荒问题的看法的分析，回答如下问题，印度独立后的领导人如何看待印度的粮食生产与农业发展政策，如何定位美国的粮食援助的性质与作用，并重点分析福特基金会关于农业发展道路的几个核心问题的看法与主张，包括农业发展道路的选择问题、粮食价格政策问题，以及土地制度改革的问题。

第四章具体考察福特基金会与印度的农村社区发展，探讨福特基金会如何促进印度政府启动农村社区发展计划，福特基金会在社区发展计划实施过程中提供了怎样的支持和帮助，思考美国的发展理念如何与印度的农业发展经验相结合，并且具体考察福特基金会如何通过社区发展推广现代耕作技术、现代的生活理念和培育基层民主的"社区精神"。通过对上述内容的考察和分析，思考美国的发展理念和民主价值观如何影响印度农村社区发展，美国的发展理念在印度农村实践的客观结果如何。

第五章聚焦福特基金会与印度的"绿色革命"，考察福特基金会的"粮食危机报告"和农业精耕县发展的提议如何影响印度农业发展的策略调整，分析农业新战略的出台和实施在多大程度上受到美国发展理念和意识形态的影响，对印度农业发展带来了怎样的客观影响，对美国的外交政策来说又带来了什么样的政治和经济上的利益。

第六章为结论部分，总结全文并回答绪论中提出的问题，并从美国对印政策以及印度发展问题这两个层面，对福特基金会的援助活动做出尽可能客观的评价。

第二章

福特基金会参与印度农业
发展的历史背景

目前国内外学界专门研究或记述福特基金会对印度的援助情况的著作还非常少。乔治·罗森（George Rosen）的《西方经济学家与东方社会》一书，记载了福特基金会资助大量经济学家到南亚担任发展顾问的历史过程，是目前关于福特基金会在南亚援助活动最翔实的研究著作。[①] 此外，1955 年福特基金会出版的《福特基金会与基金会在印度资助的活动》，记载了基金会援助印度的基本情况。[②] 这两本书有一个共同特点，都是站在福特基金会的角度来观察其援助行为的，而不是将福特基金会放在一个大的历史时代背景之下进行考察。离开对时代背景的综合考察，很难对福特基金会在印度的援助活动及其结果做出恰当的评价。

本书试图将福特基金会的援助活动放在美国战后对第三世界国家发展援助的基本政策以及美印关系变化的国际背景下考察。为此，本章将详细梳理福特基金会对印度农业发展的历史背景。通过分析，揭示福特基金会为什么援助印度，以及福特基金会为什么能参与印度农业发展进程。这是理解和分析福特基金会援助活动及其客观结果的前提、基础与关键。

---

① George Rosen, *Western Economists and Eastern Societies: Agents of Change in South Asia*, 1950-1970, Baltimore and London: The Johns Hopkins University Press, 1985.

② Ford Foundation, Office of the Representative in India, *the Ford Foundation and Foundation Supported Activities in India*, 1955.

第一节　美国对印度的外交政策

一　从"孤立主义"到"全球主义"

美国逐渐增强对印度的影响力是在第二次世界大战结束以后。从 18 世纪中期到 20 世纪中叶，印度是英国最重要的殖民地，被喻为"英国女王王冠上最明亮的宝石"。英国的殖民统治深深地影响了印度的政治、经济和文化，英国对印度事务具有绝对的影响力、控制力和发言权，印度事务在很大程度上被视为英国的"内政"。长期以来，美国和印度之间仅有少量的贸易往来，美国对印度事务几乎没有任何影响力，直到两次世界大战爆发，这一局面才开始发生微妙的变化。

第一，战后世界大国经济和军事实力对比发生变化。两次世界大战极大地削弱了英法等老牌帝国主义国家的力量，美国大发战争横财。1919 年美国的国内生产总值已成为世界第一，二战结束时，苏联和德国的经济总产值相加尚不足美国的 1/2，英国和法国的经济总量不足美国的 1/3，日本和意大利相加约为美国的 1/5。[1] 不仅如此，美国还掌握世界 3/4 的黄金储备，同时拥有世界最强的海军和空军以及原子弹的生产技术。

第二，两次世界大战还见证了美国外交政策从"孤立主义"向"全球主义"的转变。不少学者注意到，美利坚民族从一开始就兼具扩张意识和孤立情绪，这两种外交主张同时或者交替影响着美国的外交政策。从 1775 年美国外交的开始到 19 世纪末，美国的外交一直在孤立和扩张之间艰难徘徊。"孤立主义"准则指导着美国的外交政策，同时美国在大陆上进行扩张。从 19 世纪末期到 1945 年二战结束，随着经济实力的增长以及国家利益的向西转移，美国提出了以"门户开放"为核心的新外交政策原则。二战结束以来，美

---

① ［美］韩德：《美利坚独步天下：美国是如何获得和动用它的世界优势的》，马荣久等译，上海人民出版社 2011 年版，第 89—90 页。

国外交政策进入"全球主义"时期,"孤立主义"传统所剩无几。①

第三,第二次世界大战期间,美国尝试增加对印度事务的影响力。大战期间,美印之间的交往逐渐增加,这主要反映在贸易来往的增多,以及美国对印度自治事务的关注。②威尔逊在巴黎和会上提出"民族自决"的口号,虽然带有理想主义的色彩,但充分反映了美国力图打破英法老牌帝国主义国家所构建的殖民体系,期望重建一个新的、由美国主导的世界秩序的意图。"民族自决"的口号,对印度民族独立运动是极大的鼓励。1942年,印度民族独立的呼声空前高涨,与此同时,美国也大力支持印度的自治。此时,日本在印度洋和太平洋地区的扩张势头猛烈,美国总统罗斯福向丘吉尔施加压力,要求英国立即给予印度民族自决,以便集中应对日本,并避免印度东部沿海受到日本袭击。丘吉尔坚持认为,在当时的情况下给予印度自治是不负责任的,就等同于听任印度走向无政府状态,英国会在二战结束后给予印度独立。此时,印度的民族主义领导人对美国抱有较大好感,对罗斯福寄予了较大期望。美国专门派遣了以前战争部助理部长路易斯·约翰逊为首的代表团赴印度调节独立事宜,该调查团借此机会深入调查了印度的军事装备与工业情况,至于印度独立事宜,美国最终还是为了维护美英同盟的关系,采取了妥协和让步。③

罗斯福政府呼吁英国给予印度自治权,但主张印度留在英联邦。他们不愿意看到甘地领导的"退出印度"运动将印度引向美国无法控制的局面。罗斯福赞成由尼赫鲁、真纳组建一个临时国民政府,并表示愿意派出一个考察团专门研究印度未来的宪政改革问题。尼赫鲁同意成立一个临时国民政府,并愿意与盟国进行全面军事合作。但是此时英国人血腥镇压了"退出印度"运动,这使得美国国内支持印度独立的舆论高涨。1942年底美国政府派威廉·菲利普斯以总统个人代表的身份赴印,居间调停印度的政治僵局。虽然

① 王玮、戴超武:《美国外交思想史》,人民出版社2007年版,第40—48页。
② [印]纳塔拉詹:《美国阴影笼罩印度》,姚华译,世界知识出版社1954年版。
③ 李艳娜:《富兰克林·罗斯福与印度的非殖民化研究》,博士学位论文,山东师范大学,2011年,第101页。

菲利普斯的调停并未化解印度的政治僵局，但是美国在印度独立问题上的外交干预，充分体现了美国积极扩大对印度影响的意图。①

英国政府始终不同意在战争期间给予印度自治，但战争结束后，英国的力量受到重挫，英国统治者面对南亚四面八方而来的骚动和抗争显得越来越力不从心。英国殖民者不希望在南亚地区制造更多的麻烦和承担更多的责任。1947 年英国议会通过《印度独立法》，也即"蒙巴顿方案"，分别于 8 月 14 日和 15 日向巴基斯坦和印度两个自治领移交政权。南亚虽然获得了自治，但是却被分裂为印度和巴基斯坦两个国家。印巴分治引发了大规模的暴力和社会动荡，并遗留了很多历史问题，至今仍影响着南亚地区的稳定局势。在印巴分治问题上，美国保持了中立的立场，事实上是默默地支持了英国的政策。

英国撤出印度后，美国开始更为积极主动和更大规模地干预印度事务。当然，在干预的方式和方法上，美国决不会采取殖民掠夺的方式，而必须探索新的方法。挪威学者文安立（Odd Arne Westad）指出，很多历史学家将美国的第三世界政策看作美国之于外部事务的一种事后反应。文安立认为这是错误的。美国从 19 世纪奴隶制的南方重建的冲突中，就已经生发了对第三世界政策的两个关键镜像，即"解放"和"指导"。第二次世界大战的爆发为美国干预第三世界，进而"改造世界"提供了新的机会和要求。战后，美国通过马歇尔计划和北大西洋公约组织，实现了复兴欧洲经济、对抗共产主义的目标，同时，也为美国的第三世界政策提供了参照的范本。②

1947 年美国国会通过了"欧洲复兴计划"，也即"马歇尔计划"。在马歇尔计划下，美国为西欧国家提供了 125 亿美元的经济援助，促进西欧国民生产总值增加 32%，保障了西欧地区的政治稳定，将西欧地区的共产主义活动"扼杀在摇篮里"。③ 同时，马歇尔

① 李艳娜：《富兰克林·罗斯福与印度的非殖民化研究》，博士学位论文，山东师范大学，2011 年，第 118—128 页。

② ［挪］文安立：《全球冷战：美苏对第三世界的干涉和当代世界的形成》，牛可等译，世界图书出版公司 2012 年版，第 16—17 页。

③ Diane B. Kunz, *Butter and Guns: America's Cold War Economic Diplomacy*, New York, London, Toronto, Sydney, Singapore: The Free Press, 1997, p. 56.

计划也为美国出口开辟了海外市场，促进了美国本土的经济繁荣。"美国人实现了他们自己的人道主义动机，同时又满足了本土的经济需求，削弱了欧洲人倒向苏联的趋势。同时，马歇尔计划也加剧了苏联集团和西方之间的分裂。"①

马歇尔计划的一位主要负责人，后来成为福特基金会会长的保罗·霍夫曼指出，美国通过马歇尔计划学会了在亚洲该怎么做。马歇尔计划的成功实施，为美国提供了在世界政治舞台上实行成功政策的基本方法。这些方法主要包括，在政治和文化上对当地精英加以诱导，打开当地市场，以及军事援助和训练。这些手段的目标是造就新的国家政权，使之既能成功推进本国发展，又能对美国遏制苏联及其盟友的政策承担责任。②

1949 年 1 月 20 日，杜鲁门在第二任期的就职演说中正式提出，要通过四项重要的行动方针重建一个自由与和平的世界。这四项行动方针包括：支持联合国；继续执行世界经济复兴计划；支持"爱好自由的国家"抵抗侵略的力量，也即正在酝酿成立的"北约"；以及实行一项更新的、大胆的计划，以先进的科学和进步的工业帮助改善和发展那些尚未发展起来的地区。第四点计划是针对落后的第三世界国家的援助计划。第四点计划和马歇尔计划有着共同的思想基础，即相信美国经济繁荣有赖于世界经济的繁荣，并且认定贫穷和落后是共产主义革命滋生的土壤。但是二者也有重要区别，马歇尔计划是在短期内投入大量资金，帮助欧洲国家经济水平恢复到战前水平；第四点计划则是一项细水长流的长期的发展援助计划，强调向第三世界国家输出美国先进的知识和技术，辅以少量资金，以此帮助落后国家培养人才和自己发展经济的力量。③

---

① ［美］R. R. 帕尔默、乔·科尔顿、劳埃德·克莱默：《冷战到全球化：意识形态的终结?》，牛可、王晟、董正华等译，世界图书出版公司 2011 年版，第 25 页。

② ［挪］文安立：《全球冷战：美苏对第三世界的干涉和当代世界的形成》，牛可等译，世界图书出版公司 2012 年版，第 18 页。

③ 资中筠主编：《战后美国外交史——从杜鲁门到里根》，世界知识出版社 1994 年版，第 185—186 页。

在这个世界，有半数以上的人们正生活在近乎悲惨的境地之中。他们食物匮乏，饱受疾病的折磨。他们的经济生活既原始又迟缓不振。他们的贫困无论是对他们自己，还是对更繁荣的地区，都构成一种障碍和威胁。人类已经掌握了把这些人从苦难中解救出来的知识和技能，这在历史上还是第一次。在工业和科技发展的各国之中，美国是最卓越的。我们能够提供帮助其他人民的物质财富虽然有限，但我们在技术知识方面无法估计的资源则是不断增长的，是取之不尽、用之不竭的……我们的目的是帮助世界上的自由民族，通过他们自己的努力，去生产更多的食物、更多的衣物、更多的建房材料和更多地减轻他们的重负的机械力量……通过我国的商业、私人资本、农业以及劳动力的合作，这个计划能够极大地增强在其他国家的工业活动，而且能够充分地提高它们人民的生活水平……老牌的帝国主义——剥夺外国的利益——并没有包括在我们的计划之内。我们所面对的仍旧是基于民主的公平交易的基础之上的发展计划……只有民主才能提供生机勃勃的力量，激励世界人民走向胜利，不仅仅是反抗他们的人类压迫者，而且反抗他们的古老敌人——饥饿、悲惨和绝望。[1]

1949 年 10 月美国国会第 81 次会议讨论并通过了关于援助欠发达地区发展的法案——"1949 年国际技术合作法"（International Technical Cooperation Act of 1949），也即"第四点计划"。[2]"第四点计划"的出台反映了美国"自由主义的互利国际秩序观念、传教士精神和反共产主义的意识形态和战略目标的混合"。[3]

印度是"第四点计划"的目标国家之一。战后，美国对印度的

---

[1]　岳西宽、张卫星编译：《美国历届总统就职演说集》，中央编译出版社 1995 年版，第 276—279 页。

[2]　The Committee on Foreign Affairs House of Representatives, "International Technical Cooperation Act of 1949 ('Point IV' Program) ", 82nd Congress, 1st Session, Washington: United States Government Printing Office, 1950.

[3]　[美] 雷迅马：《作为意识形态的现代化：社会科学与美国对第三世界政策》，牛可译，中央编译出版社 2003 年版，第 40 页。

援助政策经历了以下阶段：印度独立之初，美国对是否援助印度持犹豫态度；杜鲁门政府时期和艾森豪威尔第一任期，美国对印度进行有限的发展援助；艾森豪威尔第二任期开始更加重视对第三世界国家的经济援助；肯尼迪政府时期将对第三世界国家的发展援助放在优先地位，重视印度的战略地位；约翰逊政府后期开始，美国调整对南亚地区的外交战略，一直到第三次印巴战争爆发，美国中断了对印度的援助。[①] 下文将在美国外交档案的基础上，同时参考印度和英国方面的有关记载，梳理战后到 1971 年期间，美印关系发展脉络以及美国对印度的援助政策。

二 "遏制战略"与"有限的发展援助"

二战后到 1971 年间，美印关系的发展受到冷战意识形态对峙的深刻影响，美国对印度的外交政策服务于美国的遏制战略，在此大前提下，美国对印度提供了有限的发展援助。

1949 年 10 月 12 日苏联《新时代》刊登了关于印度总理尼赫鲁访问美国的报道，称"尼赫鲁现在可以选择替补蒋介石（在美国外交政策中）的位置，帝国主义列强正在恭维着印度，同时对印度寄予殷切希望，希望她能够对抗民族自由主义运动在亚洲国家的开展，而这对印度人民而言毫无益处"。[②] 尼赫鲁访美期间，与杜鲁门总统以及国务卿艾奇逊会晤，围绕克什米尔问题和中国问题展开了讨论。[③] 不仅如此，尼赫鲁还发表了公开演说，阐释印度的外交政策，并表示"共同的信念在引导着印度和美国"，尼赫鲁表示热切盼望与友善的国家建立大规模的贸易关系。10 月 23 日苏联《消息报》批评尼赫鲁，认为其所提出的所谓的"共同信念"将使印度再

---

① 参见尤建设《美国对印度援助研究（1951—1971）》，中国社会科学出版社 2010 年版；王昊《冷战时期美国对印度援助政策研究（1947—1971）》，博士学位论文，华东师范大学，2008 年。

② Jawaharlal Nehru, "to S. Radhakrishnan", November 25, 1949, in *Selected Works of Jawaharlal Nehru*, New Delhi: Jawaharlal Nehru Memorial Fund, Teen Murti House, Series 2, Vol. 14, 1992, p. 542, fn.

③ *Foreign Relations of the United States（FRUS）*, Washington: United States Government Printing office, Vol. 6, 1949, pp. 1750-1752.

次遭受经济奴役，使印度人民再次遭受剥削。①

苏联将尼赫鲁比喻成帝国主义"机敏的仆人"以及"印度进步力量血腥的镇压者"，②将印度归入资本主义世界经济和帝国主义阵营。但是事实上，美国并无意恭维印度，尼赫鲁和杜鲁门在很多重要问题上存在意见分歧。尼赫鲁多次公开表达对苏联计划经济模式的赞赏，并且在很多国际问题上"特立独行"，这让美国非常反感。印度不仅在法属印度支那民族独立运动问题上坚决反对法国的做法，还承认了中华人民共和国，并支持中国加入联合国。印度之所以这么做，不仅是从国际道义的角度出发，也是针对美国在克什米尔问题上的态度问题，向美国表达不满。这从尼赫鲁给 S. 拉达克里希南（S. Radhakrishnan）的信中可以得到佐证：

> 美国和英国在克什米尔问题上越发地偏袒巴基斯坦了。我们当然要向他们表达不满。这也无疑会让他们感到不愉快。应该看到局势不断地变化。我希望我们的大使很快抵达中国。从这个角度看，我们在政治上有一点儿偏离了美国，我们在越南问题上的态度也必然使其不快。也许我们应该放缓一下，看看事态的发展。但是我们没有任何理由不去和苏联建立友谊。当然，这种关系绝非结盟，就像我们和阿富汗之间的关系一样。③

朝鲜战争爆发后，印度拒绝出兵和提供军事物资的支持，仅同意派出救援队支持联合国军。不仅如此，尼赫鲁提议中国从朝鲜战场撤兵，作为交换，西方国家同意中国加入联合国，并将台湾的行

---

① See Jawaharlal Nehru, "to S. Radhakrishnan", November 25, 1949, in *Selected Works of Jawaharlal Nehru*, New Delhi: Jawaharlal Nehru Memorial Fund, Teen Murti House, Series 2, Vol. 14, 1992, p. 542, fn.

② David C. Engerman, "Learning from the East: Soviet Experts and India in the Era of Competitive Coexistence", *Comparative Studies of South Asia, Africa and the Middle East*, Vol. 33, No. 2, 2013, pp. 227-238.

③ Jawaharlal Nehru, "to S. Radhakrishnan", February 6, 1950, in *Selected Works of Jawaharlal Nehru*, New Delhi: Jawaharlal Nehru Memorial Fund, Teen Murti House, Series 2, Vol. 14, 1992, p. 543.

政权交给中国政府。一时间，美国国内媒体纷纷谴责和批评印度。不仅批评印度对美国的怀疑和敌对态度，更指责尼赫鲁玩外交把戏，试图以此增强在南亚和亚洲问题上的影响力。①

　　印度是美国的敌人还是朋友？是否应该对印度提供经济援助？应该给予印度多大力度的援助？正当美国的政治家们犹豫不决的时候，尼赫鲁进一步表明了他的立场。1950 年 2 月 8 日，尼赫鲁向美国驻印度大使亨德森（Loy Henderson）表示，"目前印度公众对苏联和共产主义的同情达到最低点，如果发生一场战争，印度民众是不会愿意作为苏联的盟友参战的"。1950 年 4 月 25 日，尼赫鲁接受《纽约时报》记者 C. L. 苏兹贝格（C. L. Sulzberger）的采访，在采访中尼赫鲁提出了对苏联的批评，称苏联越来越偏离传统意义上的共产主义了，更多的是民族主义扩张政策。1950 年 8 月 27 日，美国著名记者以撒多·费恩斯坦·史东（Isidor Feinstein Stone）采访尼赫鲁，他直截了当地问尼赫鲁认为美国的体制和苏联的体制哪一个更适合印度？尼赫鲁立场鲜明，在政治上，印度坚持民主制度，宪法保护公民的自由，印度无法接受威权的政治制度。② 在经济上，尽管还不能确定"强调社会公正和追求激进的经济平等"是否能够协调一致，但是"印度的经济问题需要采取紧迫的手段来解决，不能够等待缓慢的发展过程"。此外，尼赫鲁表示在技术创新和创造财富方面，印度应该向美国学习。史东进一步询问尼赫鲁是否期待从美国获得大规模的发展援助，以及尼赫鲁对"第四点计划"的看法。尼赫鲁直言不讳，"我们欢迎美国的发展援助，这是亟须的……第四点计划是非常好的计划，但是目前看来受益国还非

　　① *Executive Sessions of the Senate Foreign Relations Committee (Historical Series)*, Vol. III, Part 2, Eighty-Second Congress, First Session, 1951, Washington: U. S. Government Printing Office, 1976, p. 392.

　　② "U. S. Concern at Cmmunist Expansion in South East Asia", in *Selected Works of Jawaharlal Nehru*, New Delhi: Jawaharlal Nehru Memorial Fund, Teen Murti House, Series 2, Vol. 14, 1992, p. 563; "The World Situation", *The New York Times*, Apr. 26, 1950, collected in *Selected Works of Jawaharlal Nehru*, Part II, New Delhi: Jawaharlal Nehru Memorial Fund, Teen Murti House, Series 2, Vol. 14, 1993, p. 378.

常少。第四点计划的理念很好，但是应该扩大援助范围”。①

印度虽然欣赏苏联的经济发展模式，但是多次明确表态反对苏联的威权政治和民族扩张政策，这使得一些美国的政治精英支持对印度的经济援助。但是美国援助印度主要还是从遏制共产主义的战略目标出发的。朝鲜战争的爆发，让美国深刻意识到遏制共产主义在亚洲国家的扩张的必要性，“遏制”成为美国亚洲政策的关键词。

1950 年 1 月，印度作为英联邦成员国参加了在斯里兰卡举行的英联邦国家外长会议，会议提出了东南亚和南亚国家实行经济互助发展的设想。该设想在 1950 年 5 月悉尼会议上通过，也即“科伦坡计划”（Colombo Plan）。科伦坡计划旨在通过经济和技术援助防止共产主义在南亚和东南亚地区扩张。在科伦坡计划下，英国从 1951 年 7 月 1 日开始连续 6 年每年为印度提供 3500 万英镑（约合 9800 万美元）的援助，当年没有用完的资金将并入下一年度。这笔资金来自英镑区中央储备金（Sterling Account），资产总数约为 6.19 亿英镑。② 由于英国的经济实力在二战中大为削弱，英国为印度提供的援助远不足以支撑印度完成五年计划的发展目标。如果没有办法彻底地改善印度的经济状况，共产主义就可能在印度获得胜利，这样一切的援助也就付诸东流，失去了意义。因此，英国邀请美国加入科伦坡计划，以获得强大的资金支持。美国政治精英看到，虽然科伦坡计划在对抗共产主义方面与美国的目标不谋而合，但是英国企图通过科伦坡计划维持其在南亚和东南亚地区的传统影响力，这与美国作为战后世界头号资本主义强国加强在南亚地区影响力的需要相背离。③ 因此，美国没有立即同意为科伦坡计划提供资金支持。

---

① “Message to the American People”, in *Selected Works of Jawaharlal Nehru*, Series 2, Vol. 15, Part I, New Delhi: Jawaharlal Nehru Memorial Fund, Teen Murti House, 1993, pp. 448-450.

② The Committee on Foreign Affairs, Information relating to H. R. 3791, 82nd Congress, 1st Session, Washtington: United States Government Printing Office, 1951.

③ 二战后，英国和美国国家力量对比悬殊。但是英国在印度的传统影响力仍然强大。无论是在印度进出口贸易中所占的份额，还是外国在印度私人投资额度上，英国都高于其他国家。美国对印度的影响力仅次于英国，并且呈逐年上升的趋势。1956 年以后，苏联对印度的影响逐渐增加。See J. S. P. Mackenzie, “U. K. Influence in India”, Sept. 19, 1961, collected in British Foreign Office Documents for South Asia, Do-133-145.

朝鲜战争爆发后，美国感到援助印度等南亚国家的必要性，进而在1951年2月加入科伦坡计划，为印度等国家提供经济支持。[1]

与此同时，美国准备在"第四点计划"下为印度提供经济技术援助。美国近东、南亚和非洲事务署的助理国务卿乔治·麦吉在1950年6月向国务卿艾奇逊提交了一份援助南亚和近东地区的备忘录，提议每年为南亚和近东地区提供2亿到3亿美元的经济援助，以确保这一地区的稳定。[2] 8月28日，这份备忘录被呈交给杜鲁门总统。杜鲁门和艾奇逊同意，对南亚和近东的援助对于改善印美关系、抑制苏联共产主义的扩张具有战略意义。1950年12月，美国政府已经与印度政府达成共识，美国将在"第四点计划"下为印度提供一定数额的经济和技术援助。印度政府表示，"希望美国的援助能够针对农业、交通、教育、健康等方面"。[3]

当然，由于此时美国的战略重心在欧洲，在亚洲的战略重点在东北亚和东南亚地区，美国对印度的援助金额是十分有限的。1951财年，国会批准85亿美元的对外援助资金，其中70亿美元针对欧洲地区，9.3亿美元针对亚太国家，这其中5.5亿美元是军事援助。美国批准援助南亚的金额仅有7800万美元，其中6500万美元针对印度，巴基斯坦获得1250万美元。[4] 如果考虑到人口的因素，美国对那些占有优先地位的国家，援助金额为每年每人100美元以上，相比之下，美国对印度和巴基斯坦的援助金额极其不足，每年每人不到2美元。[5]

1951年9月切斯特·鲍尔斯受命担任美国驻印度大使。鲍尔斯认为美国应该援助印度，帮助印度实现第一个五年计划的发展目

---

[1] The Committee on Foreign Affairs, Information relating to H. R. 3791, 82nd Congress, 1st Session, Washtington: United States Government Printing Office, 1951.

[2] *Foreign Relations of the United States*, Washington: United States Government Printing office, Vol. 7, 1950, pp. 169—171.

[3] "India to Get Point 4 Aid: New Delhi Announces Accord with U. S. on Technical Help", *New York Times*, Dec. 17, 1950.

[4] 王昊：《冷战时期美国对印度援助政策研究（1947—1971）》，博士学位论文，华东师范大学，2008年，第37页。

[5] ［美］切斯特·鲍尔斯：《鲍尔斯回忆录》，上海《国际问题资料》编辑组译，上海人民出版社1974年版，第139页。

标。鲍尔斯本人对援助第三世界国家热情高昂，强烈地希望美国加强对第三世界，特别是南亚地区的经济援助。他认为，印度"一五"计划重点发展农业和粮食生产的设想是完全符合美国的援助政策的，美国应当通过援助对印度的农村和农业发展加以引导。他上任不久，就给他的好朋友、时任福特基金会会长的保罗·霍夫曼写了一封信，在信中，他表达了加强对印度援助的设想：

> 印度经济状况持续低迷，与此同时中国的经济情况很有可能得到改善……如果未来的 4—5 年这种对比出现，同时中国人继续他们稳健且看似卓有成效的发展路径，又不威胁印度北部边界……印度的共产主义势力则很有可能高涨。尼赫鲁总理去世或者退休，势必引起一场骚乱，这场骚乱很有可能催生出另一个强大的共产主义国家……［第一个五年计划］设想的目标应该得以实现，这绝对非常重要……据我初步估计，五年期间［美国援助加上世界银行和私人资本］要花费 10 亿到 20 亿美元来确保印度的第一个五年计划获得成功。这可以强健印度经济，同时促使印度政府对共产主义威胁的态度变得强硬。①

鲍尔斯请求美国国会增加对印度援助力度，连续 4 年每年为印度提供 2 亿—2.5 亿美元经济援助。鲍尔斯提议，美国援助资金的一半将用于化肥、农具、灌溉设置、杀虫剂等的购买，以促进印度粮食产量的提升；另一半用于促进印度农村社区发展，全面改善农村的面貌和农民的生活状况。鲍尔斯的主张得到美国新政自由主义者和发展经济学家们的支持，但是仍有很多国会议员反对援助印度。国务卿艾奇逊同意增加对印度援助数额，从 1952 财年的 9000 万美元上升到 1953 财年的 1.15 亿美元。但是当这一提案提交到国会讨论时，遭到了议员的强烈反对，最终国会通过的援助预算中，

---

① George Rosen, *Western Economists and Eastern Societies: Agents of Change in South Asia*, 1950–1970, Baltimore and London: The Johns Hopkins University Press, 1985, pp. 14–15.

对印度的援助金额只有 4500 万美元。[①] 这与鲍尔斯提出的 2 亿到 2.5 亿美元援助金额相距甚远。

1952 年美国举行总统换届选举，艾森豪威尔领导的共和党上台，对外交政策做出了较大调整。艾森豪威尔第一任期的外交政策的核心目标是遏制苏联的扩张和全面战争，同时要阻止类似朝鲜战争这样的有限战争的爆发。为此，他采取了"大规模报复"（Massive Retaliation）的外交战略，强调核力量和核威慑。[②] 在援助问题上，共和党人比民主党人更为保守。艾森豪威尔在总统竞选中就批评杜鲁门政府的对外援助政策，当选总统后，从国家安全的角度出发，他并没有大幅度削减对外援助。但是 1954 年 3 月 30 日，艾森豪威尔在国会特别咨文中表明了政府对外经济政策和对发展中国家援助政策，正式提出"贸易而非援助"的立场。[③]

在艾森豪威尔政府中，许多官员并不支持对第三世界的发展援助，例如副国务卿赫伯特·克拉克·胡佛（Herbert Clark Hoover）、财政部部长乔治·汉弗莱（George Humphrey）等。当然也有官员支持增加对第三世界国家发展援助，例如总统特别助理 C. D. 杰克逊（C. D. Jackson）积极主张发挥经济力量在外交中的作用，他也因此受到约瑟夫·雷芒德·麦卡锡（Joseph Raymond McCarthy）的攻击，被迫辞去政府职务，转而担任《时代》杂志副董事长。[④]

在对发展援助的认识上，杰克逊与罗斯托和米利肯的观点相近，故邀请他们参加在新泽西州普林斯顿举行的会议，会议的主要目标是敦促美国政府采取更积极的对外经济援助政策。会后，罗斯托和米利肯根据会议讨论内容，撰写了一份报告，即《一项美国对外经济政策的新建议》。该报告指出美国外交面临两大任务：加强

---

① *FRUS*, Washington: United States Government Printing Office, Vol. 11, 1952–1954, pp. 1634–1647.

② 资中筠主编：《战后美国外交史——从杜鲁门到里根》，世界知识出版社 1994 年版，第 244—249 页。

③ Public Papers of the Presidents of the United States, 1954, Washington D. C.: United States Government Printing Office, 1955, p. 363.

④ 刘国柱：《艾森豪威尔政府对发展援助政策的调整与美国冷战战略》，《求是学刊》2011 年第 3 期，第 124—132 页。

军事力量和同盟国的关系以抵抗苏联的威胁；以及推动世界朝着有利于美国安全和美国生活方式的方向发展，而这需要通过向经济欠发达国家提供经济援助来完成。对欠发达地区的经济援助没有明显的政治倾向，却可以有效地施加政治影响。同时，美国应该鼓励盟国积极参加对欠发达地区的经济援助，这可以使西方世界更加团结。① 罗斯托和米利肯还特别指出，美国的经济援助不仅仅是人道主义行为，也不仅仅是抑制共产主义扩张的战略工具，更重要的是，经济援助可以帮助欠发达国家实现快速、稳定的发展，而经济发展可以促进这些社会走向政治成熟，进而解决其他棘手的社会问题。为此，美国应该在 5 年内为第三世界国家提供 100 亿到 120 亿美元的贷款和赠款，再鼓励其他西方发达国家提供 20 亿到 30 亿美元，同时鼓励私人援助机构提供 20 亿到 25 亿美元的援助。② 这些资金可以帮助欠发达国家打破经济发展的瓶颈，顺利完成经济"起飞"阶段，进而从根本上消除共产主义——这一经济发展"过渡阶段"的"病症"。③ 但是，罗斯托和米利肯的报告未能获得艾森豪威尔政府的重视。在艾森豪威尔第一任期，美国政府对第三世界的发展援助并不积极。

艾森豪威尔时期的南亚政策，服务于建立范围广阔的战略包围圈来遏制苏联扩张的战略意图。为此，美国加强了与巴基斯坦的军事合作关系。对于印度，国务卿杜勒斯反对为印度提供过多的援助，认为这会助长印度的"中立主义"外交政策。艾森豪威尔第一任期，美国只为印度提供有限的经济援助，并且严格限制在农业发展方面。1954 财年美国对印度的经济援助预算为 8910 万美元。④

艾森豪威尔政府相继签订了《美韩共同防御条约》（1953 年 8

---

① 杨冬燕：《罗斯托：越南战争的幕后推手》，北京大学出版社 2014 年版，第 54—55 页。

② Max Millikan and Walt Rostow, *A Proposal: Key to an Effective Foreign Policy*, Connecticut: Greenwood Press, 1957, pp. 126-129.

③ ［美］W. W. 罗斯托：《经济增长的阶段：非共产党宣言》，郭熙保、王松茂译，中国社会科学出版社 2001 年版，第 171 页。

④ *FRUS*, Washington: United States Government Printing office, Vol. 11, 1952-1954, p. 1693.

月)、《东南亚集体防务条约》(1954 年 9 月)、《美台共同防御条约》(1954 年 12 月)、《中央条约组织》(1955 年 11 月) 等军事同盟协定,对苏联和中国形成包围之势。在南亚地区,美国重视与巴基斯坦结盟来防止苏共的扩张,1953 年 11 月 12 日,美国与巴基斯坦缔结共同安全援助计划,1954 年 2 月艾森豪威尔正式批准向巴基斯坦提供武器。美国驻印度大使艾伦向尼赫鲁解释称,为巴基斯坦提供武器是为了阻止苏联和中国突破喜马拉雅山脉和兴都库什山脉。巴基斯坦则坦言美国提供的武器主要适合在平原地区作战,巴基斯坦的战略目标是印度。美巴军事同盟的建立让印度感受到威胁,因为这意味着美国将更多地干涉克什米尔问题,进而在南亚施加更多的影响。在此情况下,印度决心加强与中国和苏联的友好关系。①

三　美苏在南亚的争夺

20 世纪 50 年代中期,美国、苏联、印度、巴基斯坦、中国之间的关系发生了急剧的变化,突出反映为美国和巴基斯坦达成军事同盟,印度与中国和苏联的关系迅速拉近。1954 年 6 月,周恩来总理应邀访问印度,中印共同提出了"和平共处五项基本原则"。同年 9 月,美国集结英国、法国、泰国、菲律宾、巴基斯坦等国家签订《马尼拉协定》,也即《东南亚集体防务条约》,组建了"东南亚条约组织"。美国原本邀请印度共同加入,印度坚持不结盟的外交政策予以拒绝。② 10 月 19 日,尼赫鲁总理访问中国。11 月,苏联科学院派遣鲁宾斯坦 (Rubinshtein) 等三位经济学家访问印度。鲁宾斯坦指出印度以建设"社会主义类型社会"为目标,肯定了印度的发展道路是一种进步的国家资本主义,有助于工业化和工业无产阶级的壮大,并且能够对国际资本主义构成冲击。鲁宾斯坦指出实现社会主义的道路和方式具有多样性,落后国家可以跳过资本主义阶段实现共产主义,而且,印度的发展还将证明,这个过程不必

---

① 习罡华:《地缘政治与 1947—1974 年的克什米尔冲突》,博士学位论文,北京大学,2008 年,第 120—121 页。

② 张忠祥:《尼赫鲁外交研究》,中国社会科学出版社 2002 年版,第 58 页。

然需要暴力革命。① 1955 年 2 月,印苏签订《比莱钢厂协定》,苏联援助印度建立年产量 100 万吨的国营钢铁厂,并以 2.5% 的优惠利率为印度提供 1.12 亿美元的贷款购买机器设备。② 1955 年 4 月 18 日,尼赫鲁参加万隆会议,并积极推动将和平共处五项原则写入会议决议,扩大了"中立主义"外交原则的国际影响。1955 年 6 月 7 日,尼赫鲁首次访问苏联。1955 年 9 月,巴基斯坦进一步与伊拉克、土耳其结成"巴格达条约组织",该组织是"北大西洋公约组织"的附属组织。自此,美国通过巴基斯坦将"巴格达条约组织"和"东南亚条约组织"国联结起来,形成了"新月形反共反华军事包围圈"。③ 巴基斯坦还同意美国在白沙瓦附近建立通信基地。1955 年底,苏共总书记赫鲁晓夫和部长会议主席布尔加宁对南亚进行了为期六周的访问。赫鲁晓夫访印,释放了一个重要信号,即苏联准备好对南亚施加更多的影响。1956 年苏共二十大召开,赫鲁晓夫提出"谁不反对我们,谁就是和我们站在一起",承认了亚非地区持中立主义外交政策的国家,将其称为打破资本主义体系完整性的"和平地带"。④ 苏联与印度签订了经济技术援助协定,苏联援助印度发展重工业,并且与印度签订了武器贸易协定。

从艾森豪威尔第二任期开始,美国政府更加重视对第三世界国家的发展援助。许多反对发展援助的官员相继离任,例如副国务卿小赫伯特·胡佛和财政部部长乔治·汉弗莱,由支持发展援助的克里斯蒂安·赫特(Christian Herter)以及罗伯特·安德森(Robert Anderson)接任。此外,国务卿杜勒斯的得力助手罗伯特·鲍威尔(Robert Powell)成为负责政策设计的助理国务卿,原美国驻法国大

---

① David C. Engerman, "Learning from the East: Soviet Experts and India in the Era of Competitive Coexistence", *Comparative Studies of South Asia, Africa and the Middle East*, Vol. 33, No. 2, 2013, pp. 227-238.

② 王昊:《冷战时期美国对印度援助政策研究(1947—1971)》,博士学位论文,华东师范大学,2008 年,第 62 页。

③ 《耿飚回忆录(1949—1992)》,江苏人民出版社 1998 年版,第 81—82 页。

④ David C. Engerman, "Learning from the East: Soviet Experts and India in the Era of Competitive Coexistence", *Comparative Studies of South Asia, Africa and the Middle East*, Vol. 33, No. 2, 2013, pp. 227-238.

使克拉伦斯·道格拉斯·迪龙（Clarence Douglas Dillon）成为负责经济事务的副国务卿，如此一来，国务院中支持发展援助的力量明显增强。[①]

与此同时，印度在许多国际问题上的立场和态度获得了美国的好感。例如，1956 年 10 月发生了苏伊士运河危机，美国谴责英法的做法并且要求英法撤军，尼赫鲁公开赞扬了美国的做法，这是自1947 年以来印度第一次在重大国际问题上赞扬美国政府的做法。[②]10 月底苏联出动坦克镇压布达佩斯的起义，印度虽未立刻谴责苏联，但在 11 月中旬发表声明谴责苏联的镇压行为。1956 年 12 月尼赫鲁再度访美，艾森豪威尔表示理解印度的"中立主义"外交政策，美印关系得到很大程度的缓和。1957 年 1 月，美国国家安全委员会第 5701 号文件（NSC5701）强调了印度的战略重要性。艾森豪威尔任命谢尔曼·珀克担任驻印度大使，以期改善美印关系。[③]1958 年 3 月，美国宣布为印度提供贷款和赠款共 7500 万美元，用于帮助印度完成第二个五年计划。1959 年增加到 1.37 亿美元，1960 年达到 1.94 亿美元。[④] 需要说明的是，这一时期美国对印度的发展援助主要是针对农业，美国私人企业对援助印度的国营企业没有兴趣。印度"二五"计划期间建设了 3 个大型钢铁厂，分别由苏联、英国和德国援建。1959 年 12 月，艾森豪威尔访问印度，尼赫鲁在艾森豪威尔访问期间发表演说指出，印度不会放弃不结盟政策，美印之间不会签订军事同盟。但是美国和英国的政治高层都认为，中印边界问题给印度造成很大的压力，这一压力会促使印度逐渐放弃不结盟政策，尤其是印度的普通百姓，他们热情地欢迎艾森豪威尔的访问，他们感到美国可以保护印度免受中国的威胁，他们

① 刘国柱：《艾森豪威尔政府对发展援助政策的调整与美国冷战战略》，《求是学刊》2011 年第 3 期，第 124—132 页。

② See V. C. Martin, A letter to the Commonwealth Relations Office, August 1961, collected in British Foreign Office Documents for South Asia, Do-133-145.

③ FRUS, Washington: United States Government Printing Office, Vol. 8, 1955-1957, pp. 275-290.

④ 王昊：《冷战时期美国对印度援助政策研究（1947—1971）》，博士学位论文，华东师范大学，2008 年，第 83 页。

甚至期待美国为印度提供武器和军事援助。[①]

在美印关系改善的同时，苏联也在发展与印度的关系。1958年，中国和苏联因为"长波电台""联合舰队""炮击金门"等事件关系紧张。赫鲁晓夫非常重视改善印苏关系，在疏远中国的同时，大力支持印度。1960年，赫鲁晓夫访问印度、阿富汗、缅甸、印度尼西亚，与印度签订了高达3.75亿美元的援助协定，援助印度建设国营企业和大型钢铁厂。[②] 在这一时期，印度同时获得了来自苏联、美国和英联邦国家的大量发展援助资金。

四　肯尼迪与约翰逊时期的南亚政策

1961年1月肯尼迪当选美国总统，他的外交思想继承了理想主义的外交传统，同时也继承了以反苏、反共为核心的冷战思想，以及美国以"世界领袖"自居的使命感。正因为如此，肯尼迪带领一批"自以为天降大任于己身的美国精英分子，把美国的全球主义扩张政策推到顶峰"。[③] 肯尼迪起用罗斯托、米利肯、约翰·加尔布雷斯、林登·戈登（Linden Gordon）、乔治·鲍尔（George Ball）等人员组成对外经济政策工作小组，这使得社会科学家能够以政府顾问的身份参加对外援助政策的制定，将他们的主张转变为美国主流的对外政策。

肯尼迪上台后，国会通过了1961年《对外援助法》，取代1951年的《共同安全法》，成为美国对外援助的法律基础。《对外援助法》就美国对外援助的宗旨、目的、途径、物资和服务的采购、援助的限制和禁止等方面作了原则性的规定，覆盖了美国对外经济和军事援助的大部分内容。1961年《对外援助法》的颁布在美国对外援助史上具有里程碑意义。[④] 同年，肯尼迪政府将国际合作署和

① "India: Frontier Dispute with China", collected in British Foreign Office Documents for South Asia, Despatch No. 47, Do-133-148, December, 1959.

② FRUS, Washington: United States Government Printing Office, Vol. 15, 1958-1960, p. 531.

③ 资中筠主编：《战后美国外交史：从杜鲁门到里根》，世界知识出版社1994年版，第349页。

④ 丁韶彬：《美国对外援助的法律架构及其演进》，《国际论坛》2012年第2期，第67—72页。

发展贷款基金合并成为国际开发署（USAID），专门负责对外援助事务。肯尼迪政府启动了针对拉丁美洲的援助项目"拉丁美洲进步联盟"，大规模增加了对拉丁美洲的援助，并且通过"和平队"计划，将美国的年轻志愿者派往第三世界国家，帮助第三世界国家的医疗卫生和社区发展，并增进美国人民与第三世界国家人民之间的互相了解。

　　至于印度，肯尼迪比杜鲁门和艾森豪威尔更为重视印度在冷战中的战略地位。肯尼迪在担任总统之前，就多次在参议院中发表讲话，强调印度对于亚洲和世界的和平与自由至关重要。肯尼迪指出，印度是红色中国的竞争对手，"世界上人口最多的民主国家正在同人口最多的专制国家进行殊死竞争"，获胜的一方将成为"觉醒的亚洲人民的榜样"。① 肯尼迪始终相信，通过援助帮助印度确立"非共产主义的产业模式"，并帮助印度人民摆脱贫困、实现发展，这是与美苏核竞赛有着同等重要意义的事情。② 肯尼迪先后派出副总统林登·约翰逊、副国务卿切斯特·鲍尔斯、助理国务卿威廉·埃夫里尔·哈里曼（William Averell Harriman）访问印度，并且任命著名经济学家加尔布雷斯担任美国驻印度大使，这些都充分显示了肯尼迪调整南亚政策的决心。与此同时，麻省理工国际研究中心与印度计划委员会展开密切互动。印度财政部部长德赛、印度驻美大使尼赫鲁受邀访问了麻省理工国际研究中心。美国国家安全委员会重视加强美国的科研机构与印度政府的联系，希望借由他们之间的联系去进一步影响印度的发展计划。③

　　肯尼迪政府增强对印度的发展援助和粮食援助，同时减少对巴基斯坦的军事和经济援助。1961 年 6 月以美国为首的多国银行团宣布，在 2 年内提供 20 亿美元支持印度的第三个五年计划，其中美

　　① Robert J. McMahon, *Cold War on the Periphery*, *the United States*, *India*, *and Pakistan*, New York：Columbia University Press, 1994, pp. 259-262.
　　② ［美］理查德·帕克：《加尔布雷斯传》，郭路译，中信出版社 2010 年版，第284 页。
　　③ George Rosen, *Western Economists and Eastern Societies*：*Agents of Change in South Asia*, 1950-1970, Baltimore and London：The Johns Hopkins University Press, 1985, pp. 112-114.

国一国就出资 10 亿美元。同时，美国与印度更新了第 480 号公法粮食援助协定，约定在 4 年内为印度提供价值 13 亿美元的粮食援助。①

在肯尼迪个人的努力和社会科学家的推动下，美国政府在1961—1962 年极大增强了对印度的发展援助。但这只是一个非常短暂的现象，美国政府内部很快就出现了反对的声音。1962 年肯尼迪总统任命的罗修斯·克莱为首的委员会调查对外援助情况，他原本希望这个由发展经济学家组成的克莱委员会能够支持他的对外援助计划，没想到委员会调查报告的结果是建议国家缩小对外经济和军事援助规模。② 不少国会议员纷纷要求政府削减对印度的发展援助。

与此同时，美印在许多重要国际问题上的分歧日益显现。1961年 11 月，尼赫鲁应邀访问美国，这期间他和肯尼迪展开了深入的对话。通过对话，肯尼迪发现美印政府在印巴冲突、果阿问题、反华问题上存在巨大分歧。在越南和东南亚问题上，印度也不准备追随美国。此后，随着中印边界冲突、肯尼迪遇刺、第二次印巴战争等一系列事件的发生，南亚地区国际关系格局发生了急剧变化。

1962 年 10 月，中印边界冲突爆发。肯尼迪政府认为，中印边界冲突可能是导致美印关系发生巨大改变的转折性事件。如果能够处理得当，美印甚至可能结成盟友，而这将成为促进印美友好，加剧中苏分裂的好机会。③ 印度军队在与中方交手后，遭到严重的军事打击。此时，苏联赫鲁晓夫没有立即为印度提供援助。印度转而向西方国家求助，直接向美国提出军事援助的请求。美国派遣加尔布雷斯与印度官员会谈，此后不久，肯尼迪亲自给尼赫鲁写信，表达了美国的同情与支持。很快，美国发表声明承认麦克马洪线为约定俗成的国际边界线。11 月，美国开始为印度提供武器、弹药等军需物资，帮助印度"抵抗中国入侵"，同时要求巴基斯坦出兵帮助

---

① *FRUS*, Washington: United States Government Printing Office, Vol. 19, 1961–1963, pp. 38–43.

② ［美］小阿瑟·施莱辛格：《一千天》，生活·读书·新知三联书店 1981 年版，第 478 页。

③ Robert J. McMahon, *The Cold War on the Periphery: The United States, India and Pakistan*, New York: Columbia University Press, 1994, p. 287.

印度。巴基斯坦拒绝了这一要求，并公开表示支持中国。在此情况下，美国只好妥协，但要求巴基斯坦至少不能对印度发动军事进攻。[①]

11月18日，中国军队发起猛烈攻势，清除了领土争议地区的印军据点，印度军队溃不成军。尼赫鲁总理写信给肯尼迪总统，要求美国立即派遣14个中队的战斗机保卫印度北部城市，并派遣3个中队的轰炸机，以便随时空袭中国的交通线。[②] 加尔布雷斯请求美国调遣航母到印度，对中国进行军事威胁。美国和英国政府高层紧急磋商，他们认为应该为印度提供一定数量的军事援助，但与此同时应该向印度施加压力，以借机促进克什米尔问题的解决，之后再为印度提供长期的军事援助。美国紧急派遣哈里曼前往新德里，与印度政府交涉。美国表态，如果印度做好放弃不结盟政策的准备，美军将考虑直接参战。哈里曼在11月22日抵达新德里，但中国在1962年11月21日宣布停火，并将军队撤回到1959年的实际控制线，印度不得不接受了事实上的停火。[③]

印度考虑到本国的安全问题，向美国提出军事援助的请求，恳请美国在未来5年内每年为印度提供1亿美元的军事援助。但是美国国务院认为对印度提供军事援助，很有可能会引起巴基斯坦的不快。美国很重视在白沙瓦附近的军事基地，因此对军援协定一再拖延。由于美国的犹豫不决，印度转而向苏联寻求军事援助。而自从苏中关系破裂后，苏联很重视印度的战略地位，果断地同意了印度的援助请求，许诺为印度提供米格战斗机，还同意援建飞机制造厂。

中印边界冲突结束后，印巴关系逐渐紧张起来。这是因为在中印冲突期间，印度获得了苏联和西方国家的大批武器援助，据估计，美国提供了价值达60亿美元的武器和给养，这足以装备印度10个师，英国提供的援助更多，法国、加拿大和其他国家也提供了

---

① *FRUS*, Washington: United States Government Printing Office, Vol. 19, 1961-1963, pp. 357-374.

② ［美］切斯特·鲍尔斯:《鲍尔斯回忆录》，上海《国际问题资料》编辑组译，上海人民出版社1974年版，第245页。

③ *FRUS*, Washington: United States Government Printing Office, Vol. 19, 1961-1963, pp. 375-402.

帮助。① 由于中国撤军，大量武器装备并未派上用场。巴基斯坦担心印度会用这些武器对付自己，特别是在克什米尔问题上大做文章。

为了避免印巴关系恶化，美国积极斡旋，围绕克什米尔问题进行了 6 轮和平会谈。② 但是，美国的斡旋未能促进克什米尔问题的解决，反而影响了美印与美巴关系。巴基斯坦感到美国靠不住，开始发展同中国的友谊，并寻求与苏联关系的正常化。1963 年底，巴基斯坦同中国签订了《中巴边界协定》，该《协定》规定了巴控克什米尔与中国的边界。③ 印度对此强烈抗议，因为印度是不承认巴控克什米尔的。印度拒绝在克什米尔问题上做出任何让步，肯尼迪政府则以军事援助为由对印度进行施压，美国的做法让印度感到十分不满，尼赫鲁拒绝了美国军事援助的好意，称不会为此与巴基斯坦展开新的谈判。

此时，美国国内反对为印度提供更多军事和经济援助的声音日益高涨。肯尼迪总统遇刺后，约翰逊政府担任总统。约翰逊政府继承了肯尼迪时期对第三世界国家的援助政策，但是在对印度的援助问题上，表现得犹豫不决，鲍尔斯和加尔布雷斯等人主张美国迅速为印度提供军事援助，但约翰逊政府迟迟未出台对印度军事援助的政策。

1965 年 9 月第二次印巴战争爆发，美国停止对印度和巴基斯坦的全部军事援助，并对两国实行武器禁运。1965 年底，美国终止了同巴基斯坦的同盟关系。与此同时，约翰逊政府逐渐减少了对印度的军事援助，并且在粮食援助和经济援助上附加了苛刻的条件。在美印关系裂痕扩大的情况下，印度与苏联的关系迅速拉近。1966 年印度总理英·甘地两次访问苏联，与苏联发布联合公报，谴责美国轰炸北越的行为是"帝国主义入侵"，同时，印苏签订了 15 年的长

---

① ［美］理查德·帕克：《加尔布雷斯传》，郭路译，中信出版社 2010 年版，第 304 页。

② 习罡华：《地缘政治与 1947—1974 年的克什米尔冲突》，博士学位论文，北京大学，2008 年，第 134 页。

③ 蔡佳禾：《肯尼迪政府与 1962 年的中印边界冲突》，《中国社会科学》2001 年第 6 期，第 186—208 页。

期贸易协定，苏联对印度经济援助将翻一倍。1968 年柯西金访问印度，签订了军事援助协定，苏联为印度提供高达 45 亿卢比的军事装备，并且援建飞机制造厂，生产米格战斗机。[①] 总的来说，约翰逊政府时期，美国在南亚地区的影响力大大削弱，与之相对的，印苏关系和中巴关系得到加强。

五　美印关系恶化

尼克松上台后，美国政府对外交政策做出反思，提出了"新亚洲政策"。1969 年 7 月 31 日到 8 月 1 日，尼克松访问印度，这次访问时间短暂，很少被视为国际关系史上的一个重要事件。但事实上，尼克松访印期间，与英·甘地总理进行了两次超过 3 小时的私人会谈，就美印关系的诸多问题交换了意见，这是美国总统第一次与甘地夫人进行私人会晤，从这次会晤中可以看到美国对亚洲问题的基本态度。在会晤中，尼克松表示，美国仍将在亚洲问题上扮演重要角色，但是亚洲人有权对自己的国家负责，印度人民有权选择自己的发展方式。如果印度要求与美国开展经济合作，美国很乐意提供必要的支持和合作。另外，美国表示将从越南战争中撤出。在中国问题上，尼克松表示无意参加对中国的包围，他认为孤立中国是愚蠢和危险的行为。至于印巴之间的分歧，尼克松坚持开展新一轮的印巴和谈。甘地夫人向尼克松表示，印度政府不满苏联运送武器给巴基斯坦的行为，同时批评美国为巴基斯坦提供坦克等武器装备，称这将引起印巴军事竞赛。尼克松没有表态停止对巴基斯坦的军事援助。在克什米尔问题上，美印之间未能达成具有建设性的解决方案。最后，尼克松和甘地夫人就美国对印度的粮食援助和经济援助交换了意见。尼克松表示国会正在考虑对印度的援助方案，但是印度银行国有化的行为，可能会影响到美国国会的决定。[②]

1969 年 8 月 1 日尼克松访问巴基斯坦，访问时间仅有 22 个小

---

① 夏义善：《苏联外交 65 年记事：勃列日涅夫时期（1964—1982）》，世界知识出版社 1987 年版，第 101—130 页。

② Morrice James, "Visit of President Nixon", Aug. 8, 1969, collected in British Foreign Office Documents for South Asia, FCO-37-376.

时。尼克松与巴基斯坦总统阿迦·穆罕默德·叶海亚·汗（Agha Muhammad Yahya Khan）会谈。会谈包括两个部分：第一部分是尼克松和叶海亚一对一的秘密对话；第二部分是美巴双方要员参加的会谈，参加人员包括美国国家安全事务助理亨利·基辛格（Henry Kissinger），以及巴基斯坦外交部部长和计划委员会主席。会谈中，尼克松请叶海亚总统向中国领导人传达一个信息，美国对结束中国的孤立状态感兴趣。与此同时，尼克松保证不会削减对巴基斯坦的经济援助，并且不会改变通过土耳其为巴基斯坦提供 100 辆巴顿坦克的协议。①

尼克松认为美国在越南地区损耗了大量的人力物力，应当从亚洲收缩力量。在南亚问题上，美国政府认为，印度和中国的制度竞赛实际上已经不具备任何实际意义，多年的经济援助并没有促进印度经济的"起飞"，投入更多的财力用以证明资本主义制度的优越性，这显得很不明智。此时美国更加重视在东南亚地区遏制共产主义，重新将南亚置于外交政策的边缘地带。不仅如此，美国还从中苏关系的破裂中，看到中美关系解冻的契机，并开始努力通过巴基斯坦与中国建立联系。美国有意接近巴基斯坦，为其提供军事援助，这一做法进一步加剧了印美之间的紧张局势。

1970 年 12 月，谢赫·穆吉布·拉赫曼领导东巴基斯坦孟加拉民族主义政党人民同盟赢取了国民会议大多数席位，佐勒菲卡尔·阿里·布托领导的人民党仅获得 81 个席位，这意味着穆吉布·拉赫曼将成为全巴基斯坦的新总理。西巴基斯坦的叶海亚总统和布托在 3 月 25 日夜里对东巴进行军事镇压，并以叛国罪逮捕了穆吉布·拉赫曼。很快，巴基斯坦军队对东孟加拉人、东孟加拉人对非孟加拉人、穆斯林对印度教徒实施了大屠杀。对此，美国表示不赞同巴基斯坦军方的高压手段，但是重视尼克松与叶海亚的私人关系，希望保住这条通往中国的渠道。尼克松放弃政治施压的方法，而是通过与叶海亚私人通信的方式，建议他通过政治手段解决东巴

---

① "The Visit to Pakistan of President Nixon", Aug. 12, 1969, collected in British Foreign Office Documents for South Asia, FCO-37-489.

问题。同时，美国为逃亡印度的难民提供了一定数额的经济援助。从东巴危机爆发到 1971 年 6 月中旬，美国国务院向印度提供 1.75 亿美元的人道主义援助，美国以外国际社会的援助总额仅有 3200 万美元。6 月 22 日，《纽约时报》报道，有两艘载有武器的船只从纽约开往巴基斯坦，也即美国对巴基斯坦"一次例外"的武器运送，这在印度引起强烈不满，印度舆论充斥对美国的强烈批评。①

1971 年 7 月 9 日到 11 日，在巴基斯坦的协助下，美国国家安全顾问基辛格结束访印之行后，取道巴基斯坦秘密访问了中国。15 日，中美两国公布了基辛格访华和尼克松即将访华的消息。对此，印度迅速做出反应。同年 8 月 9 日，印度与苏联签订了《印苏和平友好互助条约》，该条约虽然不是正式的军事结盟条约，但是具有强烈的结盟色彩。②

1971 年 11 月 19 日，印度宣布巴基斯坦轰炸印度在克什米尔的空军基地。22 日，印度向东巴发起全面进攻，12 月 2 日战争扩大到西巴。第三次印巴战争爆发后，苏联在《和平友好合作条约》下为印度提供武器和军需物资。美国政府经过讨论，决定为巴基斯坦提供武器援助，同时禁止颁布新的向印度出口武器的许可证，并切断一切对印度的粮食援助和发展援助。战争结束后，英·甘地总理下令遣返美国的经济援助使团，以及和平队的志愿者，至此，美印关系降至冰点，美国对印度的官方发展援助中断。

综上，有几点值得注意。首先，在 1951—1971 年间，虽然有一批美国的官员和社会学家主张通过发展援助影响印度的发展进程，但是这一主张仅在 1961—1963 年间转化为主流的外交政策，并且这一政策在印度并没有产生预期的影响。其次，1951—1971 年间，美国对印度的发展援助主要集中在农业领域，基本并未涉及工业。总的来说，受到国际格局，特别是南亚地区局势变化的影响，以及美国国内援助审批制度的限制，美国对印度的官方发展援助是

① 王琛、王苏礼：《1971 年南亚危机与尼克松政府的对策》，《史学月刊》2009 年第 12 期，第 89—97 页。
② ［美］亨利·基辛格：《白宫岁月：基辛格回忆录全集》第 3 册，陈瑶华等译，世界知识出版社 2003 年版，第 174—175 页。

极为有限的。在输出现代化意识形态影响印度发展进程方面，美国官方援助受到较多的限制。下文将以福特基金会对印度的援助情况说明，冷战期间，向印度输出美国现代化发展理念和意识形态的任务，主要是由基金会、大学、科研机构等民间机构共同实现的。

第二节　福特基金会对全球主义外交政策的支持

福特基金会在战后经历了重组和改革，重组后的福特基金会成为在国际舞台和国际事务上非常活跃的基金会。前文已经提到，很多学者注意到福特基金会海外援助活动带有明显的防范共产主义的冷战意识[1]，甚至是"争夺心灵和智慧"的意识形态的武器。[2] 当然，也有很多学者强调基金会的独立性，基金会派往第三世界国家的专家学者是具有学术自主性的。[3] 本书认为，在考察福特基金会的海外援助活动时，应该清醒地认识到其援助活动难免带有意识形态的色彩，但是不必否定其自主性和独立性。冷战期间，福特基金会通过援助活动支持了美国的全球主义外交政策[4]，这其中有遏制共产主义的冷战色彩，同时也带有关注第三世界贫困与发展问题的理想主义情怀。与此同时，福特基金会开展的援助活动，客观上推动了美国发展研究和区域问题研究，甚至促进了第三世界国家社会科学和文化事业的起步和发展。

---

[1] Joan Roelofs, *Foundation and Public Police: the Mask of Plu ralist*, New York: State U-niversity of New York Press, 2003.

[2] 张杨：《冷战共识：论美国政府与基金会对亚洲的教育援助项目（1953—1961）》，《武汉大学学报》2013 年第 3 期，第 60—68 页。

[3] Barry D. Karl and Stanley N. Katz, "Foundations and Ruling Class Elites", *Daedalus*, Vol. 116, No. 1, Winter, 1987, pp. 1-40.

[4] 全球主义外交政策与孤立主义外交政策是美国历史上最为重要的两大外交传统。其中，全球主义外交政策的思想基础是美利坚民族的扩张意识，其物质基础是美国政治、经济与军事实力的强大。全球主义外交政策主张，美利坚民族有责任和义务将文明、进步、正义和光明传播到世界各地，为此，美国应该更积极地参与世界事务，推广民主自由的价值观和发展理念，以期实现一个新的美国为主导的国际秩序。

一　盖瑟报告与福特基金会的改组

福特基金会创立于 1936 年，它在成立之初只是一个地区性的基金会，在援助金额和范围方面均无法与卡耐基基金会和洛克菲勒基金会相提并论。事实上，福特汽车公司的创始人"汽车大王"亨利·福特（Henry Ford）并不认同卡耐基基金会和洛克菲勒基金会的做法。他公开表达对私人基金会的不屑一顾，"我的本意就是要仁慈有爱，如果我们对一个需要帮助的人冷漠无情，那么上帝都会生气的。关键是，我们往往把这一伟大的善举错误地用在一些芝麻大的小事上。在人类的慈善之举被系统化、组织化、商业化和职业化的那一刻起，人们善良的心灵就被着上了暗淡的色彩"。[1] 亨利·福特坚信通过给工人提供高工资和实现大众消费来帮助工人提高生活水平，但是亨利·福特也担心，在他死后，福特汽车公司将因负担高额的继承税成为公共财产。因此，他在 1936 年创建了福特基金会，避税是他的主要动机之一。20 世纪 50 年代以前，福特基金会的活动局限于密歇根的底特律地区，影响力比较有限。

从 1948 年开始福特基金会经历了重要的转型。1949 年，老亨利·福特去世，将 90% 的遗产捐赠给福特基金会，这使得福特基金会一跃成为美国最具财力的基金会。[2] 此后，福特基金会与福特汽车公司分离，成为自主募股的独立基金会。1949 年福特基金会董事会任命罗恩·盖瑟（Rowan Gaither）为首的委员会为基金会未来发展进行了规划。盖瑟委员会咨询了千余名专家，撰写了长达 3400 页的报告《关于福特基金会的政策和规划的报告》，也称"盖瑟报告"。"盖瑟报告"为福特基金会的公益活动提供了指导思想，也被称作福特基金会的"大宪章"。[3]

---

① ［美］亨利·福特：《我的工作和生活：福特自传》，李伟译，新世界出版社 2010 年版，第 174 页。

② 据统计，1968 年福特基金会的资产总额约为 36 亿美元，是洛克菲勒基金会资产总额的四倍。See Peter D. Bell, "The Ford Foundation as a Transnational Actor", *International Organization*, Vol. 25, No. 3, Summer, 1971, pp. 465-478.

③ 资中筠：《财富的归宿：美国现代公益基金会述评》（增订本），生活·读书·新知三联书店 2011 年版，第 96 页。

　　"盖瑟报告"建议基金会扩大援助范围，特别重视对海外发展中国家的援助。"盖瑟报告"指出，第二次世界大战以后世界面临的最主要问题是避免新的世界战争，而可能引起新的冲突和战争的最主要因素是欠发达国家和地区的贫困、疾病和不平等造成的紧张关系。美国是唯一有能力为欠发达国家和地区带去自由和帮助的国家。福特基金会有责任和义务利用其财富和知识为美国的国家安全和世界的和平做出贡献。①"盖瑟报告"指出欠发达国家的贫困问题与世界的和平和自由之间的关系，强调美国和福特基金会有责任、有义务、有能力为世界的和平做出贡献。这一思想与美国全球主义外交政策具有高度的一致性。②

　　此外，福特基金会的董事会向福特家族以外的成员开放，许多政治活动家、商人、学者专家进入基金会的董事会。例如，保罗·霍夫曼曾经是马歇尔计划的主要负责人之一，后成为福特基金会会长。再如，1958 年加盟福特基金会并担任董事会主席的约翰·J. 麦克洛伊（John J. McCloy），曾担任美国大通曼哈顿银行董事长，前助理陆军部长、美国驻西德高级专员。他引荐谢泼德·斯通（Shepard Stone）到福特基金会工作。斯通在第一次世界大战期间担任美国陆军情报处中校，后来随麦克洛伊一同前往德国，1954 年到福特基金会工作，担任国际事务处主管。麦克洛伊还推荐麦乔治·邦迪（McGeorge Bundy）到福特基金会工作。邦迪曾经在白宫担任负责国家安全事务的总统特别助理，邦迪的兄弟威廉·邦迪（William Bundy）一直为中央情报局工作到 1961 年。1966 年，沃尔特·罗斯托接任麦乔治·邦迪总统特别助理的职位，麦克洛伊把邦迪介绍到福特基金会，让他担任福特基金会会长。麦克洛伊表示，没有人比麦乔治更适合这份工作。③

　　① George Rosen, *Western Economists and Eastern Societies*: *Agents of Change in South Asia*, 1950-1970, Baltimore and London: The Johns Hopkins University Press, 1985, pp. 3-4.

　　② Gregory K. Raynor, "Engineering Social Reform: The Rise of the Ford Foundation and Cold War Liberalism, 1908-1959", PhD dissertation, New York University, 2000.

　　③ Richard Magat, *The Ford Foundation at Work*: *Philanthropic Choices*, *Methods*, *and Styles*, New York: Plenum Press, 1979, pp. 163-170.

在经历了改组之后，福特基金会成为美国最重要的大型基金会之一，并且积极地拓展援助领域。福特基金会认为应该通过海外援助活动促进美国全球主义外交政策的实现。麻省理工学院国际研究中心的米利肯和罗斯托在给中央情报局的艾伦·杜勒斯的一份备忘录中强调，只有在世界经济持续增长的情况下美国经济才可以增长，而欠发达国家的发展需要资金流动和知识的增长。他们建议与欠发达地区的大学、管理组织、医疗机构等建立国际合作关系，而这些活动只有通过基金会和国际组织才能实现。[1] 福特基金会决心将此作为援助的重点。在冷战期间，福特基金会发挥公益基金会独特的优势，开展海外援助活动，将美国的知识和金钱输送到国外欠发达地区，以此帮助美国国家安全和外交利益的实现。美国国会一直通过中央情报局为各种跨国机构和文化企业提供资金，让这些机构从事海外援助。到 20 世纪 60 年代末期，中央情报局的海外活动饱受批评，在中情局逐渐收缩对外援助时，福特基金会已经成为美国推行文化自由方面最重要的机构。[2]

二　资助地区研究与发展问题研究

罗恩·盖瑟在 1953 年接替保罗·霍夫曼担任基金会会长，1956 年出任基金会董事会主席。盖瑟是全球主义外交政策和自由国际主义理念的坚定拥护者，他认为，要实现世界和平，必须增加对世界各国的了解，因此，他鼓励福特基金会关注和支持地区研究和发展问题研究。

在这一历史时期，一切针对人类福祉的项目都必须考虑到我国在全球事务中影响力的增加，考虑到我国在国际问题上的新责任，最重要的是，要考虑到战争和共产主义对人类进步的强大威胁。为人民提供更多的关于外国的知识，让人

---

① Inderjeet Parmar, "Foundation Networks and American Hegemony", *European Journals of American Studies*, Vol. 1, 2012, pp. 1-18.

② Jason Epstein, "the CIA and the Intellectuals", *the New York Review of Books*, April 20, 1967.

民相互分享这些知识。这是一个民主政体避免战争、促进和
平的根本所在。①

　　第一，福特基金会大力支持发展经济学研究，与麻省理工学院
国际研究中心有着密切的合作关系。1951年，当保罗·霍夫曼筹划
访问印度之际，麻省理工学院的教务长朱利叶斯·A. 斯特拉顿
（Julius A. Stratton）致信福特基金会的罗恩·盖瑟，向其说明了麻
省理工学院建立国际研究中心的计划。斯特拉顿指出，国际研究中
心将邀请一批优秀的经济学家，共同开展与国际发展问题相关的研
究。斯特拉顿希望福特基金会能够给予资金支持。福特基金会认为
建立国际研究中心十分必要，因为当时苏联正在建设东方研究中心
（Institute of Oriental Studies），研究印度等热带国家的基本问题。福
特基金会与麻省理工展开磋商，双方一致认为，麻省理工国际研究
中心应关注外国的经济发展和政治稳定，围绕这一主题开展深入的
学术研究。在保证研究学术性的同时，紧扣美国外交需要。国际问
题中心应该与美国政府高层保持密切联系，并且从美国政府冷战研
究项目中获得启动资金。同时，国际问题研究中心的具体研究项目
应主要依靠私人基金会的资金支持。他们还确定了国际研究中心的
根本目标，也即通过科学研究找到一种发展理论，用以代替马克思
主义和共产主义，用于指导第三世界国家的发展实践。②

　　1952年麻省理工国际研究中心成立，会聚了罗斯托、米利肯等
发展经济学家。哈佛大学的爱德华·S. 梅森（Edward S. Mason）等
学者也参与了该中心的相关研究工作。1952年5月，米利肯向福特
基金会提交了一份项目资助申请，请求福特基金会资助麻省理工国
际研究中心的印度研究项目：

---

　　①　参见福特基金会国际事务的副主席弗朗西斯·X. 萨顿（Francis X. Sutton）以及
福特基金会派驻东南非代表大卫·斯莫克（David Smock）的记述：Francis X. Sutton and
David R. Smock, "The Ford Foundation and African Studies", *A Journal of Opinion*, Vol. 6,
No. 2/3, 1976, pp. 68-72.
　　②　George Rosen, *Western Economists and Eastern Societies: Agents of Change in South Asia*,
1950-1970, Baltimore and London: The Johns Hopkins University Press, 1985, pp. 27-28.

美国有能力帮助自由世界的国家提高生产力和人民的生活水平，进而巩固这些国家的政治稳定，这是冷战期间美国最强有力的心理武器……为此，需要深入研究友好国家以及中立国家实现经济增长的可能性，并关注经济增长与政治稳定、政治独立之间的相互关系。

前提是，必须清楚地了解各经济部门的生产能力、资源利用类型，如此才能确定技术、投入和产出值的变化会带来哪些经济变化……投入产出分析和区域分析的方法就显得尤为重要。

我们的印度研究计划，主要是针对经济问题的……我们将综合考察宏观经济，也即将国家、区域和文化作为一个整体分析……这主要是运用经济学分析方法来分析。此外是微观层面的田野调查，具体到村庄……人类学家和社会学家在这方面最拿手。[①]

1953 年，米利肯访问印度，提出麻省理工与印度计划委员会下设的研究计划委员会合作，围绕印度发展计划的制订展开合作研究。同时，麻省理工表示愿意与印度大学合作，共同开展社会科学研究。1954 年 6 月，福特基金会批准了对麻省理工的印度研究项目的资助申请，第一笔资助的金额为 75 万美元，为期 4 年。[②]

第二，福特基金会不仅支持发展经济学的研究，还大力援助第三世界国家的政治发展研究，这主要体现在对比较政治学委员会的资助。1952 年，美国社会科学研究委员会（SSRC）在西北大学举行比较政治学校际研讨会，这是比较政治学委员会的前身。1954 年比较政治学委员会（CCP）成立，加布里埃尔·A. 阿尔蒙德（Gabriel A. Almond）担任主席。比较政治学委员会重视对第三世界国家政治的研究，1960 年阿尔蒙德和詹姆斯·S. 科尔曼（James S. Coleman）合编《发展中地区的政治》一书，集中体现了比较政治

① George Rosen, *Western Economists and Eastern Societies*: *Agents of Change in South Asia*, 1950–1970, Baltimore and London: The Johns Hopkins University Press, 1985, pp. 29–30.

② Ibid., pp. 35–36.

学委员会对发展中国家政治的基本见解。① 1960 年 4 月开始，福特
基金会资助比较政治学委员会开展一项政治发展研究，通过跨学科
的方法研究第三世界国家的政治发展。研究强调将发展中国家和发
达国家的政治发展放在同一个全球的分析和比较框架中对比分析。
福特基金会还资助白鲁恂、迈伦·韦纳（Myron Weiner）、约瑟夫·
拉帕隆巴拉（Joseph Lapalombara）、罗伯特·沃德（Robert Ward）、
西德尼·维巴（Sidney Verba）、列奥纳德·宾德（Leonard Binder）
等政治学家到第三世界国家开展实地调研。② 有近百名学者参加了
这一研究项目，项目成果主要体现在 8 本重要的政治学著作中，其
中 7 本以"政治发展"为标题。③

"政治发展"理念认为政治发展是存在某种规律的，可以通过
3 个指标来衡量一个国家的政治发展程度，即群众参与政治的扩
大、政治制度自身的成长，以及政治角色和政治结构的不断分
化。④ 但事实证明，这种主张并不能有效解释发展中国家的政治。
20 世纪 70 年代，以亨廷顿为代表的一批学者批评和反思"政治
发展"的概念。亨廷顿强调，政治现代化是社会、经济和文化多
方面现代化在政治方面的影响，可能导致政治发展，也可能引起
政治衰退。⑤

第三，福特基金会支持大学和科研机构开展地区研究。美国从
二战时期开始，就非常重视对拉丁美洲、亚非地区的地区研究，特
别强调美国的大学在地区研究方面做出应有的贡献。地区研究涉及
不同学校不同学科的学术合作，同时需要大量的一手资料和田野调
查，这就需要有一支兼具财力物力和社会威望的机构来资助研究的

---

① ［美］加布里埃尔·A. 阿尔蒙德、詹姆斯·S. 科尔曼编：《发展中地区的政
治》，任晓晋等译，上海人民出版社 2012 年版。

② 陈剩勇、李力东：《20 世纪 50 年代以来的西方比较政治学发展述评》，《政治学
研究》2008 年第 6 期，第 115—122 页。

③ 邹永贤主编：《国家学说史》，福建人民出版社 1999 年版。

④ Lucian Pye, *Aspects of Political Development: An Analytic Study*, Little Brown, 1966.

⑤ ［美］亨廷顿：《变化社会中的政治秩序》，王冠华等译，生活·读书·新知三
联书店 1989 年版。

开展，并整合学术资源。① 在这个过程中，福特基金会发挥了最为突出的作用。

福特基金会非常重视促进世界不同国家之间的相互理解，让美国更加理解第三世界国家，同时，让第三世界国家更加了解和接受美国。正如福特基金会的发言人，曾担任芝加哥大学校长的罗伯特·梅纳德·哈钦斯（Robert Maynard Hutchins）所言：

> 不同国家和种族的人民互相仇视，这是因为他们互不了解……文化交流可以帮助消除误解。
>
> （国务院）过多介入国内政治事务，它已经无法代表完整意义上的美国文化……如果是通过一个私人性质的公益机构……那么（文化交流）不再是政治宣传，而成为一种公正客观的方式，建立起不同国家之间的理解与友谊。②

据统计，1952—1966 年间福特基金会对美国大学的研究生教育和非西方国家的研究的资助金额高达 2.4 亿美元。③ 根据 1967 年美国国务院的一项调查，美国 191 所大学中，有 107 所大学的外国问题研究主要依靠福特基金会的资助。福特基金会还出资 4500 万美元成立了外国研究奖学金项目（Foreign Affair Fellowships Program）。参加这个项目的 984 名专家中，有 550 名专家到大学工作，分布在美国 181 所大学和学院中，这 984 名专家相继出版了 373 本专著，超过 3000 篇论文。④ 最重要的是，福特基金会资助的外国研究奖学

① George F. Gant, "The Southern Regional Education Program", *Public Administration Review*, Vol. 12, No. 2, Spring, 1952, pp. 106–111.

② Robert Maynard Hutchins, memo to H. Rowan Gaither and Dyke Brown, April 13, 1953, cited by Kathleen D. McCarthy, "From Cold War to Cultural Development: The International Cultural Activities of the Ford Foundation, 1950–1980", *Daedalus*, Vol. 116, No. 1, Winter, 1987, pp. 93–117.

③ Peter D. Bell, "The Ford Foundation as a Transnational Actor", *International Organization*, Vol. 25, No. 3, Summer, 1971, pp. 465–478.

④ Inderjeet Parmar, "American Foundations and the Development of International Knowledge Networks", *Global Networks*, Vol. 2, No. 1, 2002, pp. 13–30.

金项目，不是对单个专家的资助，而是对这样一个地区研究专家群体的资助。奖学金项目通过学会讨论会等形式，将地区研究的专家联系起来，同时也将地区研究与美国的海外战略联系起来。①

三　资助印度社会科学研究

福特基金会不仅资助美国发展研究和地区研究，赞助美国学者到印度开展实地调研，更直接资助印度社会科学研究。福特基金会对印度社会科学研究的资助，主要包括资助应用经济学、管理学、政治学、社会学和人类学的研究。资助方案有两种，第一种是邀请美国相关领域的专家协助创建和改建社会科学研究机构，第二种是通过美国的大学、科研机构邀请印度的学者赴美国学习社会科学。

在福特基金会资助以前，美印知识界就存在一定程度的互动交流，然而，福特基金会的资助真正促进了美印社会科学界常规化和密集化的交往。早在印度独立前，就已经有一些律师、商人、官员的子嗣赴美留学，据统计，20 世纪上半叶，麻省理工学院授予 100 名左右的印度学生以工程学学位。② 但这一时期，美印知识界的交流还主要是个人行为，数量不多，且主要是学习工程学、农学或者理学。印度社会科学主要受到英国学术传统的深刻影响，英国殖民统治者在印度推广英语教育，并且在印度创建了大学和科研机构。③ 同时，英国重视文本和理论研究的学院式的研究传统，深深影响了印度的大学和研究。④ 20 世纪 50 年代以后，福特基金会为印度社会科学研究提供资金支持，并且鼓励印度开展应用型研究，服务于国

① Inderjeet Parmar, "Foundation Networks and American Hegemony", *European Journals of American Studies*, Vol. 1, 2012, pp. 1–18.

② Ross Bassett, "MIT-Trained Swadeshis: MIT and Indian Nationalism, 1880-1947", *Osiris*, Vol. 24, No. 1, 2009, pp. 212-230.

③ S. Bhattacharya, "Social History of Modern India: A Trend Report", in R. S. Sharma eds., *Servey of Research in Economic and Social History of India*, Delhi: Ajanta Publisher, 1986, p. 177.

④ 二战后，印度的科学研究和高等教育越来越多地受到美国的影响，越来越多的印度留学生选择赴美国留学。英国对印度教育领域的传统影响力受到美国的强烈挑战。See J. A. Scott, "United Kingdom Influence in India", Sept. 14, 1961, collected in British Foreign Office Documents for South Asia, Do-133-145.

家发展政策的制定与实施。

第一，福特基金会资助应用经济学研究，服务于中央和地方发展计划的制订。福特基金会资助成立全国应用经济学研究委员会（National Council of Applied Economic Research）。这是一个独立于政府的应用经济学研究机构，主要目标是为五年发展计划的制订提供数据。福特基金会提供为期 10 年共计 170 万美元的资金支持，并且邀请美国斯坦福研究所（Stanford Research Institute）提供 5 年的技术和人员支持。斯坦福研究所的著名经济学家欧金尼·斯特利（Eugene Staley）专程访问印度，推广斯坦福应用经济学研究的经验。委员会成立后立刻与政府和企业签订了研究项目，开展有针对性的研究，承担与国家发展密切相关的研究。此外，委员会还负责对国家五年发展计划的开展情况进行调研评估。福特基金会还建议委员会定期举办学术论坛，讨论国家的发展问题。[①]

值得一提的是，福特基金会曾竭力促成该委员会和斯坦福研究所建成"姐妹研究机构"，由斯坦福研究所派遣外国顾问到印度，为委员会成员提供培训。这个建议被委员会的主席洛加纳登（P. S. Lokanathan）拒绝，他反对应用经济学研究委员会与美国的研究机构建立长期的、固定的姐妹机构的关系，仅同意外国专家以私人的名义担任委员会的顾问。[②]

此外，福特基金会与印度计划委员会合作，共同资助德里大学、孟买大学、马德拉斯大学、卡塔克（Cuttak）大学和郭克雷研究院（Gokhale Institute）开展应用经济学研究。这些大学开设了现代经济学的研究生课程，并且选派优秀学生赴美国大学访问和学习。例如，1958 年福特基金会出资 50 万美元在德里大学建立经济增长研究所，并且特别邀请了德里经济学院的拉奥担任该研究所的所长。该机构研究经济学、人口统计学和社会变迁学，培养博士研

① Douglas Ensminger, Oral History, "The Historical Basis of the Foundation's Involvement in Strengthening India's Institutional Competence in Economics", Douglas Ensminger Papers（MS 1315）, box 9, Manuscripts and Archives, Yale University Library, Mar. 29, 1972.

② George Rosen, *Western Economists and Eastern Societies：Agents of Change in South Asia*, 1950-1970, Baltimore and London：The Johns Hopkins University Press, 1985, p. 94.

究生并授予德里大学的学位。福特基金会的资金主要用于建设科研大楼、图书馆，购买器材，邀请外国学者任教，输送人才到国外进修，提供高工资以吸引先进的科研人才，举办学术会议等。该研究所还提供特别业务，比如选拔印度行政官员和地方制订发展计划的官员，到该研究所培训，培训课程主要是如何制订经济计划。福特基金会出资开展培训，并邀请美国的专家担任培训官。①

福特基金会还经常协助印度经济学机构邀请西方顶级经济学家前来讲学，包括保罗·巴兰、约翰·肯尼斯·加尔布雷斯、诺伯特·维纳（Norbert Wiener）等。美国学者大卫·C. 恩格曼指出，在这一时期，印度经济计划的制订得到了来自东西方顶尖学者的帮助。②

第二，福特基金会资助加尔各答和艾哈迈达巴德管理学院。印度的企业主要是家族企业，实行家长式管理，这种管理模式较难应对国家工业化和现代化发展的需求。印度政府仿效英国亨利行政学院的模式（Henley-on-Thames Staff College）建立了一所海德拉巴行政官学院。印度政府希望福特基金会能够资助海德拉巴行政官学院，帮助它建设一个小型图书馆，并提供美国管理学的期刊杂志，但福特基金会拒绝了这个要求。

福特基金会邀请美国管理学教育领域的权威，加利福尼亚大学管理学研究生院副院长乔治·罗宾斯（George Robbins）到印度进行为期3个月的访问。罗宾斯与印度中央和地方官员以及企业高层会晤，提议建设一个独立于政府和大学以外的管理学研究机构。由福特基金会和印度计划委员会共同资助建立两所管理学研究机构，其中福特基金会资助金额为500万美元。福特基金会邀请美国的麻省理工学院和哈佛大学分别与加尔各答和艾哈迈达巴德的管理学院结成姐妹机构，由麻省和哈佛的管理学专家监督机构建设，并亲自设

① Douglas Ensminger, Oral History, "The Historical Basis of the Foundation's Involvement in Strengthening India's Institutional Competence in Economics", Douglas Ensminger Papers (MS 1315), box 9, Manuscripts and Archives, Yale University Library, Mar. 29, 1972.

② David C. Engerman, "Learning from the East: Soviet Experts and India in the Era of Competitive Coexistence", *Comparative Studies of South Asia, Africa and the Middle East*, Vol. 33, No. 2, 2013, pp. 227-238.

计课程和研究计划。此外，福特基金会还从当时在美国工作或学习
的印度人中间挑选合适人员担任这所管理学研究机构的工作人员，
并且安排他们在哈佛和麻省接受专门的培训。①

亲历了这两个机构建设的几位学者，写作了《印度机构建设》
一书，详细记载了美国学者如何以顾问的身份参与机构建设，全面
干预机构筹建、课程设置、运作模式以及管理方法，特别是资金的
使用。② 据该书记载，印度学者对美国学者有诸多不满，他们认为
美国派来的学者并不是这一领域最好的学者，而且美国学者全面
控制资金的使用，待遇也远远优于同等资质的印度学者。他们对
印度的文化缺乏了解和尊重，并且总是以顾问的姿态高高在上地
指导和指挥印度学者。因此，印度学者要求撤回美国职员，大批
的美国职员也因此不得不离开印度。③ 就连恩斯明格本人也感叹哈
佛和麻省的学者过度干预了印度管理学机构的建设，他指出"哈佛
的人在看待艾哈迈达巴德管理学机构的时候，应该要像父母看待十
七八岁的孩子一样。这个阶段的孩子已经开始跃跃欲试有自己的主
张。做父母的应该站在背后，给予恰当的咨询和引导，但是千万不
要态度专横"。④

第三，福特基金会资助印度社会学和人类学研究。20 世纪 50
年代和 60 年代，福特基金会资助一批美国人类学家到印度开展田
野调查。与此同时，福特基金会认为印度应该发展社会学和人类学
的研究，因为提升社会学、社会心理学、文化人类学的研究，有助
于增加对农村社会变迁的理解，寻找传统文化向现代文化转变的可

① Douglas Ensminger, Oral History, "The Ford Foundation and Management Education in India", Douglas Ensminger Papers (MS 1315), box 9, Manuscripts and Archives, Yale University Library, Mar. 2, 1972.

② Thomas M. Hill, W. Warren Haynes, and Howard Baumgartel, Samuel Paul, *Institution Building in India*, Boston: Harvard University, 1973.

③ A. Allan Schmid, "Review of Institution Building in India", *Journal of Economic Issues*, Vol. 10, No. 3, Sept., 1976, pp. 711-714. Richard Taub, "Review of Institution Building in India", *The Journal of Business*, Vol. 49, No. 1, Jan., 1976, pp. 120-122.

④ Douglas Ensminger, Oral History, "The Ford Foundation and Management Education in India", Douglas Ensminger Papers (MS 1315), box 9, Manuscripts and Archives, Yale University Library, Mar. 2, 1972.

能性和方法。另外，正在开展的农村社区发展计划也需要大量的社会学家和人类学家的跟踪考察和评估。因此，福特基金会要求接受基金会援助的美国人类学家，在开展田野调查的时候，必须与印度的社会学和人类学机构开展密切配合。福特基金会希望借此提高印度社会和人类学研究的水平。遗憾的是，这一设想并不成功。美国的很多人类学家来印度从事田野调查，但是他们常常将研究看作纯粹的学术和理论研究，而且在进行研究设计的时候，他们很少与印度学者合作，仅在开展田野调查的时候依靠印度学者的帮助。[①] 这就导致很多印度学者感到不满，他们认为美国学者只在需要的时候寻求他们的帮助，并无意切实帮助印度提高独立科研的能力。

　　第四，福特基金会试图影响印度的政治学发展。印度独立后一直小心地提防外国机构通过援助等形式影响印度的政治和经济发展。[②] 政治学研究涉及很多敏感问题，福特基金会在是否要援助印度政治学研究机构的问题上，一直以来十分小心谨慎。1966 年麦乔治·邦迪出任福特基金会会长，他明确表示福特基金会不会支持印度的任何一个特定党派，但是应该加强对印度政治进程的影响。[③] 而此时，印度政治正在经历剧烈的变动。英·甘地上台后进行的一系列改革，特别是宣布卢比贬值的汇率改革，导致印度外汇受损。[④] 反对党和民众开始怀疑和批评国大党的统治，国大党内部也出现了元老派和英·甘地派系之间的权力斗争，地方政党蓬勃发展，国大党的地方组织脱离国大党，国大党一党独大的局面很难继续维系。[⑤]

---

① Douglas Ensminger, Oral History, "The Ford Foundation's Interest and Assistance in the Development of the Sociological Sciences in India", Douglas Ensminger Papers (MS 1315), box 12, Manuscripts and Archives, Yale University Library, July 10, 1972.

② Jawaharlal Nehru, "to Vijayalakshmi Pandit", in *Selected Works of Jawaharlal Nehru*, Series 2, Vol. 14, May 9, 1950Part II, New Delhi: Jawaharlal Nehru Memorial Fund, Teen Murti House, 1993, p. 379.

③ Douglas Ensminger, Oral History, "The Foundation's Support and Withdrawal from the Center for Applied Politics", Douglas Ensminger Papers (MS 1315), box 10, Manuscripts and Archives, Yale University Library, June 19, 1972.

④ 王红生、[印] B. 辛格：《尼赫鲁家族与印度政治》，北京大学出版社 2011 年版，第 147 页。

⑤ [美] 斯坦利·A. 科查内克：《印度国大党：一党民主制的动力·引言》，上海市徐汇区教师红专学院译，上海人民出版社 1977 年版。

1967年第四届人民院和邦选举，会出现什么样的新形势？印度政治将变得复杂多变，因此亟须深入研究。

在此情况下，福特基金会与印度公共行政研究院管理委员会主席阿索卡·梅塔商议，决定建立一个独立于政府的政治学研究机构。集中各党派的领导人物，共同研究印度政治面临的主要问题。阿索卡·梅塔是深受印度各界人士尊敬的政治学家，曾担任尼赫鲁政府、夏斯特里政府和英·甘地政府的内阁部长，后因不满英·甘地政府在苏联进军捷克斯洛伐克一事上的态度，愤而辞去内阁部长的职务。梅塔积极与各党派的领导人联系，邀请他们共同创办应用政治学研究中心（the Center for Applied Politics）。梅塔具有很强的号召力，一时间印度政界的许多重要人物和著名的政治学者纷纷表示愿意加入政治学研究中心。印共的达莫达兰（Shri K. Damoda-ran）、帕特南（Shri M. V. Bhadram），印共（马）的查特吉（A. P. Chatterji）、巴格万·达斯（Bhagwan Dass），穆斯林联盟的易卜拉欣·苏莱曼赛特（Ebrahim Sulaiman Sait），阿卡利党的那林德尔·辛格·布拉尔（Narinder Singh Brar）等都加入政治学研究中心。为了防止左翼政党攻击应用政治学研究中心接受福特基金会的援助，梅塔说服各党派，让他们共同投票赞成争取福特基金会资助的做法，并正式申请福特基金会的资金支持。不久，应用政治学研究中心建成，各党派成员选举梅塔担任主席。福特基金会资助年轻的政治学家桑迪·科塔里（Shanti Kothari）到世界各地考察不同国家的政党政治，特别安排科塔里访问了美国哈佛大学约翰·F. 肯尼迪政府学院，还安排他与华盛顿的很多议员见面。①

福特基金会对应用政治学研究中心的第一期资助为两年。两年期满后，恩斯明格向福特基金会总部申请继续资助，但是基金会董事会否决了该资助申请。恩斯明格在口述史中写道，福特基金会总部拒绝继续资助应用政治学研究中心，这是他在印度工作19年中

---

① Douglas Ensminger, Oral History, "The Foundation's Support and Withdrawal from the Center for Applied Politics", Douglas Ensminger Papers (MS 1315), box 10, Manuscripts and Archives, Yale University Library, June 19, 1972.

最失望的一次。恩斯明格没有说明基金会总部拒绝继续资助的原因,[①] 笔者认为,印度国内形势的变化,可能是促使基金会结束资助的重要原因。1967 年印度大选后,国大党第一次丧失了绝对多数的地位,但是仍然保持着人民院第一大党的地位。英·甘地为了加强统治,采取了集中权力的措施。[②] 另外,印度各界开始怀疑福特基金会的援助和美国专家在印度的活动。左翼政党更是严厉批评外国机构图谋不轨,他们怀疑基金会和大学很可能是为美国中央情报局工作。[③] 因此,福特基金会在援助印度科研、教育和文化事业方面,都变得更加的小心和谨慎。

四　福特基金会的援助受到批评与怀疑

20 世纪 60 年代中后期开始,随着一系列负面消息爆出,福特基金会在第三世界国家的援助活动饱受争议。印度的官员、学者和民众开始怀疑和批评福特基金会的援助活动,他们认为福特基金会通过对社会科学、文化和教育事业的援助,搜集情报、宣传美国的意识形态,甚至大搞文化颠覆。

1950 年初,福特基金会和洛克菲勒基金会合作,在哈佛、加州伯克利、麻省理工、康奈尔大学开设印尼研究中心。1954 年,福特基金会资助康奈尔大学成立了现代印尼计划,开展对印尼社会的研究。此后,福特基金会资助几位麻省理工的学者访问印尼,研究造成其经济停滞的原因问题。这几位学者与印尼军方取得联系,目标是帮助军队更清楚地认识自己在经济发展中的地位,并且促进军队和印尼社会党的合作。不仅如此,为了抑制印尼共产党的发展壮大,福特基金会还大力资助加州伯克利的学者前往印尼,学习熊彼

---

① Douglas Ensminger, Oral History, "The Foundation's Support and Withdrawal from the Center for Applied Politics", Douglas Ensminger Papers (MS 1315), box 10, Manuscripts and Archives, Yale University Library, June 19, 1972.

② Atul Kohli, *India's Democracy: An Analysis of Changing State-Society Relations*, Princeton University Press, 1990, p. 3.

③ Douglas Ensminger, Oral History, "In What Ways did the CIA Issues Effect the Ford Foundation's Work in Its Relations in India", Douglas Ensminger Papers (MS 1315), box 1, Manuscripts and Archives, Yale University Library, May 9, 1972.

特和凯恩斯的思想，同时资助印尼学者到伯克利学习，这些学者回国后，与印尼军方保持密切的合作。1966 年军方夺取政权后，这批学者掌握了印尼的经济大权。1968 年，这些学者作为专家进入苏哈托将军的发展内阁。福特基金会的国家培训和研究计划的负责人约翰·霍华德直白地说明了福特在印尼的主要任务："培训一批人，等到苏加诺下台以后，这批训练有素的人将领导这个国家。"正因为如此，苏加诺才大骂福特基金会和美国的援助机构，"和你的援助一起下地狱！"①

到 20 世纪 60 年代中后期，美国中央情报局赞助基金会、大学、科研机构在第三世界国家搜集情报的丑闻不断爆出。1967 年春天，《纽约时报》揭露了中情局在世界各地的活动，其中密歇根州立大学接受中央情报局的资金，通过科学研究为中情局搜集越南情报的消息，在发展中国家引起了极坏的影响。

不久，麻省理工学院国际研究中心接受中央情报局和福特基金会共同资助，参与印度计划委员会工作的事情爆出，麻省理工承认了接受中情局资金，并向中情局反馈信息。这一事件对福特基金会造成了极其不好的影响，为此，福特基金会提前终止了对麻省理工印度项目的资助。不久，一系列负面消息爆出，指责加州伯克利大学社会学系在印度一个部落开展田野调查的时候接受了美国中情局的资助，亚洲基金会（Asia Foundation）接受美国中央情报局的资助等，进一步加深了印度各界对基金会援助活动的怀疑。②

印度各界开始质疑美国的援助活动，包括福特基金会和大学、科研机构的活动。在一些接受美国援助的学校，师生内部围绕是否应该继续接受美国援助、使用英文教学等问题展开激烈讨论。学生罢课、烧毁实验器材，甚至还有一些学生主张印度的科研和教育应

---

① Inderjeet Parmar, "American Foundations and the Development of International Knowledge Networks", *Global Networks*, Vol. 2, No. 1, 2002, pp. 13-30.

② Douglas Ensminger, Oral History, "In What Ways did the CIA Issues Effect the Ford Foundation's Work in Its Relations in India", Douglas Ensminger Papers (MS 1315), box 1, Manuscripts and Archives, Yale University Library, May 9, 1972.

该学习苏联模式。① 不久，德里大学一些德高望重的学者也公开指责福特基金会对印度教育的援助。印度报纸和书籍中随处可见对福特基金会的批评，他们批评基金会通过教育在年轻人中传播美国的理念、资本主义的好处和反对苏联的情绪，甚至宣传美国在越南问题上的正确性等，而这是对印度的一种干涉。②

1970 年印度开始调查本国政府和科研机构接受国外援助情况，并限制福特基金会等外国援助机构在印度的活动。1970 年 5 月，印度内政部部长 Y. B. 查兰（Y. B. Chavan）代表印度政府向参议院提出一个议案，要求彻底禁止任何政党或立法机关成员接受国外的资金。查兰还强调要禁止福特基金会对印度的教育等领域的援助，批评福特基金会是美国中央情报局的代理人，接受中央情报局的资金。③

将福特基金会称作中央情报局的代理人有些言过其实，但事实上，在 20 世纪 60 年代福特基金会确实与中央情报局有着密切的合作。福特基金会董事会与中央情报局达成非正式协定，福特基金会可以资助一些中情局感兴趣的机构，作为交换，中情局不干涉福特基金会在海外的培训项目，并考虑启用一部分基金会的受训人员。1966 年麦乔治·邦迪成为福特基金会会长之后，福特基金会与中情局的关系更加密切。此时，中情局通过援助搜集情报的行为受到美国左翼势力的批评，不得不暂停或中断很多援助项目。此时，邦迪认为福特基金会应该接着资助这些"中情局的孤儿"，包括亚洲基金会和文化自由学会。④

1970 年 5 月 23 日，参议院部分议员要求调查印度公共行政学研究院（Indian Institute of Public Administration）。调查显示，该机

① Stuart W. Leslie and Rober Kargon, "Exporting MIT: Science, Technology Building in India and Iran", *Osiris*, Global Power Knowledge: Science and Technology in International Affairs, 2nd Series, Vol. 21, 2006, pp. 110-130.

② Binoy K. Roy, *US Infiltration in Indian Education*, New Delhi: Perspective, 1973.

③ "Bill to Ban Receipt of Foreign Money Mooted", *The Times of India*, May 7, 1970.

④ Kai Bird, *The Chairman: John J. McCloy, the Making of the American Establishment*, New York: Simon and Schuster, 1992, pp. 357-428; Leonard A. Cordon, "Wealth Equals Wisdom? The Rockefeller and Ford Foundations in India", *Annals of the American Academy of Political and Social Science*, Vol. 554, Nov., 1997, pp. 104-116.

构每年从财政部获得 105 万卢比的费用，从亚洲基金会获得 23.5 万卢比的费用，这个机构还得到福特基金会的资助。该机构与福特基金会有密切互动，福特基金会通过该机构资助印度行政官员赴美国学习。从 1954 年到 1970 年，福特基金会总共资助了 50 余名政府官员赴美学习。很多参议员认为，福特基金会协助美国中央情报局渗透到这个机构中，而这明显是美国对印度行政事务的干预，应该增加调查力度，以查出更多的丑闻和猫腻。①

与此同时，印度一些极端民众彻底否认福特基金会的援助行动，并且采取过激行动攻击福特基金会，最终导致福特基金会在印度援助活动的中断。1970 年纳萨尔派极端分子直接攻击了福特基金会在印度的办公室，随后袭击了美国运通公司（American Express）的办公室，烧毁美国国际航空运输公司（Pan American Airway）的美国国旗，并且在福特基金会驻印度办公室和花旗银行（First National City Bank of New York）的门前进行示威。他们威胁福特基金会，如果不关闭办公室的话，将会引发严重的后果。② 7 月 20 日，10 名纳萨尔派的青年袭击了福特基金会驻加尔各答的办公室，损坏了办公设施、电话，并导致基金会首席顾问受伤。他们还试图在办公室里放火，不过没有成功。③

最后，美国国内围绕对第三世界国家的发展援助有很多讨论和批评，福特基金会对其援助活动也有所反思和调整。越南战争让美国民众反思国际援助活动，这期间美国国内出现大量游行抗议和学生罢课的行为。学术界也开始反思反共情绪，进而批评美国的外交政策和海外发展援助。同时，学界对发展的范式和现代化理论的假设进行了彻底的反思，自由国际主义的价值观也受到文化相对主义的强烈挑战。④ 在此情况下，福特基金会的海外援助活动也成为饱

① "Probe Urged into Affairs of Delhi Institute", *The Times of India*, May 23, 1970.
② "Naxalite Wrath on US Firms", *The Times of India*, May 12, 1970.
③ "130 Calcutta Naxalites Held", *The Times of India*, July 21, 1970.
④ Kathleen D. McCarthy, "From Cold War to Cultural Development: The International Cultural Activities of the Ford Foundation, 1950-1980", *Daedalus*, Vol. 116, No. 1, Winter, 1987, pp. 93-117.

受批评的对象。美国国会保守主义者批评福特基金会的自由主义和国际主义；左翼势力批评福特基金会的国际援助行为是帝国主义的扩张行为，右翼极端民族主义者批评福特基金会的海外援助损害了美国民族的核心价值。①

福特基金会内部的工作人员和专家学者也开始反思基金会的发展援助活动。伊恩·马丁（Ian Martin）批评基金会的海外援助资金主要用以支付外国专家顾问的薪金，针对援助对象的资金没有得到有效的运用，且资金使用情况没有得到监督。② 从 1971 年开始，福特基金会减少了对发展问题研究的资助力度，1971 年福特基金对比较政治委员会最后一笔资助经费到期，此后福特基金会对比较政治发展的资助大为减少。③

本章小结

回到本章开篇提到的问题，福特基金会为什么要援助印度？福特基金会为什么能参与印度的农业发展进程？通过梳理美国的南亚政策以及福特基金会对美国全球主义外交政策的支持，可以得出以下结论。

第一，福特基金会在印度的援助活动是对美国全球主义外交政策的支持，是美国对印政策的有机组成部分。印度处于美国"遏制"战略的边缘地带，美国对印度的外交政策主要是通过经济援助输送现代化发展理论和民主价值观，以此遏制共产主义的发展。由于战后美印关系时好时坏，加之印度政府与人民对外援持警惕态度，仅凭美国官方援助，难于充分实现其外交意图。在此情况下，

① Peter D. Bell, "The Ford Foundation as a Transnational Actor", *International Organization*, Vol. 25, No. 3, Summer, 1971, pp. 465–478.

② Ian Martin, "The Ford Foundation in India and Parkistan, 1951–1970", Report No. 001970, Oct. 1971, Ford Foundation Archives, New York, cited by Leonard A. Cordon, "Wealth Equals Wisdom? The Rockefeller and Ford Foundations in India", *Annals of the American Academy of Political and Social Science*, Vol. 554, Nov., 1997, pp. 104–116.

③ 陈晓律：《战后发展理论研究》，四川人民出版社 1995 年版，第 65—67 页。

福特基金会发挥了公益机构的独特优势，在美国官方不方便援助的领域发挥了积极的作用。

第二，印度方面，独立后的经济状况决定了印度政府需要外国的援助。印度虽然有着个性鲜明的外交主张，但是在国内财政和外汇储备有限的情况下，印度渴望争取与苏联、美国、英联邦的友好关系和经济援助。同时，美国对印度的官方援助往往带有政治上的诉求，福特基金会的资助没有明显的政治诉求，很快获得印度政治精英的信任和欢迎。

第三，福特基金会通过资助发展问题研究和地区研究，以及直接资助印度的社会科学研究，加深了对印度及印度发展问题的认识，同时向印度输送了应用社会科学的相关理论和发展理念。福特基金会的援助活动培育了一批相信美国发展模式和民主价值的印度知识精英，更重要的是，福特基金会还搭建了美印知识精英交流往来的平台，这个知识网络成为福特基金会输送意识形态、影响印度发展进程的基础和条件。

第三章

福特基金会与美国对印度的粮食援助

冷战前期，美国为第三世界国家提供了大量的粮食援助。米歇尔·沃勒斯坦详细剖析了美国粮食援助政策，强调了粮食援助作为美国外交手段的战略意义。[①] 还有很多学者认为美国的粮食援助是为了销售本国剩余农产品，以开拓国外市场。[②] 印度是接受美国粮食援助最多的国家，在某种程度上，也是美国最大的海外农产品倾销市场。应该如何看待美国对印度的粮食援助？无疑，美国的粮食援助至少在短期内缓解了印度的粮食危机，但也有很多学者指出，美国的粮食援助压低粮食价格，打击农民投资和生产积极性，并且增大了印度对美国粮食援助的依赖。[③]

事实上，粮食援助问题是关系印度发展和民生的重大问题，这其中体现着美印政治精英对印度粮食、农业和发展问题的思考。印度独立后应该走怎样的发展道路？印度的政治精英围绕如何处理农业与工业的关系、如何追求发展并兼顾平等、解决粮食问题与保持社会稳定等问题有着深入的思考与讨论。与此同时，美国政府从自身的政治与经济利益出发，对印度的农业发展政策又有不同的见解。福特基金会作为公益基金会，虽大力支持美国的全球主义外交

---

① Mitchel B. Wallerstein, *Food for War-Food for Peace: United States Food Aid in a Global Context*, Cambridge, Mass: MIT Press, 1980.

② 王慧英：《"剩余品"时代美国的对外粮食援助政策》，《世界历史》2006 年第 2 期，第 12—20 页。

③ 孙培钧：《外"援"在印度造成的经济后果》，《世界知识》1963 年第 14 期，第 12—14 页；孙培钧：《日益严重的印度粮荒》，《世界知识》1964 年第 1 期，第 15—16 页。

政策，但在具体问题上与美国政府既有共同点，亦有分歧点。在与印度农业发展密切相关的几个重要问题上，例如应该如何看待美国的粮食援助？印度应该优先发展工业还是优先发展农业？如何看待粮食价格政策对促进农业发展的作用？如何推进土地改革？福特基金会有着独立的、鲜明的主张，既不完全追随美国政府的政策，亦与印度政治精英的主张有所区别。本章将在梳理印度接受美国粮食援助的时代背景、具体情况以及客观结果的基础之上，围绕上述问题，具体分析福特基金会对于印度农业发展几个核心问题的基本主张，并与美国政府及印度政治精英的看法做一些比较分析。

第一节　美国对印度的粮食援助

一　印度接受美国粮食援助的原因

独立后，印度政府对待国外贸易和援助非常谨慎，尼赫鲁直截了当地指出，英国撤出印度，并不意味着印度自此就获得了真正的独立和自由，因为"在援助和贸易的外衣下，殖民宗主国再次来袭，而第三世界的政治体系尚未做好应战的准备"。[①] 1951 年 5 月 1 日，尼赫鲁总理通过广播向全印人民做演讲，他谈到粮食危机，看到印度在一段时期内还需要外国的粮食帮助。他指出，"我们在（粮食）这样的生活必需品上依赖外国是非常危险的。如果我们总是在这种事情上依赖别的国家，我们所追求的自由将永远不可能实现。只有当我们实现粮食自给自足的时候，我们才可能前进、发展我们的政策。否则，我们将生活在环境带来的无尽压力之下，到处都是困难和苦难，有时还有羞耻与耻辱。"[②]

尽管如此，印巴分治后印度恶劣的经济局势和粮食危机，迫使印度政治精英选择接受外国的粮食援助，甚至将外国的粮食援

---

① C. P. Bhambhri, *Politics in India*, 1947 – 1987, New Delhi: Vikas Pub. House, 1988, pp. 56-57.

② *Staff Memorandum of Information on India Emergency Assistance Act*, Washington: United States Government Printing Office, May 17, 1951, pp. 37-38.

助视为避免粮食危机，节省财政和外汇资源，以及用于工业发展的重要手段。

表 3—1 是 1946—1951 年印度发展资金的来源，从表中数据可见，印度发展需要的资金有将近一半需要以贷款或捐赠的形式从国外获得。据统计，1949 年印度政府背负了 51.49 亿卢比的债务，其中绝大部分是欠英国的，数额达到 39.42 亿卢比。此外，还欠巴基斯坦 2.77 亿卢比，欠锡兰 2 亿卢比，欠美国 1.17 亿卢比。[①]

表 3—1　　　　印度发展所需资金（1946—1951 年）

	卢比	美元
总额	184 亿	38.64 亿
本国可以提供的金额	103 亿	21.63 亿
需要国外提供的金额	81 亿	17.01 亿

资料来源：Staff Memorandum of Information on India Emergency Assistance Act, Washington：United States Government Printing Office, May 17, 1951, p. 11.

1951 年 7 月 9 日，印度计划委员会公布了"一五"计划的草案。"一五"计划草案总预算为 149.292 亿卢比，其中 19.169 亿卢比（12.8%）用于农业发展，45.036 亿卢比（30%）用于灌溉和电力供应。[②] 英联邦咨询委员会（The Commonwealth Consultative Committee）调查显示，印度"一五"计划中第一年财政预算的一半需要外部支援，约合 3.6 亿美元，其余每年平均需要 2.85 亿美元的外部支援。[③]

在财政资金和外汇储备极为有限的情况下，印度的政治精英围绕如何最为有效地利用财政资金存在分歧，一种观点认为应该集中

---

① *Staff Memorandum of Information on India Emergency Assistance Act*, Washington：United States Government Printing Office, May 17, 1951, p. 16.

② S. C. Dube, *India's Changing Villages：Human Factors in Community Development*, London：Routledge and Kegan Paul Ltd, 1958, p. 7.

③ The Committee on Foreign Affairs, Information relating to H. R. 3791, 82nd Congress, 1st Session, Washtington：United States Government Printing Office, 1951.

人力物力提高粮食产量，解决人民的吃饭问题；另一种观点则主张工业强国，从长远来看唯有强大的工业才能确保印度人民的独立和自由。两种观点都有很多支持者，且交锋不相上下，但总的来说，工业强国的观点稍占上风。当时印度财政部部长 C. D. 德希穆克就赞同优先发展工业，他指出国家有大量的事情等着用钱，而国家的资源有限，如果投入大量资金用于农业发展计划，必然引起不必要的争议与质疑。因为农业的发展需要大量资金，而且农业的性质决定了资金投入往往不能立刻得到回报。因此，国家资源应该用在能有立竿见影效果的发展项目上。[①]

对于印度来说，如果要集中国家的有限资源发展工业，同时又要避免发生大规模的饥荒，避免发生社会骚乱与动荡，就必然需要外国的粮食援助。尽管印度的政治精英一再强调在粮食问题上依赖别的国家的危险性，印度最终还是热情拥抱美国的粮食援助，成为冷战期间接受美国粮食援助最多的国家。这既是印度发展局势所迫，也是印度政治精英对农业发展问题的态度所决定的。

二　紧急粮食援助

1950 年印度发生了严重的洪灾，紧接而来发生的地震加剧了洪水带来的灾难，洪水过后的干旱对于农业来说又是另一重巨大打击，在很多地方还发生了严重的蝗灾。这一系列的灾难严重打击了印度的农业生产，导致 1951 年粮食产量较 1950 年减产 550 万吨。[②]

印度的粮食储备无法填补这一巨大的缺口，这就意味着印度面临严峻的粮食危机。1950 年以前，印度就已经有大量人民处于饥饿与半饥饿状态，每年有 1.25 亿人口需要政府粮食补给，其中有4500 万人口完全依靠政府的粮食配给。[③] 1950 年的自然灾害造成了

① Douglas Ensminger, Oral History, Douglas Ensminger Papers (MS 1315), box 1, Manuscripts and Archives, Yale University Library, Oct. 17, 1971.

② Staff Memorandum of Information on India Emergency Assistance Act, Washington: United States Government Printing Office, May 17, 1951, pp. 1-2.

③ House of Representatives, "Assistance to the Republic of India", 82nd Congress, 1st Session, Documents No. 56, Feb. 12, 1951, p. 1.

粮食减产，有更多的人需要政府的粮食补给。政府可用于补给人民的粮食越来越少，于是不得不将粮食配给标准从每人每天 12 盎司减到 9 盎司。这一数字显得有些抽象，具体一些来说，根据社会科学家做过的一个统计，1948 年印度每人每天通过饮食可以获得 1621 个卡路里的热量，这比热带国家通过平衡的饮食应获得的最低卡路里标准低了 20%。而 12 盎司的粮食可以产生的卡路里数约为 1200 卡，9 盎司则只能产生 900 卡。[1] 按照国家粮食配给政策，印度民众每天获得 9 盎司的粮食，这意味着人民处于半饥饿的状态。更糟糕的是，在很多邦粮食分配的过程中，几乎无法保证每人得到 9 盎司的配额，很多人连一半都拿不到。农民、工人、矿工、军人的生活得不到保障，城乡犯罪率在上升，全国各地的工人罢工此起彼伏，社会不安因素在增多。为了避免发生饥荒与社会动乱，印度政府必须竭力保证每人每天 9—12 盎司的粮食配给。根据测算，1951 年印度政府需要 900 万长吨（约为 914 万吨）谷物来满足粮食配给需求，其中有约 600 万吨需要从国外进口。[2] 印度的外汇储备有限，只能从美国、加拿大、澳大利亚、阿根廷、缅甸等国购买 400 万吨的谷物。另外 200 万吨粮食的购买则成了问题，因为印度没有足够的外汇支付这些粮款。

为了减少粮食短缺造成的灾难，印度政府向世界各国提出了粮食援助的请求，包括英联邦国家、美国、苏联和中国。1950 年 12 月 16 日，印度驻美国大使，也即尼赫鲁的妹妹维贾亚拉克西米·潘迪特（Vijayalakshmi Pandit），向美国政府口头上提出请求，希望美国提供 200 万吨的谷物，帮助印度应对这次全国性的饥荒的威胁。事实上，早在 1950 年初，美国国务院就获悉印度粮食生产出现困难，有可能出现饥荒的情况。在接到潘迪特的请求后，国务院调遣人员考察印度粮食需求情况、印度获取粮食援助的渠道、印度偿还的能力以及美国粮食剩余和运输粮食的方式等问题。1951 年 1 月 26 日，参议院外交事务委员会的近东和非洲事务分委员会主席

---

[1]   *Staff Memorandum of Information on India Emergency Assistance Act*, Washington: United States Government Printing Office, May 17, 1951, p. 3.

[2]   1 长吨约等于 1.016 吨。

吉列特（Gillette）与国务院官员共商运输小麦到印度的问题①。1 月
30 日，外交事务委员会的 10 名成员和另外 14 名参议员致信杜鲁门
总统，提出对印度提供粮食援助是与美国的利益和传统政策相符合
的行为。2 月 6 日，杜鲁门总统和这 24 人讨论了印度的粮食情况和
美国的应对方略。② 2 月 8 日，印度政府以书面形式向美国政府提交
了请求粮食援助的正式公文，请求美国帮助印度获得 200 万吨的粮
食，并且请求尽量少附加条件。③ 接到印度的请求后，杜鲁门总统
于 2 月 12 日致电众议院，要求正式立案讨论对印度进行紧急粮食
援助：

> 我们不可以对印度的请求视而不见……印度人民满腔热忱
> 尝试建立一个拥有代议制政府和民主制度的统一的独立的民族
> 国家。正如很多其他刚赢得独立的国家那样，印度面临重重艰
> 难险阻——如今，这种困难局面更加剧了，这是由于共产党人
> 的帝国主义（Communist Imperialism）咄咄逼人的扩张势力在亚
> 洲引起的危机。当前的粮食危机，如果我们听任其发展下去，
> 无疑会加剧这些困难、威胁印度的稳定局面。帮助维持和加强
> 印度的民主制度，对自由世界而言意义重大。印度拥有大约
> 3.5 亿人口，有着重要的矿产资源。印度的持续稳定对亚洲未
> 来自由秩序而言非同小可。在我看来，印度政府与美国政府，
> 在关于可能造成侵略行为和确保亚洲和平的行为问题上，存在
> 重要的政治分歧。尽管如此，这些分歧不应当阻碍我们回应印
> 度人民的需求。决不能让这些分歧使我们偏离了乐于帮助遭受
> 苦难人民的传统……我们要用建设性的行动来改善人民的生

① The Committee on Foreign Relations, Report for the Senate, Emergency Food Aid to India, Report No. 297, 1st Session, Printed on April 26, 1951.

② The Committee on Foreign Affairs, India Emergency Assistance Act of 1951, 82nd Congress, 1st Session, House Report No. 373, Washington: United States Government Printing Office, 1951.

③ The Committee on Foreign Affairs, Information relating to H. R. 3791, 82nd Congress, 1st Session, Washington: United States Government Printing Office, 1951.

活，以此击破共产主义帝国主义的那些无法兑现的承诺。①

　　杜鲁门还指出，印度政府的外汇储备有限，致使无法在短时间内支付现金购买这 200 万吨的谷物。杜鲁门建议先向印度赠予一部分谷物，只要求印度支付运输费用，之后再考虑以合适的价格向印度出售剩余的谷物。杜鲁门指出，如果紧急援助法案通过，将派遣一个经济合作调查团（Economic Cooperation Administration）到印度，监督粮食分配的情况，具体调查印度粮食需求情况，并确保印度政府出售粮食获得的资金用于发展。②

　　1951 年 2 月 15 日，新泽西州参议员史密斯提出了对印度紧急粮食援助的提案，提案建议可以立刻为印度提供 200 万吨的粮食援助，甚至可以全部以赠予的形式给予印度。提案提出后，外交事务委员会收到来自美国民众的大量来信，部分来信表示美国应该作为民主世界的领导人去帮助新成立的民主国家，因为帮助危急时刻的印度，正好可以彰显美国的自由和民主思想。③ 当然，也有少数信件反对援助印度，一些位高权重的政治家甚至提议，"印度要享用美国提供的小麦，必须让中学生每天向美国的国旗致敬"。④

　　美国政府愿意以赠予的形式为印度提供粮食援助的消息传到了印度。印度媒体对美国的赠予保持高度警惕，怀疑美国一定是怀着私心给予印度小麦，一定会附加政治条件。对此，印度总理尼赫鲁在接受美国《星期六文学评论》（*Saturday Review of Literature*）编辑诺曼·卡曾斯（Norman Cousins）采访中表态：

---

　　① House of Representatives, "Assistance to the Republic of India", 82nd Congress, 1st Session, Documents No. 56, Feb. 12, 1951, pp. 2-3.

　　② Ibid..

　　③ The Committee on Foreign Relations, Report for the Senate, Emergency Food Aid to India, Report No. 297, 1st Session, Printed on Apr. 26, 1951.

　　④ 时任福特基金会会长的保罗·霍夫曼在旧金山"汽车公司老前辈协会"（Automobile Old Timers Association）的午餐会上发表演讲，援引并批评了这些政治家的提议，指出这些政治家在国际事务上显得很不成熟，他认为美国要在远东地区击退共产主义者，就必须加深对那里的人民的宗教和哲学的理解。参见 "U. S. Approach to India and Asia: Mr. Hoffman's Call for Greater Understanding", *The Times of India*, Jan. 7, 1952。

　　圣雄甘地教导我们，必须要学会自力更生。过度依赖外部援助意味着我们不能很好地成长起来，不能变得更强大。这些都是对的。但是，在粮食问题上，我们需要它，我们急迫地需要它。我们正面临一场非常严峻的危机。也许我们可以高声大喊我们需要粮食，但是我们没有这样做，我们不会大喊。但是事实是我们非常迫切地需要粮食。我们非常乐于接受美国国会做出的决定，那就是一大批小麦将运抵印度，我们热切地期待着。①

　　与此同时，尼赫鲁嘱咐他的妹妹贾亚拉克西米·潘迪特，务必要警惕美国通过粮食援助向印度施加政治压力。

　　美国对外国的帮助常常带有政治诉求，希腊和韩国就是最好的例子……在对待美国财政帮助时我们需要小心。美国倾向于将受援国视作其客户，要求他们跟着美国的大政方针走。这对我们而言是个警示。你在美国不要跟任何人提起这些话，但是一定时刻牢记这一点。②

　　不久，美国政府正式提出，可以以赠予的方式为印度提供小麦，但是要派遣专家团队监督印度的粮食分配和出售粮食获得的资金使用。此时，尼赫鲁向美国驻印度大使提出抗议。他表示美国的做法可能会严重影响到美印关系。印度可以在粮食分配上接受他国专家的建议和帮助，但是绝对不允许其他国家的专家团队凌驾于印度政府之上监督粮食的分配，更不允许外国专家插手印度资金使用和发展计划的制订，尤其是出售从美国以外国家购得粮食所获得的

---

① The Committee on Foreign Affairs, Staff Memorandum, Additional Information on H. R. 3017, India Emergency Assistance Act of 1951, 82nd Congress, 1st Session, Washtington: United States Government Printing Office, 1951.

② Jawaharlal Nehru, "to Vijayalakshmi Pandit", May 9, 1950, in *Selected Works of Jawaharlal Nehru*, Series 2, Vol. 14, Part II, New Delhi: Jawaharlal Nehru Memorial Fund, Teen Murti House, 1993, p. 379.

资金。①

此时，印度争取到了苏联和中国的粮食援助，使得与美国交涉的时候更有底气。1951 年 5 月 10 日，苏联同意为印度提供 5 万吨粮食，以现金结算。6 月 22 日，印苏签订协议，苏联再为印度提供 10 万吨小麦。相应地，印度为苏联提供黄麻、茶等商品。尼赫鲁同意了苏联的条件，从巴基斯坦购买了 4000 吨黄麻提供给苏联。尼赫鲁也获得到了中国的支持。5 月 26 日，中印签订协议，中国为印度提供 10 万公吨的水稻，现金支付，价格公道，尼赫鲁对此深表感谢。②

1951 年 6 月初，美国国会几经讨论、修订，终于通过了"对印度紧急粮食援助法案"（India Emergency Food Aid Act of 1951）。国会授权美国总统为印度提供 4750 万美元赠予，同时提供 4750 万美元的贷款，用于从美国购买 100 万吨粮食以缓解印度的饥荒；1952 财政年度，再提供 9500 万美元（一半赠予一半贷款）用于对印度饥荒的进一步帮助。③

法案规定，截至 1957 年 1 月 1 日，印度政府如若有能力偿还在这一法案之下产生的债务，还款将设为政府专项资金，用于以下特殊用途：资助印度籍学生、学者、技术人员在美国学习、参与技术培训或其他教育类活动；在印度政府许可的情况下，美国籍的学生、学者、技术人员赴印度从事类似的教育活动；购买和运送美国科学、技术、学术类书籍及实验器材到印度的高等教育和研究机构；从印度购置此类科研设施到美国。④

---

① "Food for India from the United States", in *Selected Works of Jawaharlal Nehru*, Series 2, Vol. 16, Part I, New Delhi: Jawaharlal Nehru Memorial Fund, Teen Murti House, 1994, pp. 71-72.

② Jawaharlal Nehru, "Cable to S. Radhakrisshnam", in *Selected Works of Jawaharlal Nehru*, Series 2, Vol. 16, Part I, New Delhi: Jawaharlal Nehru Memorial Fund, Teen Murti House, 1994, pp. 70-71.

③ Gillette, from the Committee on Foreign Relations, Report for the Senate, Emergency Food Aid to India, Report No. 297, 1st Session, Printed on Apr. 26, 1951.

④ House of Representative, Conference Report, Emergency Food Aid to India, 82nd Congress, 1st Session, Printed on June 5, 1951.

与此同时，"对印度紧急粮食援助法案"对印度提出了战略物资上的要求：

美国将会为印度提供非常宝贵的物资……我们会投入很多力气，包括运送这批物资都由我们来想办法实现。这不是一件轻而易举的事情①。我们相信，印度政府明白这一点，我们有理由期待，印度政府会尽全力帮助运输对美国而言至关重要的物资到美国。就目前而言，印度政府在这方面的表现和以往的记录都很好。我们希望将来可以做得更好。我们真诚地希望，不会因为在这些问题上伤了感情，阻碍了粮食援助法案的通过。②

法案中详细列举了美国需要的战略物资。首先是独居石（Monazite Sands），独居石可以分解合成钍和一种稀土。钍可以成为研发核武器的原材料，当时美国还尚未将钍运用到武器生产上，但是正在从科研层面上积极探索钍的使用。稀土在武器制造和军事方面更是一种应用广泛的原料。1946 年印度禁止独居石出口，独立后根据"印度原子能源法案"（Indian Atomic Energy Act）禁止出口独居石。美国只得从巴西进口替代能源。1951 年 1 月，巴西禁止对私人出售该替代能源，而美国政府和巴西政府之间尚未签订任何该能源的购买协定，美国的很多私有制造商因此面临资源短缺的困境。美国外交事务委员会向印度政府施压，希望印度政府能在短期内向美国出口独居石。其次，美国每年从印度进口大量黄麻和黄麻制品。美国麻袋制造商的原材料 80% 来自印度。印度政府设置了黄麻出口限额，加之印巴冲突，造成印度加尔各答的麻袋加工厂无法及时获得

---

① 朝鲜战争爆发后，运输粮食的费用不断上升，找到运输的船只比从国外争取粮食援助更难。参见 "Ships for Import of Foodgrains", Feb. 28, 1951, in *Selected Works of Jawaharlal Nehru*, Series 2, Vol. 15, Part II, New Delhi: Jawaharlal Nehru Memorial Fund, Teen Murti House, 1993, p. 37。

② The Committee on Foreign Affairs, India Emergency Assistance Act of 1951, A Bill To Furnish Emergency Food Relief Assistance to India, 82nd Congress, 1st Session, House Report No. 185, Washington: United States Government Printing Office, 1951, p. 28.

来自巴基斯坦的黄麻供应，导致每年运送到美国的黄麻和麻袋供不应求。美国国务院批评印度政府制定黄麻出口限额并且征收过高出口税的做法。再次，美国还希望从印度运回锰矿石（Manganese）、云母（Mica）、蓝晶石（Cyanite）和铬（Chrome）、绿宝石（beryl）。印度政府对上述物质的出口也有严格限制。[①] 据统计，1950 年印度出口到全世界的黄麻及黄麻制成品、蓝晶石、铬铁矿、云母、锰矿石价值 346509620 美元，其中，出口到美国的部分就占了 101268885 美元。1949 年美国从印度进口了 383217 吨锰，1950 年在美国的要求下，印度向美国出口的锰增加到 585971 吨。美国议员们看到，过去美国的锰主要是从俄国进口，现如今印度是美国主要的锰矿石供应地。如果印度停止向美国出口锰，美国的军事和工业将会受到严重打击。[②]

对于美国在战略物资方面提出的要求，尼赫鲁最初坚决拒绝，抗议美国将粮食当作武器，表示印度已经做好了大规模饥荒的心理准备。但是，印度国内粮食短缺的形势，迫使尼赫鲁不得不做出必要的让步。尼赫鲁最终接受了美国援助的粮食，同意了美国在物资上的许多要求，向美国提供 400 吨的绿宝石以及其他物资，但没有放宽独居石的出口限制。[③]

三　第 480 号公法

除了紧急粮食援助，美国还通过第 480 号公法向印度提供大量的低价粮食，这其中自然有一定的人道主义的关怀，但更重要的是利益考量，即解决美国国内农产品过剩的问题，以及服务于美国的外交政策与利益诉求。

第一次世界大战期间，美国工农业产值保持高速增长，同时大

---

① The Committee on Foreign Relations, Report for the Senate, Emergency Food Aid to India, Report No. 297, 1st Session, Printed on April 26, 1951.

② The Committee on Foreign Affairs, India Emergency Assistance Act of 1951, A Bill To Furnish Emergency Food Relief Assistance to India, 82nd Congress, 1st Session, House Report No. 185, Washington: United States Government Printing Office, 1951, p. 27.

③ "Food Assistance from the United States", in Selected Works of Jawaharlal Nehru, Part I, New Delhi: Jawaharlal Nehru Memorial Fund, Teen Murti House, Series 2, Vol. 16, 1994, p. 89.

量的农产品剩余输送到物资短缺的参战国。随着战争的结束，美国对外农产品贸易的渠道减少了，为了解决农产品过剩的问题，罗斯福政府出台了《农业调整法》，限制耕地面积并控制产量。同时，政府还成立了了商品信贷公司（Commodity Credit Corporation，简称CCC），由政府出资购买农场主手中的剩余农产品。罗斯福的政策起到了一定作用，但是真正解决了粮食过剩危机的是二战的爆发。在二战期间，美国将大批的粮食运往参战国，同时有意抬高粮食价格，刺激粮食生产的热情。二战结束后，美国再次面临农产品过剩的问题。如果不能恰当地处理这一问题，将会直接危害到大农场主的利益，对美国的经济来说也将引起很多不利影响。为此，美国政府采取了一系列的措施，包括限制粮食产量、鼓励国内消费、补贴农产品出口，以及通过对外援助向国外输出剩余农产品。美国通过马歇尔计划向欧洲输送了大约价值45亿美元的农产品。这批粮食，不仅为物资短缺的欧洲人民提供了帮助，更在一定程度上缓解了美国国内农产品过剩的问题。随着欧洲工农业的复兴，美国需要新的渠道出售剩余农产品。①

艾森豪威尔政府对第三世界国家的外交政策可以概括为"贸易而非援助"，包括国务卿杜勒斯在内的很多政府要员，担心粮食援助会影响美国的出口贸易。但是，美国国内农产品的大量剩余，迫使很多农场主不断地向国会施加压力。据统计，1952年美国小麦库存量为700万公吨，粗粮（大麦、燕麦、玉米、蜀黍和黑麦）的库存量为1850万公吨。1953—1955年间，这两项的年平均数分别猛增为1930万公吨和2750万公吨，增幅分别约为276%和149%。②美国政府采取了抑制粮食产量的措施，1940—1961年间，美国耕种面积减少了10%，将近3600万英亩，农业就业劳动力减少大约2/5，即便如此农业产量仍然增加了56%。③

① 王慧英：《"剩余品"时代美国的对外粮食援助政策》，《世界历史》2006年第2期，第12—20页。

② 同上。

③ ［美］西奥多·舒尔茨：《改造传统农业》，梁小民译，商务印书馆2006年版，第19—20页。

　　在农场主的压力下，国会讨论并通过了对外粮食援助的提案。1954年7月10日，艾森豪威尔总统签署了农业贸易发展援助法案（Agrilutural Trade Development Assistance Act），也即"第480号公法"。第480号公法规定，受援国可以使用本国货币用于购买美国的粮食，而这些货币在通常情况下是不可以兑换成美元的。此外，美国为"友善"的国家提供粮食产品（见图3—1），以应付紧急情况下的粮食需求。美国允许非营利的救灾机构来分发救援粮食，并且允许受援国提供战略物资，通过以货易货的形式换取美国的粮食救助。国会明确说明了第480号公法的目标：其一，促进美国农业经济的稳定；其二，扩大美国农产品的国际贸易量；其三，帮助友好的国家的经济发展；其四，增强自由世界的总体力量。

　　在第480号公法和美国共同安全法案之下，美国将大批的剩余

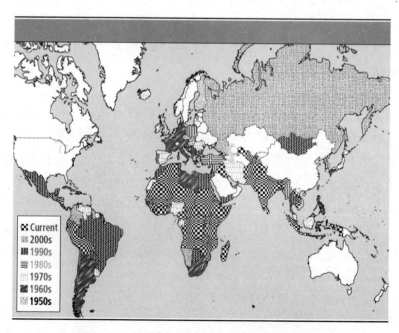

图3—1　接受第480号公法粮食援助的国家

资料来源："Celebrating Food for Peace：1954-2004", U. S. Agency for International Development, http://pdf. usaid. gov/pdf_ docs/PDABZ818. pdf.

粮食运到国外。据统计，在 20 世纪 50 年代末，有 40% 的农产品出口是通过粮食援助的形式运输到海外的。从 1954 年 7 月 1 日到 1959 年 7 月 1 日，美国在第 480 号公法之下，先后与 38 个国家签订了 150 多份粮食援助协定，允许这 38 个受援国使用本国货币购买美国的粮食。这些粮食援助协定的援助总额达 37 亿美元，其中，接受粮食援助最多的国家是印度，其次是西班牙、南斯拉夫、巴基斯坦和土耳其。[①]

第 480 号公法的出台，一方面帮助美国解决了农产品剩余的问题；另一方面，粮食成为美国的重要外交工具。饥荒救助，既可以体现美国人道主义的关怀和理想主义的外交传统，更可以作为政治的工具，支持"自由""民主"的国家，遏制共产主义的扩张态势。正如艾森豪威尔所说，"对于在自由世界建立和维持长久的和平而言，粮食是一个极其强大的工具"。[②]

另外，印度政府对美国的粮食援助有所疑虑，但是由于国内粮食产量不足，人口迅速增长，印度不得不大规模接受美国的粮食。印度独立初期，粮食生产增长缓慢。1950—1951 年印度粮食产量为 5080 万吨，此后印度粮食产量增长速度很慢。1953—1962 年期间，印度粮食增产不到 15%，而同期的人口增长率却在 20% 以上。[③]

表 3—2　　　　印度粮食生产情况（1953—1963 年）

（7 月到下年 6 月的农业年度）	粮食产量（万吨）
1953—1954	6982
1954—1955	6803
1955—1956	6685
1956—1957	6985

①　Willard W. Cochrane, "Public Law 480 and Related Programs", *Annals of the American Academy of Political and Social Science*, Vol. 331, Sept., 1960, pp. 14-19.

②　"Celebrating Food for Peace: 1954-2004", U. S. Agency for International Development, http: //pdf. usaid. gov/pdf_ docs/PDABZ818. pdf.

③　孙培钧：《日益严重的印度粮荒》，《世界知识》1964 年第 1 期，第 15—16 页。

续表

（7月到下年6月的农业年度）	粮食产量（万吨）
1957—1958	6431
1958—1959	7732
1959—1960	7592
1960—1961	8097
1961—1962	7982
1962—1963	7750

资料来源：孙培钧：《日益严重的印度粮荒》，《世界知识》1964年第1期，第15—16页。

印度国内围绕是否应该接受美国的粮食援助，也有犹豫和争论，最终主张接受粮食援助的一方意见占了上风。他们认为，接受美国粮食援助好处多多，一方面可以避免粮食危机，另一方面政府还节省了外汇，政府还可以从销售粮食中赚钱，用以发展，关键是粮食价格可以保持在一个很低的水平，这样可以避免高粮价可能引发的社会问题。

因此，从1956年开始，印度接受美国第480号公法的粮食贷款，从美国购买了大量的粮食。从1956年8月到1963年9月，美印之间共签订了8项农产品贷款协定，总值24.386亿美元。印度使用这些贷款购买了美国2900余万吨粮食和大量原棉。这期间，印度进口粮食的90%来自美国。印度成为接受第480号公法粮食援助最多的国家，同时也成为美国倾销剩余农产品的最大海外市场。①

肯尼迪上台后进一步强调了第480号公法的重要性。他强调"粮食就是力量，粮食就是和平，粮食就是自由，粮食是我们伸向世界各地人民的橄榄枝，我们需要他们的善意与友谊"。② 肯尼迪还将第480号公法更名为"粮食换和平计划"，并成立"粮食换和平委员会"，提供粮食援助咨询。不仅如此，肯尼迪政府更加重视粮

① 孙培钧：《日益严重的印度粮荒》，《世界知识》1964年第1期，第15—16页。
② "Celebrating Food for Peace: 1954-2004", U. S. Agency for International Development, http: //pdf. usaid. gov/pdf_ docs/PDABZ818. pdf.

食换和平计划，还积极联合位于罗马的粮食农业组织，开展国际多边粮食援助。在肯尼迪的推动下，1961 年 12 月联合国大会通过了"世界粮食计划"（World Food Program）。如果说艾森豪威尔政府的粮食援助政策最主要的目的是解决国内农产品剩余的问题，那么，肯尼迪和约翰逊时期的粮食援助，主要发挥的是外交的功能。

　　20 世纪 60 年代中期，印度政治精英意识到，印度在粮食问题上过度地依赖外国，这将使得印度在内政外交上受制于人。1964 年5 月尼赫鲁总理去世，夏斯特里接任总理之职，他宣布新政府的内外政策延续尼赫鲁时期的基本政策与方向。与此同时，夏斯特里指出"二五"和"三五"计划过分强调重工业，投入大量资金发展重工业导致印度外汇短缺，过多依赖外国援助，对农业和轻工业资金的投入不足，造成粮食紧缺、物价上涨等社会问题。夏斯特里认为，应当适当调整发展资金的分配，将农业和粮食生产放在第一位。他任命 C. S. 苏布拉马尼亚（C. S. Subramanian）担任粮食与农业部部长，令其制订一项迅速提高粮食产量的方案。[①]

　　苏布拉马尼亚启用印度经济学家和国外的专家，共同研讨印度农业状况和粮食生产的困境。他们看到，过去印度农业发展的基本思路是通过温和的土地改革、农业合作社等途径促进粮食产量的提高，同时，由政府干预粮食分配，并通过美国第 480 号公法的粮食援助，保证城市地区获得便宜的粮食。事实证明，这种方法不利于提高粮食产量。苏布拉马尼亚在外国专家的建议下，制订了一项新的粮食增产方案。这套新的粮食增产方案，借鉴了福特基金会提出的农业精耕县的发展理念，主张通过使用高产种子和现代农业耕作技术提高粮食产量。[②]

　　苏布拉马尼亚向内阁和计划委员会成员说明了农业新战略的基本发展思路，让他们基本接受了这一新的发展战略。1965 年 9 月，农业与粮食部向最高经济决策机构国家开发委员会提出《第四个五

---

　　① 林承节：《印度独立后的政治经济社会发展史》，昆仑出版社 2003 年版，第270—274 页。

　　② "Subramaniam Confident of Achieving Acreage Target: Hopes of Breakthrough in Food Self-Sufficiency", *The Times of India*, Dec. 7, 1966.

年计划的农业生产：战略和计划》。该计划绕过了农村土地关系和种姓制度的问题，提出通过引进科学技术来实现粮食增产的方案。其主要内容包括，在一部分雨量充足、灌溉条件较好的地区加大现代农业技术和资金投入，使用高产作物品种和化肥，实现粮食迅速增长。这套方案表明，印度政府准备将粮食生产放在发展的首位，并准备调整农业发展策略；准备通过提高粮价的方式刺激农民采取新技术、鼓励生产化肥，以期促进粮食产量的迅速提高。[①]

20 世纪 60 年代中期，印度粮食产量不增反减。在人口迅速增长的情况下，再次出现粮食供不应求的局面。很多商人开始囤积粮食，造成粮食价格的迅速上升。此时，"大米成为罕见商品，其它食品也在市场上绝迹。排队购粮的妇女倒地即亡，在平价粮店也有人被挤死"。[②] 1965 年和 1966 年，印度遭遇了严重的干旱，粮食减产 1700 万吨。这样一来，全印度绝大部分地区都成了严重的饥荒区。在此情况下，英·甘地总理向美国提出粮食援助的请求，希望签订为期 2 年的 1400 万吨的粮食援助协定。然而，约翰逊政府并没有答应印度的粮食援助请求。鲍尔斯在回忆录中记录了当时的情况：

> 白宫或国务院的高级人员对印度的困境知之甚少。我们不仅没有得到具体的承诺和运送粮食的时间表；我们还得挡开用意良好但很不合适的解决印度农业问题的"办法"，那些"办法"只会增加我们的困难。例如，我在 7 月专门去华盛顿讨论印度粮食情况时，听到农业部未经同我商谈，就向总统建议立即向印度派遣美国农业部 1000 名推广人员，对印度耕作者介绍"美国的窍门"。更坏的是，我听说总统对这个想法很感兴趣，可能予以批准。
>
> 只要想一想 1000 名美国"专家"成群结队地迁移的情景：

---

① "Subramaniam Confident of Achieving Acreage Target: Hopes of Breakthrough in Food Self-Sufficiency", *The Times of India*, Dec. 7, 1966.

② 文富德：《论印度的粮食问题》，《南亚研究季刊》1994 年第 1 期，第 26—37 页。

大多数人开始时很少或完全不了解亚洲的特殊农业问题，突然带着 950 名妻子、2500 名孩子、3000 只空气调节器、1000 辆吉普车、1000 只电冰箱（许多是无法使用的）、800 或 900 条狗、2000 或 3000 只猫，这真是太可怕了。

……几天以后，在一次同总统的长谈中，我指出国会已经通过了"粮食用于和平法案"，印度政府迅速增加本国生产的计划也符合我们的期望……我们现在需要作出关于运送粮食的具体数量和日期的承诺，使印度能在更可靠的基础上制定它的庞大的全国配给计划。

使我宽慰的是，总统立即召集了两党约 30 名参议员到白宫开会，我也参加了，我听到总统为人类正义做了一次最雄辩的呼吁……美国是一个拥有大量粮食储备的幸运的国家。我们是大方的人民，乐于分担世界的负担。参议院是否愿意支持运送粮食以帮助印度渡过目前的困难？这个呼吁没有按照冷战方式诉诸对共产主义的恐惧，没有要求争取印度支持我们的政治立场或其它政治策略……第二天，总统召集了 60 名众议员举行类似的集会。他再一次根据美国非常优良的大方与民主的传统，非凡有效地提出了这个问题。他的呼吁富有说服力，甚至那些可能会采取否定立场的人都开始点头了。

既然国会已经对他的呼吁作出赞同的反应，我们认为总统将指示国务院、国际开发署和农业部开始运粮的工作。相反，他却表现得拖拖拉拉，这是我至今不能理解的。他亲自负责这个计划，采取了在华盛顿被称为"拉紧拴绳"办法，即压住对下一次装运粮食的批准，直到最后一分钟才予放行。①

约翰逊政府决定减少对印度的粮食援助，理由是印度在越南问题上指手画脚，让美国的国会议员们深感不满。再有就是，印度依靠美国粮食来避免饥荒，却集中财政资源重点发展国营炼钢厂的做

---

① ［美］切斯特·鲍尔斯：《鲍尔斯回忆录》，上海《国际问题资料》编辑组译，上海人民出版社 1974 年版，第 310—312 页。

法，让美国的政治精英们十分不快。1965 年 7 月，约翰逊政府为印度提供了 2 个月的临时粮食援助，仅有 100 万吨。9 月下旬，约翰逊与印度达成过渡性协定，为印度提供 50 万吨的临时粮食援助，并缔结了为期一年、450 万吨的粮食援助协定。①

约翰逊总统强调粮食援助的政治意义，希望通过粮食援助形成一个能够有效控制和影响第三世界国家的机制。1966 年 11 月 12 日，约翰逊总统正式签署《粮食用于自由》法案，从此，"粮食换自由" 代替了 "粮食换和平"。

一方面，约翰逊政府采取 "拉紧拴绳" 的政策控制对印度的粮食援助，并派遣美国专家监督印度粮食分配机制。另一方面，约翰逊政府向印度施加压力，要求印度进行农业发展政策改革。与此同时，世界银行也向印度施压，要求印度政府必须开始包括贸易自由化改革在内的经济改革，否则世界银行无法为印度提供贷款。1965 年 11 月，印美两国农业部部长在罗马进行秘密会谈，奥威尔·弗里曼（Orville Freeman）和苏布拉马尼亚签订了《罗马协定》。根据《罗马协定》，印度将实行农业新战略，美国将提供资金和技术支持印度的农业新战略，同时，印度必须放松政府管制，并在外国私人公司设厂等方面做出了让步。《罗马协定》签署后，约翰逊政府为印度提供了 150 万吨的紧急粮食援助，同时为印度提供 5000 万美元贷款，用于从美国进口化肥。②

1966 年 1 月 24 日，尼赫鲁的女儿英迪拉·甘地在选举中胜出，出任印度总理。1966 年 3 月，第三个五年计划到期，英·甘地宣布暂停实行下一个五年计划。她准备针对经济中存在的问题进行调整和改革。她亲自主持制订 1966—1967 年度发展计划，削减政府对国营部门的投资。她提出，除了正在实施的大型工程以外，国家将不再投资新的大型工程，将发展的重心放在增加农业产值、应对粮食危机上。英·甘地正式启动了农业新战略，在旁遮普、哈里亚纳邦和北方邦西部地区，选择了 114 个灌溉和耕作条件好的县，大规

---

① *FRUS*, Washington: United States Government Printing office, Vol. 25, 1964–1968, pp. 258–262.

② Ibid..

模使用高产种子、化肥、农药和农业机械，通过技术投入和价格刺激的方式，促进这些地区粮食单位面积产量的迅速提高。[①] 农业新战略的目标是，在 1971 年之前，在全国 12% 的良田上使用高产种子，并实施精耕计划，促使粮食产量从 1964—1965 年度的 9000 万吨，增加到 1970—1971 年度的 1.25 亿吨。[②]

在英·甘地正式宣布实施农业新战略之后，美国官方援助、福特基金会、国际机构纷纷给予印度的农业新战略极大支持。他们大力促进农业新战略的推广，并称这是一场"绿色革命"，以与共产主义"红色革命"和巴列维的"白色革命"相区别。1966 年 5 月，美国同意向印度提供 350 万吨的粮食援助，世界银行也同意为印度提供 12 亿美元的援助，但是援助附带了苛刻的附加条件，印度必须放松进口控制、放宽对外国投资的限制等，并同意卢比贬值 36.5%。[③]

总的来说，印度自独立后到 1971 年间获得了大量的粮食援助，包括紧急粮食援助和第 480 号公法的粮食援助。粮食援助帮助印度避免了大规模的饥荒，并在一定程度上防止了印度粮食产量不足可能引发的社会动荡。但是，美国的粮食援助也附加了种种条件，包括战略资源的诉求以及政治经济方面的要求。印度尽管百般不愿，但还是被迫接受了美国提出的很多要求。可以说，过度依赖外国粮食援助，并不能从根本上解决农业生产滞后的问题，而在粮食这种重要战略物资上依赖他国，使得印度很难在内政外交上保持真正的独立自主。而之所以在粮食问题上陷入被动局面，主要原因是印度政治精英对于农业发展的战略定位与发展策略存在局限性，这主要体现在围绕工业立国还是农业立国的发展道路争论，以及关于粮食价格和土地改革措施的相关政策主张。

---

① 林承节：《印度独立后的政治经济社会发展史》，昆仑出版社 2003 年版，第 290—293 页。

② "Subramaniam Confident of Achieving Acreage Target: Hopes of Breakthrough in Food Self-Sufficiency", *The Times of India*, Dec. 7, 1966.

③ Francine R. Frankel, *India's Political Economy*, 1947-1977: *the Gradual Revolution*, Princeton University Press, 1978, pp. 269-298.

第二节 如何看待农业发展的重要性

印度是一个饥荒频发的国家，据统计，1803—1943 年的 140 年间，印度发生了 21 次饥荒，平均每 6.7 年就有一次饥荒，其中仅 1900 年一年就发生了四次饥荒。[①] 每次发生大的饥荒，都会有数百万的农民活活饿死。印度民族主义精英将饥荒频发的原因归结于英帝国的殖民压榨，推翻殖民统治成为解决饥荒的必由之路。然而，饥荒并不会随着印度的政治独立而解决，如何顺利地解决饥荒，实现人民的真正独立与富足，成为摆在独立后印度政治精英面前的首要议题。

一 饥荒的原因

殖民统治给印度带来了太多的苦难，不仅仅是大量财富的外流，更为深远的影响则在于殖民者在印度建立起来的制度，突出反映为文官制度、税收制度和土地制度。客观地说，这些建立在现代法制与理性原则之上的制度，既有积极的建设性作用，亦有毁灭性的作用。然而，对于印度广大农村地区来说，毁灭性的作用远远大于建设性的作用，这些现代制度不但没有构建一个新的世界，反而毁灭了传统村庄的自给自足与内部平衡。

印度著名社会学家 A. R. 德赛（A. R. Desai）指出，英国人在印度建立起一套可以触及农村和边远部落的行政机构，它极大影响了传统自给自足村庄的权力结构。传统结构基于种姓规定之上，种姓制度保持村庄内部的平衡，保护村庄不受城市的商人阶级、高利贷者等的影响。英国建立起来的文官制度触及所有村庄乃至每个家庭，夺取村委会和种姓委员会的政治权力，代之以新的权力组织。英国的政治和行政框架，冲击了维系村庄平衡的机制，农民和村社

---

① The Committee on Foreign Affairs, Staff Memorandum, Additional Information on H. R. 3017, India Emergency Assistance Act of 1951, 82nd Congress, 1st Session, Washington: United States Government Printing Office, 1951.

中其他阶层的人之间的平衡被打破，村社的经济、政治和社会的孤立也被粉碎了。村社不仅失去了其隔绝的处境，还被带入了一个更大世界。此外，殖民者引入新的税收制度，实行现金税，以预计土地生产力而非实际产出值为依据收税，个人交税而非村庄集体交税。土地成为私有财产，税收责任固定化，柴明达尔从收税者变成地主。①

正如 A. R. 德赛概括总结的那样，英国殖民者建立起来了行政制度和地税制度，并通过这些制度对农村进行了严苛的压榨，与此同时，英国殖民者很少担负起建设农村的责任。印度是个自然灾害频发的国家，殖民政府却很少采取措施提高农村抵御自然灾害的能力，这成为印度饥荒频发的原因。

东印度公司统治印度时期，通过极其严苛的地税制度盘剥印度人民。东印度公司相信只有世界中心地区的工业进步才是真正的发展。印度政治制度腐朽，人民愚昧无知，不可能实现发展。因此，需要东印度公司对其进行"托管"，由东印度公司代替印度人民管理印度。② 这种所谓的"托管"，实际上是将印度当作一个种植场，无情地占有印度土地上的全部产出，只给耕种者和地主阶级留下勉强能够糊口的产物。

为了便于剥削，东印度公司进行了土地改革和税制改革。从 18 世纪末期到 19 世纪 20 年代，东印度公司先后在孟加拉、奥利萨、比哈尔等地实行柴明达尔制，在孟买和马德拉斯管区的大部分地区实行莱特瓦尔制，在西北印度实行玛扎瓦尔制。柴明达尔制度让印度的有地农民丧失了地权，成为佃户。莱特瓦尔制保留了农民的土地所有权，但是规定了极高比例的地税。东印度公司通过严苛的地税制度确保了相对稳定的土地税收入。不仅如此，这些措施还让印度变成了英国的商品市场和原材料产地，大肆破坏了印度农

---

① A. R. Desai, *India's Path of Development*, *A Marxist Approach*, Bombay: Popular Prakashan, 1984, pp. 137–145.

② M. Cowen and R. Shenton, "The Invention of Development", in Stuart Corbridge ed., *Development: Critical Concepts in the Social Sciences*, London and New York: Routledge, 2000, pp. 29–43.

业的自然经济性质，极大增加其商业性质。这些都使得印度的农民生活极度贫苦。①

1858 年大起义以后，英王直接统治印度。一些殖民官员提出，应在剥削印度的同时，促进农业的繁荣，以便获得更长期更丰富的财富。例如，卢加德在尼日利亚的殖民实践的基础上提出殖民统治具有"双重责任"，即对殖民地人民的责任和对外部世界的责任，对殖民地人民要推动其物质、精神的进步，最后达到自治的能力；对外部则要开发殖民地，寻求其进入世界市场的办法。他指出英帝国有责任"在不同层面实现自由和自身发展，让所有人在英国旗帜下感受他们自身的利益和宗教"。②

殖民官员坎宁勋爵、劳伦斯勋爵等人主张，殖民统治固然要服务于英国的利益，但应该通过让印度人受益的方式来实现。在农业方面，他们主张确定永久性赋额，以有利于农民和整个国家，而不仅仅有利于地主阶级。萨利斯伯里侯爵则提出，应该从富裕的城市地区获取尽可能多的税收，而不应该将沉重的税收负担压向最贫穷的农民。③

但是殖民官员中的保守派则坚持，殖民统治唯一的目的是实现英国人的利益。他们要求反复进行土地整理，不断增加田赋。李朋总督提出了折中方案，他提出在物价上涨的情况下，国家有权增加田赋。他一方面向农民保证，除非物价上涨，田赋绝不增加；另一方面向国家保证，如果物价证明全国繁荣程度增高，国家就要增加田赋。这种做法既没有得罪保守派，同时又保障了印度田赋的基本稳定。可惜，1884 年李朋总督离开印度，印度再一次面临变化不定的严苛赋税的折磨。④

在自然灾害和沉重的赋税压力之下，印度的农民过着困难的生

---

① 林承节：《十九世纪末二十世纪初的印度农民问题与小资产阶级民主派的态度》，《南亚研究》1984 年第 1 期，第 28—38 页。

② F. D. Lugard, *The Dual Mandate in British Tropical Africa*, Edinburgh：William Blackwood, 1929, p. 94.

③ ［印］罗梅什·杜特：《英属印度经济史》，生活·读书·新知三联书店 1965 年版，第 7 页。

④ 同上书，第 6 页。

活。在此情况下，一批印度的知识精英开始思考造成饥荒频发的原因，代表人物是罗易和瑙罗吉，他们将饥荒频发的原因归结于殖民统治者的高额地税，希望殖民统治者能够改革地税制度，改善农民的悲惨处境。

罗易是复兴运动的主要领导者之一，他认为英国的殖民统治带来了西方的先进制度和知识，这对印度来说是"神的赐福"。他把英国统治看作是印度存在和发展的条件，对英国统治并不反感，希望英国统治帮助印度实现发展。在农业方面，罗易关心农民地位的改善。他曾在税收部门工作，深知农民承担多么沉重的负担。不过他对柴明达尔制持肯定态度，只是不赞成地主过分暴虐地对待农民。他主张殖民当局固定地租，在地租特别高的地方适当降低地租，使人民能够安身立命。同时，他也要求在降低地租的地方，相应降低地税，以不损害柴明达尔的利益。[1] 罗易的思想反映了当时民族主义思想家对英国统治的性质和印度农民贫困问题的认识还存在很大局限性。

瑙罗吉提出了"财富外流论"，深刻揭露了英印关系的实质。他指出英国统治印度固然给印度带来了统一和秩序，但其代价是无休止地榨取印度财富。他看到当时有两个印度，一个是英国人和其他外国人的印度，他们通过不同方式剥削印度的财富，因而很富有，他们不能理解为什么有人说印度"极度贫困"。另一个印度是印度人的印度，他们的财富、服务、土地、劳动力和一切资源都被外国人掠夺走了，因此他们极度贫困。[2] 他进一步指出印度的贫困是财富外流造成的，财富从贫穷的农业部门流向印度内部正在发展着的富裕部门。通过对农村产品施加高额的赋税，农村的财富迅速转移到了工业中心，广大的农村印度和少数的城镇印度之间的差距愈来愈大。不管是柴明达尔还是莱特瓦尔制度，都不是服务于耕种者利益的，而是服务政府税收需求的。"我们看到75%的财政收入来自土地税，以及盐税等，16%来自政府鸦片专营，7%来自常规税

① 林承节：《殖民统治时期的印度史》，北京大学出版社 2004 年版，第 73—79 页。
② Shiva Chandra Jha, *A History of Indian Economic Thought*, Calcutta：Firma Klm Private Limited，1981，p. 105.

收。43%的税收用于军费和海军开支；16%用在警察、法官和文官体系；18%作为英国投资铁路的回报。因此英国政府59%的公共开支用在防卫和维持法律和秩序上，只有15%的公共开支用于所谓的福利事业，如公益事业和教育等。"① 内部财富的流失是将贫穷地区、农村地区的购买力转向城镇地区，最终又通过不平等的贸易单边地流向了英国。瑙罗吉提出的解决办法是：降低税收，减少开支，殖民政权帮助发展印度民族工业，对民族资本一视同仁，实行保护关税，高级公职尽量由印度人担任。②

此时，还有一些印度政治精英看到，印度饥荒和贫困的根本原因不是地税制度，而是政治原因——殖民统治对印度人民的剥夺，造成了贫困和饥荒。英国殖民者盘剥印度农民，将印度的粮食运送到英国。据统计，在1875—1900年印度饥荒最为严重的时期，印度的粮食年出口量从300万吨增加到1000万吨，相当于2500万人一年的营养，这约等于这段时期印度因为饥饿而丧生的人数：1200万—2900万人。③

提拉克等民族主义者坚定地喊出推翻英国殖民统治的口号。提拉克在《狮报》上提出"四点纲领"，即司瓦拉吉（自治）、司瓦德西（自产）、抵制和民族教育。司瓦拉吉是目的，其他三者是手段。他还在农村宣传自治和司瓦拉吉，指出农民的困苦是殖民统治造成的，只有实现司瓦拉吉才能改变农民的地位。他领导司瓦德西运动，指出运动必须包括工业、经济、政治等方方面面。他要教育人民相信自己，进而迫使殖民当局停止损害印度的活动，最终目标是将印度民族带入文明民族之列。④

---

① Shiva Chandra Jha, *A History of Indian Economic Thought*, Calcutta: Firma Klm Private Limited, 1981, p. 114.
② 林承节：《殖民统治时期的印度史》，北京大学出版社2004年版，第157—160页。
③ ［美］菲利普·麦克迈克尔著，陈祥英、陈玉华编译：《世界粮食危机的历史审视》，《国外理论动态》2010年第3期，第9—16页。
④ 林承节：《殖民统治时期的印度史》，北京大学出版社2004年版，第224—229页。

二　农业立国还是工业立国的分歧

赶走了殖民统治者进而获得独立，这是印度民族摆脱饥荒的第一步，在印度即将获得独立之际，印度民族主义领导人需要寻找一条合适的发展道路，此时形成两大对立的观点，即应该农业立国还是工业立国的分歧。主张农业立国的主要是甘地及其追随者，而印度绝大多数民族资本家主张工业立国，他们争取到尼赫鲁的支持。

圣雄甘地认为推翻殖民统治、实现民族自治只是第一步，人类苦难的根源在于工业和现代文明。甘地在《印度自治》一书对现代文明给予了辛辣的批评和讽刺：

> 现代文明的真正成效，即在于这个事实：凡生存在这种文明之下的人民，皆以肉体的享乐为生活之目标……他们则因受金钱或金钱所能买得之奢侈物品的诱惑而为奴役。现在有许多为人民从前所未曾梦想到的疾病。于是一队一队的医生，都被误用以寻求出医治的方法；医院亦因是一天一天地加增……这种文明，既不注重道德，亦不注重宗教……凡在这种文明之下的人，已变成一种半疯狂的状态……依据默罕默德教义来说，这种文明，是应当叫做"撒旦的文明"。在印度教，则叫它为"黑暗时代"。
>
> 一般人对于印度的攻击，是说她的人民是不文明的，是无知识的，是愚鲁的；要他们去接受任何变更，简直是不可能的事。这些攻击，正是反对了我们的优点……这便是她的优美之处，我们的"希望之大锚"。①

甘地指出，现代工业、现代国家机器、政党政治都是利益和物质至上的，因而也是冷酷无情的，是人类一切苦难的根源。甘地反对在印度建立一个现代国家，因为"印度是崇尚精神文明的，而现

---

① 〔印〕莫罕达斯·甘地：《印度自治》，谭云山译，商务印书馆1935年版，第24—28、64—65页。

代国家是物质文明的产物；印度重视非暴力，而现代国家是暴力的；印度社会看重人与人之间直接的交往，而现代国家是抽象的机构；印度文明是多元的，并且容纳生活习惯和方式的多样性，但是现代国家要求同质性；印度的文明主要是农村的，但是国家要求城市文明；印度社会重视自治和自我管理的种姓、种群，但是国家却需要统一的法律制度"。① 同时，甘地反对工业化，因为"工业主义的罪恶是与生俱来的，无论社会化达到何种程度，都不能根除它"。②

甘地批评英国殖民统治者将工业主义，西方政治制度、科学、技术和教育引入了印度。甘地认为工业和现代文明导致了剥削和压迫，只有回归农村文明，通过村庄自治的方式，才可以实现真正的民主和个人自由。③ "在自给自足的乡村这个单位之上，社会将是按扩大的环形来组织的：乡村、小税区、区、地区，依此类推。每个单位都是独立的，没有一个单位需要依赖于更大的单位，或是要支配另一个小的单位。"④ "在这个由不计其数的乡村组成的结构中，将会出现永远不断扩大，而又永远不会凌驾于其他之上的各种圈子。生活不会是金字塔形的，其顶端需要依赖压迫底层才能过活；生活将是一个海洋般的圈……其最外圈不会产生挤压内层的权力，却会向所有内层，以及自身提供力量。"⑤

在印度争取民族独立的过程中，甘地的思想极大动员了民众参与独立运动。但是，当印度独立之际，印度民族资本家不可能全盘

---

① Bhikhu Parekh, *Gandhi's Political Philosophy*: *A Critical Examination*, Basingstoke Hampshire: Macmillan Press, 1989, p. 112.

② 1940 年 9 月 17 日甘地接受弗朗西斯·G. 希克曼（Francis G. Hickman）采访，参见《甘地全集》七十三卷，第 29—30 页。转引自 [印] 帕尔塔·查特吉《民族主义思想与殖民地世界：一种衍生的话语》，范慕尤、杨曦译，译林出版社 2007 年版，第 116 页。

③ R. K. Pruthi, *History of Modern India*, New Delhi: Mohit Publications, 2005, pp. 247-250.

④ Mahatma Gandhi, *The Collected Works of Mahatma Gandhi*, New Delhi: Publication Division, Vol. 85, 1958-1984, pp. 456-460.

⑤ Ibid., pp. 33.

接受甘地的思想。相比之下，尼赫鲁的思想更契合他们的需要。[①]
尼赫鲁认为印度的发展目标不是村庄自治，而是实现"民主社会主义"（Democratic Socialism）。尼赫鲁强调通过工业化、城市化拉动社会的整体进步，再通过国家来保证发展资源和收入能够较为平等地分配。从本质上而言，尼赫鲁所追求的民主社会主义，是建立在现代工业和科学主义之上的福利国家。尼赫鲁认为工业化、城市化、科学技术再加上社会公正的原则，是解决饥荒的途径。

当时国际主流的发展思想都是认同工业立国的。德国历史学派认为农业的进步只有在出口需求的刺激或国内工业发展的影响下才能发生，国内工业进步是农业进步的有力推进器。马克思也强调工业的重要性，他认为工业较发达国家向工业较不发达国家显示了未来的景象。苏联的斯大林和托洛茨基更是主张牺牲农业来发展工业。尼赫鲁深受西方经济学说和马克思思想的影响，同时，他也被苏维埃取得的成绩深深吸引。他认为，印度之所以贫穷、落后、饥荒频发，主要是因为在英国殖民统治下，印度沦落为一个农业附庸国，只有"工业化"可以解放印度的经济，可以为农业和工业奠定更坚强的基础。[②]

印度独立前夕，尼赫鲁给圣雄甘地写了一封信，集中表达了他的态度：

> 我并不是很理解，为什么农村就一定是真理和非暴力的化身。通常而言，农村在文化、文明开化程度上相对落后，并且从落后环境下没有办法产生进步。心胸狭隘的人民常常更容易远离真理和实施暴力……充足的粮食、衣物、房屋、教育和卫生等，这些是国家和每一个人民最基本的需求。我们需要找到方法来快速地实现这些目标。在我看来，我们应该发展现代交通方式和现代工业。拥有它们之前谈不上超越它们。如果这意

① ［印］帕尔塔·查特吉：《民族主义思想与殖民地世界：一种衍生的话语?》，范慕尤、杨曦译，译林出版社 2007 年版。

② Purnima P. Kappor, *Economic Thought of Jawaharlal Nehru*, New Delhi: Deep and Deep Publications, 1985.

味着通过重工业生产方式来实现，那么如何通过纯粹的农村社
会来实现？

　　……我们还需要考虑到独立，并保护国家不受外国入侵，
这包括政治和经济的入侵。我认为，除非印度成为一个技术发
达的国家，否则她不可能真正独立。我所指的不仅仅是军事方
面的进步，还包括科学技术的进步。①

印度独立之际，围绕工业立国和农业立国的争论并没能分出高
下，最终以双方的相互妥协暂告一段落。独立后的印度基本上是选
择了工业立国的道路，甘地默许建立西方式的国家并发展工业，尼
赫鲁政府也承诺保护农村和农民的利益。但从印度独立后的发展进
程可以看出，甘地思想与追求现代化的思想始终并存，共同发挥作
用，这也成为现代化和工业化进程中的印度特色。

三　福特基金会重视农业发展

应该如何看待印度的粮食危机？印度政治精英认为，殖民时期
的粮食危机是英国殖民剥削和严苛的税收造成的，解决办法是推翻
殖民统治。印度独立后的饥荒，主要是自然灾害造成的，解决办法
是寻求外国粮食援助。

美国的知识精英，包括福特基金会的农业发展顾问，他们倾向
于将印度的粮食问题归结为人口压力和农业生产技术的落后。他们
认为，英国对印度的殖民统治有双重作用，摧毁了印度社会的旧制
度，同时建立了新的现代制度。在殖民前期，英国的殖民统治为印
度农村带来了和平和安定，直到后来农村人口增加，农村就业机会
却很少，在此情况下，地主要求增加地租，高利贷者提高利率，农
民的处境才日益糟糕起来。② 加之印度农民非常传统，强烈的宗教

---

　　① Jawaharlal Nehru, "to Mahatma Gandhi", Oct, 1945, in *Selected works of Jawaharlal Nehru*, Series one, Vol. 14, New Delhi: Orient Longman, 1980, pp. 554-557.

　　② Akhter Hameed Khan, "Ten Decades of Rural Development: Lessons from India", Msu Rural Development Papers, Michigan: Michigan State University, 1978, p. 4, Collected in Douglas Ensminger Papers (MS 1315), box 7, Manuscripts and Archives, Yale University Library.

信仰，使得他们不愿意使用杀虫剂，他们也非常保守，不愿意尝试新的耕种方式，这些是印度出现粮食危机的原因。正如福特基金会驻印度代表恩斯明格所指出的，1947 年印度自治，此时印度的农业是完完全全的传统农业，而且印度政治精英根本缺乏农业发展的经验。至于印度的农民，他们相信只要按照传统的耕作办法做，他们至少可以获得养家糊口的粮食，因此他们始终坚持着传统的农耕经验。①

如何解决粮食问题？摆在印度政治精英面前的选择很多，可以采取苏联和中国的方式，通过彻底改变土地关系，实现"耕者有其田"，进而刺激粮食产量的提高，或者选择甘地的方式，建立"村庄小共和国"，实现农村的自给自足。但是，尼赫鲁政府认为印度应该发展工业，通过工业化和城市化提高国家的经济实力，他相信经济增长的好处会慢慢地影响到农村地区。在农村，他主张通过规定土地最高限额等温和的制度改革，辅以福利性措施来缓和农村的贫困问题，同时借助美国的粮食援助来避免饥荒，进而集中精力发展工业。

对此，福特基金会是持相反意见的。福特基金会认为印度不应该忽视农业和粮食生产，不应该过度依赖美国的粮食援助，而是应该真正重视粮食生产。恩斯明格在口述史中回忆到，印度的许多官员，甚至包括粮食与农业部部长 S. K. 帕特尔（S. K. Patil）在内，他们都认为印度不会发生饥荒，因为美国第 480 号公法会给予印度大量粮食援助。恩斯明格提议印度应当充分重视粮食生产，但是印度官员甚至说了如下的话："除非是有几百万的印度人真的饿死了，否则别指望我们对农业方面该做什么和不该做什么感兴趣。"② 这让恩斯明格十分诧异，也十分焦急。福特基金会在印度期间，不断地强调粮食生产的重要性，呼吁印度政府重视农业问题。

---

① Douglas Ensminger, Oral History, "The Foundation's Persistent Concern and Role in Assisting India Achieve a Status of Food Enough for its People", Douglas Ensminger Papers（MS 1315）, box 4, Manuscripts and Archives, Yale University Library, Jan. 5, 1972.

② Ibid..

　　至于如何才能解决粮食问题，福特基金会的主张有三，分别是控制人口、增加就业机会，以及采用现代农耕技术。其中，采用现代农耕技术是最为重要的措施。福特基金会主张通过教育、科研等方式，促进印度农民使用现代农耕技术。恩斯明格指出，印度的农业科学发展极端滞后。印度也有一些农学家，但是这些农学家关心的是怎么样发表文章，而且最好是在西方的科学期刊上发表。印度的育种学家热衷于培育新品种，给新品种命名，因为这代表他们的科研成果。在印度的农村，一个村庄可能会种植 25 到 35 种水稻品种，事实上这些品种之间的区别很小。印度的农学家应该更关心如何提高粮食产量，研发更加实用的农业生产技术。[①]

　　福特基金会认为，印度如果能够重视农业，并且采取现代科学技术进行生产，粮食生产是具有很大潜力的。福特基金会驻印度办公室曾经用印度和日本作对比，分析了印度粮食生产的潜力。印度水稻单位产量是每公顷 1540 千克，日本是每公顷 5240 千克；印度每公顷土地小麦产量为 790 千克，日本是 1700 千克。之所以会存在如此差距，是因为日本农业大量使用化肥和灌溉设施。日本每公顷土地使用化肥量达到 257.4 千克，而印度平均每公顷土地只用了 3.4 千克化肥。在日本，55.6% 的耕地拥有灌溉设施，在印度仅有 15.2% 的耕地拥有灌溉设备。这意味着印度粮食生产的巨大潜力。根据福特基金会的测算，印度灌溉设施的覆盖率有望提高到 45% 左右，化肥的使用量有望增加到每公顷 180 千克左右。在此情况下，印度水稻单位产量有望达到每公顷 3800 千克左右，小麦单位产量甚至有望超过日本，达到每公顷产出 1800 千克左右。[②] 基于此，福特基金会认为，只要印度政府足够重视农业，鼓励现代农业发展，并且辅以控制人口、增加就业等措施，就可以解决粮食问题。

----

　　① Douglas Ensminger, Oral History, "The Foundation's Persistent Concern and Role in Assisting India Achieve a Status of Food Enough for its People", Douglas Ensminger Papers（MS 1315）, box 4, Manuscripts and Archives, Yale University Library, Jan. 5, 1972.

　　② Ford Foundation, India Field Office, *The Twin Challenges: Food Enough and Suppression of Population Growth in India*, New Delhi, 1967, p. 14.

第三节　如何看待粮食价格政策

一　印巴分治加剧印度的粮食短缺

英国撤出印度以后，经济局势并没有立刻好转，相反地，印巴分治造成了政治和社会危机，并极大打击了印度的粮食生产，加剧了粮食短缺的局面。1947 年 8 月 14 日和 15 日，英国政府宣布建立巴基斯坦和印度两个自治领，分别向两个自治领移交政权。同时，英国政府宣布，那些与印度和巴基斯坦享有共同边界的土邦，可以自由选择加入印度联邦或者巴基斯坦。印巴分治，就如同在南亚次大陆投下了一颗原子弹，使印巴边界立刻乱成一团，出现大规模的对向移民。据统计，印巴分治导致了约 600 万穆斯林和 450 万的印度教徒、锡克教徒进行了迁徙，在迁徙过程中发生了空前规模的宗教冲突与残杀。在印巴分治的数月内，边界两边的许多城市变成废墟，尸横遍野。不仅如此，印巴分治遗留的克什米尔归属问题，一直没能得到很好的解决，克什米尔成为南亚大规模武装冲突的根源。

印巴分治后，重要的粮食生产区被划入巴基斯坦，印度获得英属印度总人口的 82%，却仅占有谷物种植面积的 75% 和灌溉面积的 69%。旁遮普西部地区及信德省小麦产量丰富，通常每年向其他邦供应 100 万—120 万吨粮食，却分属巴基斯坦。印度粮食进口量从 1944 年的 160 万吨增加到 1947 年的 270 万吨。[①]

据统计，印度获得的全部耕地面积中，仅有 1/4 在正常年份能够获得充足的降雨，其他地区的农业需要灌溉，而 2/3 的土地缺乏灌溉设施，仅有约 4500 万英亩土地拥有灌溉设施。由于灌溉设备滞后，印度仅有 30% 的耕地可以种植水稻，这 30% 的土地产出的水稻占粮食年均总产量的 40%。在雨水不充足又缺少灌溉设施的地

---

① 文富德：《论印度的粮食问题》，《南亚研究季刊》1994 年第 1 期，第 26—37 页。

方，人们只能种植小米（millets）。据统计，印度有 1/3 的土地上种植的是小米，但小米产量只占全部粮食产量的 20%。①

此外，印巴政治和外交上的冲突以及克什米尔问题，进一步加剧了印度的粮食生产压力。印度政府为了打击巴基斯坦的经济，并且减少对巴基斯坦粮食的依赖，拒绝或尽量减少从巴基斯坦进口粮食。巴基斯坦也有意识地利用粮食作为外交手段，向印度施加压力。为了避免购买巴基斯坦的黄麻，印度政府将大量的新开垦耕地用于黄麻生产。此外，印度还投入大量人力物力屯兵克什米尔，而这些土地、人力和物力原本可以用于粮食生产。②

在此情况下，印度政治精英号召全国开展"生产更多粮食"运动（"Grow More Food" Campaign）。该运动旨在鼓励农民增加粮食产量，为达到粮食增产的目标，该运动最主要的措施是开发荒地、增加耕种面积。表 3—3 是 1948—1951 年印度可耕地利用情况。"生产更多粮食"运动虽然开发了不少荒地，却没能改善灌溉条件、提高农业生产条件，所以未能促进粮食产量的大幅提升。

表 3—3　　　　印度可耕地利用情况（1948—1951 年）　　　单位：万亩

种类＼年份	1948—1949	1949—1950	1950—1951
粮食作物	189500	195500	192200
油料种子	23700	24100	24500
特殊作物	17200	18000	19000
总计	230400	237600	235700

资料来源：Staff Memorandum of Information on India Emergency Assistance Act, Washington: United States Government Printing Office, May 17, 1951, p. 4.

计划委员会的副主席 V. T. 克里希纳马查理成立了一个调查团

① *Staff Memorandum of Information on India Emergency Assistance Act*, May 17, 1951, Washington: United States Government Printing Office, 1951, p. 2.
② The Committee on Foreign Relations, Report for the Senate, Emergency Food Aid to India, Report No. 297, 1st Session, (Printed on April 26, 1951).

专门评估"生产更多粮食"运动。调查团指出，虽然政府热切地希望通过该运动实现粮食增产，但是效果并不显著。调查团认为，比起单纯的粮食增产，还有很多更重要的事情需要关注。"生活在疟疾泛滥地区的农民正忍受着疾病的痛苦、挣扎在生死边缘。有的村庄急需医院，有的缺少学校、饮用水或道路。他们需要政府帮助他们改变这种情况。"调查团指出，应该开展全方位的农业发展计划，扩大灌溉面积，改善村庄基础设施，增加小额信贷等。唯有这样，农民才愿意和有能力支持政府，否则试图增加粮食产量的努力很难奏效。[①]

二 粮价政策

在粮食极其匮乏的时期，印度政府无法在短期内迅速提高粮食产量，只得依靠政府调节来避免饥荒的发生。政府运用的主要调节手段就是粮食价格政策，危机时期的粮食价格政策对于印度长期的粮食生产与农业发展造成了深刻的影响。具体来说，在粮食价格政策上，印度政府学习和继承了英国殖民者的价格政策，1943 年孟加拉大饥荒以后，英国殖民者成立粮食部负责收购粮食，在城市地区实行粮食配给制。[②] 独立后的印度也强调政府的宏观调控，但不完全替代市场的作用，一方面控制和限制商人囤积粮食、抬高粮价的做法；另一方面，利用税收限制粮食的运输，避免商人将粮食从粮价低的邦运输到粮价高的地区售卖。

印度独立后沿袭了殖民时期的做法，采取了保护消费者利益的粮价政策。第一，设立粮食区域制，把全国划分为大米区和小麦区，以及余粮区和缺粮区。政府严格限制并垄断区间贸易，粮商只能在区内进行粮食贸易。第二，政府收购粮食，并且提供补贴，在全国开设平价商店。对 5 万人以上的城镇人口实行正式定量配给，供应标准为每人每月 8—10 公斤；对 5 万人以下的城镇实行非正式

① Douglas Ensminger, Oral History, Douglas Ensminger Papers（MS 1315），box 1, Manuscripts and Archives, Yale University Library, Oct. 17, 1971.

② 霍启淮：《试论印度的粮食价格政策》，《南亚研究季刊》1986 年第 1 期，第 8—15 页。

定量配给；在必要情况下对农民予以配粮。[①] 与此同时，印度政府允许粮食的自由买卖，农民可以把粮食拿到附近集市售卖，同时允许粮商和加工商采购和销售粮食。

印度政府通过政府补贴的方式，将粮食价格控制在比较低的水平，以便于城市人口以低价购买到粮食。这个办法看似非常公平公正，却也存在严重的问题。

第一，粮食价格被人为压低，无法刺激农民销售粮食的愿望，农民更愿意将生产用作家庭消费。农民不愿销售粮食，更不用说增加资金和技术投入，提高粮食产量。

第二，印度政府收购粮食，却不愿意垄断粮食收购，允许自由市场的粮食交易。自由市场上的粮食价格远远高于政府收购价，这导致政府收购的粮食无法满足配给的需要。据统计，在 20 世纪 50 年代中期，全国粮食中的 3.3% 是通过政府平价商店进行分配的。1956 年政府粮食收购量仅有 3.7 万吨，连总产量的 0.1% 都不到。[②]

第三，印度粮食储备不足，不能支持政府控制低粮价的政策。印度政府通过扩大国内收购和增加粮食进口的方法来增加粮食储备。在此情况下，印度购买了大量的美国粮食，以便于增加印度的粮食储备。

第四，美国大批低价粮食在印度的倾销，进一步促进印度粮食价格的下跌。在此情况下，印度粮食种植面积出现减少的趋势。据统计，1958—1962 年期间，印度粮食种植面积减少了 44.7 万公顷。同时，印度的化肥工厂等也缺乏生产的动力。[③]

尽管保护消费者的粮食价格政策弊端重重，印度政府却十分固执地坚持这种价格政策。直到 20 世纪 60 年代中期，印度政府在国内粮食危机和国外援助者的压力之下，才实行了粮食最低限度的支持价格政策，预先宣布最低限度支持价格，政府收购价格保证高于或等于最低限度支持价格。此外，印度政府也表示愿意考虑区域之

---

① 文富德：《印度的粮食安全对策》，《南亚研究》2004 年第 2 期，第 27—60 页；路进：《印度粮食价格政策的变化》，《世界农业》1984 年第 12 期，第 3—6 页。

② 同上。

③ 路进：《印度粮食价格政策的变化》，《世界农业》1984 年第 12 期，第 3—6 页。

间的粮食贸易。印度政府为了避免因收购价格过高，给政府带来过高的财政负担，最终只能提高粮食配售价格，让消费者来承担这个负担。

在特定时期内，提高粮食价格确实促进了印度农民的生产积极性。但是，政府对农产品的补贴政策也带有极大隐患。20世纪80年代，随着石油价格的迅速提升，农民要求政府提高最低支持价格。在此情况下，农产品补贴给印度政府造成了极大的财政负担，进而引发了更多的经济和社会问题。对此，后文还将具体分析。

三　福特基金会的主张

恩斯明格多次强调，印度的粮食价格政策是农业现代化转型的绊脚石。他指出，印度从独立到20世纪60年代中期，采取了抑制粮价的政策。他表示很理解印度政府官员想要保证穷人能够低价购买粮食的出发点，但是，低粮食价格不能促进农民采用新的农业耕种技术，因此阻碍粮食产量的提高。恩斯明格回忆道，每次他与印度计划委员会和粮食与农业部的官员讨论粮食价格政策，印度官员都不以为然，并且以粮食限价政策与印度的精神追求不相符为理由再三推脱，"如果你了解印度，你会意识到我们是一个精神至上（spiritualistic）的国家。价格保障政策是那些物质至上的国家的事物"。[1]

他指出，有两个原因共同导致了印度的低粮价政策：第一个原因是印度独立后政治经济状况下，印度的政治精英的一种美好的设想；第二个原因是美国向印度倾销剩余农产品。"美国为了将剩余农产品销往发展中国家，制定了特殊的政策，允许发展中国家使用本地货币结算。在印度，销售粮食获得的资金进入美国的卢比账户，但很多情况下，美国的粮食实际上是礼物。总有一天美国要放弃这些卢比，因为没有办法拿出来用。美国急切地想要解决粮食剩

① Douglas Ensminger, Oral History, "The Foundation's Persistent Concern and Role in Assisting India Achieve a Status of Food Enough for its People", Douglas Ensminger Papers (MS 1315), box 4, Manuscripts and Archives, Yale University Library, Jan. 5, 1972.

余，这在很大程度上促使印度能够在 16 年内保持低粮价的政策。"①
20 世纪 50 年代，美国驻印度大使馆每天都在琢磨如何将美国的粮
食运到印度。华盛顿的农业部官员们期待着与印度签订更多的粮食
订单。他们从来不会考虑，美国的粮食会对印度带来什么影响，是
否会阻碍印度提高自身粮食产量。直到 1966 年印度发生了新一轮
的粮食危机，此时美国和印度才开始有所反思。美国人意识到发展
中国家极其依赖美国的粮食，而美国很快就无法满足他们的需求
了。美国第一次向印度施加压力，促使其做出提高粮食产量的决
定。印度方面，也第一次意识到必须要改革粮食价格政策，并且促
进粮食产量的提高。②

福特基金会农业市场和价格政策特别顾问路易斯·F.赫尔曼
（Louis F. Herrmann）专门考察过印度的粮食价格政策，并且撰写了
一份针对粮食价格政策的报告，递交印度粮食与农业部。在报告
中，赫尔曼指出，政府通过收购粮食、平价商店等方式控制粮食价
格的方法，是从保护消费者的角度出发的。但是，只有大幅度增加
粮食产量，才是唯一能够真正保证粮食供应，并且解决价格问题的
办法。赫尔曼还指出，印度将全国划分为不同区域，禁止和限制农
民在不同区域售卖粮食的做法，使得有余量的区域的粮食价格极度
低廉。实际上，这是非常不利于刺激农民的生产积极性的。赫尔曼
建议，印度政府保障市场的流通，允许农民将粮食销售到价格高的
地区，同时，政府应该制定粮食最低支持价格，并且每年修改这一
价格。最重要的是，印度必须通过科学技术来提高粮食产量，这样
才能确保国民经济总体上升，降低人民的恩格尔系数。如果印度继
续抑制粮价的政策，只会极大地阻碍实现粮食自给自足的目标。③

---

① Douglas Ensminger, Oral History, "The Foundation's Persistent Concern and Role in As-
sisting India Achieve a Status of Food Enough for its People", Douglas Ensminger Papers (MS
1315), box 4, Manuscripts and Archives, Yale University Library, Jan. 5, 1972.

② Ibid..

③ Louis F. Herrmann, "Considerations Relating to Agricultural Price Policy in India, With
Special Reference to Rice and Other Food Grains", unpublished report, Ford Foundation, New
Delhi: 1964.

第四节　如何看待土地改革

一　土地制度对农业发展的制约

印度传统的土地制度带有很强烈的村社制度的特点，在西北部地区主要是共有制村社，在东部和南部地区存在分有制村社。在共有制村社中，土地由村社共同所有，村社将土地分给个人耕种；在私有制村社，土地具有私有化的特征。村社要定期向国王或者王公上缴田赋，租赋率通常为土地产量的1/6到1/12，与此同时，村社享有对内部事务高度的自主权。国王或地方王公定期向每个村庄征税，指派柴明达尔监督收税。在村庄内部，租佃制盛行，掌握土地的地主并不直接耕种土地，而是将大部分土地租赁给农民，收取定额租金或者提取定额的分成，分成制常常会收取佃农土地总产量的1/2，甚至2/3。从种姓制度来看，地主基本上来自高等种姓，佃农为低种姓或贱民，他们有时还要为地主提供免费的耕种服务以换取一定的粮食作为报酬。

德里苏丹国时期（1206—1526 年）与莫卧尔帝国时期（1526—1858 年），穆斯林统治南亚次大陆的大部地区，他们的统治对印度农村和土地制度的冲击和改变并不大，主要提高了田赋的比例，每年非穆斯林的地主要向国家上缴土地产量估值的1/3 至1/2，相比较而言，穆斯林每年上缴的田赋少很多，仅为土地产量的5%—10%，与此同时，国家给予村庄头人免税特权，令其负责征收田赋。所谓土地产量估值，是指田赋并不建立在土地实际产量之上，而是根据土地面积进行估值，根据土地在不同年份的产量求得平均值，在此基础上固定征收田赋。在此期间，实物税与现金税并存。需要注意的是，莫卧尔帝国时期的土地分为三种不同的类型，即国王直属领地（约占全部耕地的1/8）、柴明达尔的世袭领地和贾吉尔达尔的非世袭领地（占全部耕地的80%）。贾吉尔达尔主要是国王对军事将领的奖赏，赐给他们一定土地，他们有征收田赋的权力。柴明达尔指的是相对独立的印度教王公，他们也是田赋征收人，定期向莫卧尔帝国纳贡。柴明达尔除了征收田赋，还有权向其领地的农民征收各种杂税，并享有对领地的实际统治和管理权。[①]

英国殖民统治时期，殖民当局在 18 世纪末期对英属印度进行了柴明达尔制、莱特瓦尔制和马哈尔瓦尔制的土地整理（Land Settle-ment）。柴明达尔制土地整理主要是在北方邦、比哈尔邦、孟加拉地区。所谓柴明达尔制，即确认柴明达尔为土地的包税人，以十年为期确定固定的田赋，柴明达尔每年向英印帝国缴纳田赋。如此，一方面可以确保政府每年获得固定的税收；另一方面柴明达尔成为法律保护的地主，也成为殖民者对印度广大农村腹地实施统治的支持者和得力助手。英国殖民当局征收的田赋数额远高于莫卧尔帝国时期征收的田赋。莱特瓦尔制主要是在南印度的马德拉斯地区和西印度马哈拉施特拉邦，政府直接向农民征收田赋，30 年为期固定田赋，田赋大约为土地总产量的 1/2 左右。殖民者制定了连保制度，迫使农户耕种土地并按时交纳赋税。在联合省、中央省和旁遮普地区，是以村庄为单位进行的土地整理，村庄头人或地主向农民征收地租，殖民者抽取地租的 80%—95%，征收如此高额的赋税几乎无法执行，后来几次调整降低为地租的 1/2。[②]

由上可见，印度农民的田赋负担不断增大，在英国殖民统治时期达到顶峰，殖民者将税率固定，不论自然条件好坏、土地实际产出如何，通过中间人或者连保制度向农民强制征收赋税。这保证了殖民当局的财政收入，但是给印度的农业和农民带来了沉重的打击。在沉重的赋税压力下，民不聊生，而且农民的生产积极性大为降低，也没有资金和动力去提高土地产量，农业也随之衰退，饥荒频发。与此同时，农村的社会结构在发生微妙的变化，柴明达尔作为包税人成为英国殖民统治的底层基石，另外农村出现了大量的高利贷者，他们聚集了大量欠债农民的土地，成为新的地主。

---

① 黄思骏：《印度土地制度研究》，中国社会科学出版社 1998 年版，第 138—164 页。

② 同上书，第 189—204 页。

二　土地改革的开展情况

印度的民族主义者意识到，过度严苛的地税制度造成了对农民过分的压榨，进而抑制了农民投资生产的积极性，这是导致饥荒和贫困的关键原因。由此，他们提出了进行土地改革、改变租佃制度和田赋税率等要求。1929 年国大党全国委员会《关于社会经济改革的决议》提出，要结束贫困和饥荒，不仅要赶走英国殖民者，还需要进行社会变革。1931 年国大党通过《人民基本权利和经济纲领》明确提出要进行土地改革，减少农民的地租和田赋，对一些受到损失的小地主给予必要补贴，对高利贷者进行管制，减轻农民债务。1936 年国大党在年会上再次提出要对土地租佃和田赋制度做出变革。1939 年国大党成立国家计划委员会，下设土地政策小组，开始调研如何推进土地改革。1945 年，国大党计划委员会就土改提出具体意见，提出征收中间人地主的土地，赔付适当的偿金，组织合作社耕种国家征收的土地和新开垦的荒地。1947 年印度独立在望，国大党明确指出取消中间人地主，设定土地持有最高限额，并建议在各邦设立一个土改委员会，对土地关系进行彻底调查并给出改革方案。[①]

在英国撤出印度时，82.7% 的农村人口从事农业生产。59% 的农户占有 5 英亩或少于 5 英亩的土地，16% 的农户占有 10—25 英亩土地，5.6% 的农户占有 25 英亩或以下的土地，大部分土地掌握在大地主手中，他们控制无地或少地农民。[②]

1948 年 12 月印度全国邦税务部长会议以及 1949 年国大党土改委员会报告明确要求废除柴明达尔的中间人制度，并要求各邦制定土地改革法案，开始土地改革。各邦相继制定了土地改革法，取消各种名目的中间人地主制，包括柴明达尔、札吉达尔等。土地改革规定中间人地主可以保留"自营地"，其余土地及荒地、渔场等由

---

① 孙培钧：《印度农村土地关系和国大党政府的土地政策》，《南亚研究》1986 年第 1 期，第 1—8 页。

② 刘学成：《印度土地改革的政治意义》，秦毅译，《南亚研究》1989 年第 4 期，第 30—51 页。

政府征收，并给予补偿金。各邦补偿金的标准不同，一般为土地年收入的若干倍或者为地租的 10—15 倍，有些邦按照土地价格决定。被征收土地上的佃农有权根据地方土地法庭裁定的价格，购买所耕土地的所有权。土地改革法的出台受到地主的多方阻挠，在很多邦土地法的出台花费了大量时间，并且土地改革法中很多条款都为地主留有余地，最大限度地保护了地主的利益。[①]

在废除柴明达尔制的同时，印度政府还进行了租佃制改革。租佃制改革也是由地方政府主导，各邦的情况差别很大。总的来说，租佃制改革对土地出租做出了限制，但是租佃制仍是农村基本的生产关系和经营形式之一。新的租佃法稍微改善了佃农的地位，例如，规定地租率不得超过产量的 1/4 或 1/5；禁止地主强迫佃农无偿服役；禁止勒索杂税和附加地租；一半佃农（不包括分成农和次佃农）连续耕种租佃地若干年（12 年或 6 年或更少）者，可获得永佃权或对所耕土地的购买权；地主收回佃耕地自营要有一定限量，必须留给佃农能维持生活的最低限度的土地等。租佃制改革涉及大地主和新富农的利益，遭到更加顽强的抵抗。各邦纷纷拖延立法，或将地租率提高到 50% 甚至更多，还有一些邦规定租佃法通过几年以后才正式生效。这为地主留有充裕的运作时间，很多地主逼迫佃户"自愿"退佃或使用其他方式夺佃。[②]

印度独立之初的地税改革是非常不彻底的。地税变革废除了柴明达尔中间人制以后，各邦政府代替柴明达尔成为税收的征收者。在没有保证耕者有其田、没能降低地租率的情况下，普通农民的税收负担并没能从根本上减轻。新的土地法出台后，地主通过夺佃等方式成为合法的自耕农。农民丧失了租佃的土地，变成了雇佣农，处境更为悲惨。[③]

美国学者 F. 托马斯·詹努兹指出，印度独立以来的土地改革一直是与农业发展政策相脱节的，主要原因是国大党害怕土地改革

---

① 林承节：《印度独立后的政治经济社会发展史》，昆仑出版社 2003 年版，第 92—98 页。

② 同上书，第 98—102 页。

③ 黄思骏：《印度土地制度研究》，中国社会科学出版社 1998 年版。

会削弱其在农村的政治根基，因此缺乏制定彻底土地改革法并付诸实践的政治意图。他们在口头上不断地强调社会正义、公平分配和消除贫困，但是在实际行动上拖拖拉拉，敷衍了事。另外，印度独立之初的农业发展政策受到国际社会的影响，而国际社会中的关键人物并不强调把土地制度改革作为解决印度贫困问题和从事农村经济发展战略的一部分。后来，印度本国的上层精英与国际上的经济技术援助提供者各自出于不同目的，联合起来推行了一种与印度实际土地关系结构无关的发展战略，即主要致力于应用新技术来实现农业生产的总的增长。① 詹努兹从国内政治与国际局势的角度，对印度土地改革做出的观察和评价可以说是一针见血的。纵观印度独立以来的农业发展政策，无论是依靠美国粮食援助、开展农村社区发展、农业精耕县发展还是进行"绿色革命"，都并不强调彻底改变土地关系和土地改革，而是追求通过现代农耕方式促进粮食产量的迅速提升。在这种情况下，印度地税改革很不彻底，这也阻碍了印度农业发展政策的实施。

三　福特基金会的主张

恩斯明格认为印度粮食生产方面的失败，很大程度上是因为尼赫鲁政府没能有效地实施租佃制改革。很多国大党领导人出身地主，他们不希望进行太彻底的土地改革，进而损害自身的利益。印度的土地改革，对佃农的权力缺乏有效保护，因此佃农不愿意也不可能投入资金改善土地的耕种条件，例如挖掘灌溉水渠、安装管井、提高土壤肥力等。另外，租佃法将租金控制在较低的比例，在地主可以占有土地产出的绝大部分比例的情况下，佃农是绝无动力去提高土地产出的。②

福特基金会的美国专家顾问们在看待土地关系的时候，观点与

---

① ［美］F. 托马森·詹努兹：《印度土地制度改革的失败》，施尧伯译，《南亚研究》1988 年第 3 期，第 18—29 页。

② Douglas Ensminger, Oral History, "The Foundation's Persistent Concern and Role in Assisting India Achieve a Status of Food Enough for its People", Douglas Ensminger Papers（MS 1315）, box 4, Manuscripts and Archives, Yale University Library, Jan. 5, 1972.

恩斯明格基本一致。他们认为，"并不是说某种特定类型的土地改革是提高粮食产量的先决条件。但是，地主和佃农之间的合理关系对农业进步来说是一个重要保障"。在印度，租佃金额是临时性的，并且没有书面记录。大部分的地主不愿意分担化肥等的费用。在此情况下，很多佃农不愿意投资生产。进行有效的土地改革需要很长时间，短期内能做的是促进地主和佃农之间达成一个比较公平的租佃协议，为佃户提供一些基本的保障，并通过教育的方式，让地主和佃户都更加了解现代农业生产的理念。要设法让地主和佃农明白，使用现代耕作技术可以提高收益，对双方来说都是好事。①

福特基金会在看待印度粮食生产问题的时候，主要是从人口和粮食关系的角度思考。至于土地关系对粮食生产的影响，福特基金会并不主张进行激烈的土地改革，但是强调进行租佃制改革，也即确定土地最高限额并固定地租，以刺激农民投资土地。"人口爆炸给土地和水资源带来了巨大的压力。同时，城市地区也无法解决剩余劳动力的就业问题。"印度有大量的农村人口，而且人口正在迅速地增长。当然，进一步的租佃制改革可以带来一些好处。但是，最关键的是解决人口和粮食之间的问题，应该迅速提高农民的生产力。印度政府也更能接受通过现代技术促进粮食产量迅速提高的办法，而非进行激烈的土地革命。②

在福特基金会看来，尽管印度没有进行有效的土地改革，特别是租佃制改革，农业的现代化仍然让小农受益了。1969 年，福特基金会的几位农业发展顾问通过田野调查撰写了一份反映小农生产情况的调研报告。报告指出，在印度有大约 40% 的农民耕种的土地面积小于 2.5 英亩，60% 的农民耕种土地面积小于 5 英亩。这些农民占印度农村劳动力的 30%，连同他们的家人一起计算，小农家庭占

① Expert Committee on Assessment and Evaluation, *Modernising Indian Agriculture*: *Report on the Intensive Agricultural District Programme*, New Delhi: Ministry of Food, Agriculture, Community Development and Cooperation, 1969, pp. 29-31.

② Carl C. Malone, "Improving Opportunities for Low – Income Farm – Occupied People: Some Indian Experiences", for Seminar on Small Farmer Development Strategies, Columbus, Ohio, 1971. Collected in Douglas Ensminger Papers (MS 1315), box 6, Manuscripts and Archives, Yale University Library.

了印度总人口的 1/3。20 世纪 60 年代中期以来，印度调整了农业
发展战略和相应的配套政策，在农耕条件好的地区增加资金和技
术投入，极大促进了粮食产量的增加，这些地区的小农也从现代
农业中受益了。小农耕种土地的粮食产出增加了，他们的家庭收
入也有一定的增加，虽然小农信贷还很成问题，但是这些情况都
有望在短期内改善。①

本章小结

综上，本章分析了美国对印度提供粮食援助的主观目的、基本
情况及客观结果。应该说，美国对印度粮食援助主要是出于销售本
国剩余粮食的目标，同时亦发挥了外交工具的作用。印度独立之初
国内财政资源与外汇资源有限，加之印度的政治精英更倾向于优先
发展工业，因此采取了接受美国粮食援助，尽量压低粮食价格的方
式保证人民的粮食供给，以便集中人力财力发展工业。然而事实证
明，这种策略极大阻碍了印度提高粮食产量的动力，并最终导致了
印度对美国粮食的过度依赖。在粮食问题上过度依赖美国，就为美
国干预印度的发展问题提供了更多的机会。

福特基金会并不赞成美国倾销粮食的做法，同时，福特基金会
也不赞同印度政府对待农业发展的态度，不赞同印度的粮食价格政
策和对待外部粮食援助的态度。福特基金会多次建议印度领导人更
加重视粮食生产，并且建议调整价格政策，通过价格刺激促进农民
使用现代农业耕作方式。但是直到 20 世纪 60 年代中期，印度政府
才做出了必要的调整。

另外，无论是印度的政治精英还是美国的发展顾问，他们都没
有过多地强调改变土地关系的必要性。美国的发展顾问强调租佃制
改革，主张固定租金，以刺激农民生产积极性，但是印度的租佃制

---

① James Q. Harrison, "Small Farmer Part Icipation in Agricultural Modernization: Report on a Survey of Two IADP Districts", Staff Document, The Ford Foundation, New Delhi, 1970, pp. 1-9.

改革遭遇了来自本土地主的强大阻力。在此情况下，美印知识精英共同选择和实施了一种可以巧妙绕开土地关系结构变革的农业发展的策略，也即避开彻底的土地改革和社会结构变革，寄希望于接受美国的粮食援助和推广现代农耕技术。无论是农村社区发展、精耕县发展还是"绿色革命"，都没有彻底变革印度的土地关系，也没有挑战基于土地关系之上的权力结构，对此第四章和第五章将进行具体考察和分析论证。

第四章

福特基金会与印度
农村社区发展

福特基金会对印度农村社区发展的援助，充分地体现了福特基金会运用现代化发展理念影响印度农业发展进程的动机、策略和过程。本章将详细考察福特基金会对印度农村社区发展的援助，包括援助方案的制订、社区发展的理念和内涵、培训乡村工作者的情况、推行现代农耕方式和生活理念的尝试，以及在农村地区培育基层民主的社区精神的努力。

过去，有很多学者研究过印度的农村社区发展，探讨了社区发展在提高粮食产量方面的局限性，[①] 以及通过潘查亚特培育民主精神方面的特殊贡献。[②] 本书的贡献在于，将印度的社区发展放在国际背景和时代背景下加以考察，结合美国输出现代化意识形态影响第三世界发展的大背景，考察科学主义与甘地主义之间的碰撞，以及西方发展理念与印度农村社会之间的碰撞。通过福特基金会参与印度农村社区发展的历史考察，思考美国的发展理念和民主价值观如何影响印度农村社区发展？美国的发展理念在印度农村实践的结果如何？

---

① Government of India, Committee on Plan Projects, *Report of the Team for the Study of Community Projects and National Extension Service*, New Delhi, 1957.

② P. K. Chaudhari, "Panchayati Raj in Action: A Study of Rajasthan", in A. R. Desai ed., *Rural Sociology in India*, Bombay: Popular Prakashan, 1978, pp. 539-52. Andre Beteille, *Class and Power: Changing Patterns of Stratification in Tanjore Village*, Berkerley, California: University of California Press, 1965.

第一节 社区发展的概念与内涵

一 社区发展的概念

"社区发展"最早是西方城市规划领域的一个概念。20世纪20年代和30年代,美国经历了高速城市化时期,城市规划领域也涌现出诸多的理念,有人主张建设相互独立的工业区、商业区和住宅区的理念,也有城市规划专家认为严格的分区会造成大量社会问题,例如住宅区生活单调乏味,商业区夜晚犯罪率不断上升等。"社区发展"的理念借鉴了欧洲,特别是德国和奥地利花园城市的建设理念,试图兼顾城市规模和密切的邻里关系。"社区发展"的理念强调"邻里关系",主张建设功能混合的社区,也即包括住宅区、商业街、中小学校、诊所、公园等的社区。[1] 通过综合性社区促进居民交流和沟通,激发居民参与对社区的治理,重塑托克维尔所描述的19世纪的乡镇精神。[2]

20世纪40年代,英国殖民署(British Colonial Office)最早将"社区发展"的概念用于欠发达地区的发展和国家建构中。在剑桥非洲发展会议(Cambridge Conference on the Development of African Initiatives)上,英国殖民者第一次正式提出,通过"社区发展"促进英属非洲地方政府治理能力的提高及地方经济的发展,以"帮助他们做好独立的准备"。[3] 此后,西方国家及国际援助机构广泛地使用"社区发展"的概念,积极推动亚非拉国家开展社区发展计划。20世纪50年代和60年代,亚非拉地区60多个国家相继启动了全国或区域性质的社区发展计划。其中,印度的农村社区发展计划是

---

① J. A. Christenson and J. W. Robinson eds., *Community Development in Perspective*, Iowa City, IA: Iowa State University Press, 1989, p. 6.

② [法] 托克维尔:《论美国的民主》,董果良译,商务印书馆2010年版。

③ Lane E. Holdcroft, "The Rise and Fall of Community Development in Developing Countries, 1950-1965: A Critical Analysis and an Annotated Bibliography", *MSU Rural Development Paper* No. 2, Department of Agricultural Economics, Michigan State University, 1978, p. 2.

第一个大规模的社区发展项目，受到世界各国的关注。[1]

美国国际合作署曾对社区发展做出了如下定义，"每个社区的民众组织起来制订计划、开展活动；界定他们社区每个成员与社区共同的需求与困难；制订计划甚至是一系列的计划来满足社区需求、解决民众困难；执行发展计划的时候尽可能最大限度地依靠社区自身的资源；在必要时接受社区以外政府和非政府组织的资源"。[2] 在联合国的文件中，社区发展是指"人民的力量团结在政府权威的周围，改善社区经济、社会、文化条件，将社区纳入到国家的生活中，让社区为全国的发展做贡献"。[3]

二　印度农村社区发展的内涵

20世纪50年代，美国国际合作署和福特基金会通过经济援助将社区发展的概念引入印度农业发展进程。印度政府邀请福特基金会驻印度代表道格拉斯·恩斯明格为社区发展撰写一份纲领性文件。由恩斯明格创作、印度政府印刷出版的《社区发展指导手册》集中介绍了社区发展的理念、目标和执行方法，充分体现了社区发展的发展思路和内涵。[4]

恩斯明格在《社区发展指导手册》中指出，在发达国家，社区发展意味着地方社团和社区民众通过民主的方式表达利益诉求，并为了共同的目标和利益诉求采取一致的行动。在欠发达国家，社区

---

[1]　Lane E. Holdcroft, "The Rise and Fall of Community Development in Developing Countries, 1950-1965: A Critical Analysis and an Annotated Bibliography", MSU Rural Development Paper No. 2, Department of Agricultural Economics, Michigan State University, 1978, pp. 2, 15.

[2]　United States International Cooperation Administration, "The Community Development Guidelines of the International Cooperation Administration", *Community Development Review*, No. 3, December 1956: 3: 6, cited by Lane E. Holdcroft, "The Rise and Fall of Community Development in Developing Countries, 1950-65", MSU Rural Development Paper No. 2, Department of Agricultural Economics, Michigan State University, 1978, p. 1.

[3]　United Nations, Economic and Social Council, *Principles of Community Development-Social Progress through Local Action*, cited by Lane E. Holdcroft, "The Rise and Fall of Community Development in Developing Countries, 1950-1965", MSU Rural Development Paper No. 2, Department of Agricultural Economics, Michigan State University, 1978, pp. 1-2.

[4]　Government of India, Ministry of Community Development, *A Guide to Community Development*, Delhi, 1957.

发展具有更广泛和更深刻的意义。在印度，社区发展意味着农业、畜牧、灌溉、合作、公共卫生、健康、社会教育、人际交往、乡镇工业、潘查亚特和地方自治政府等方方面面的综合发展，意味着全印度82%农村人口生活水平的全面提高。[①] 社区发展短期的目标是提高人民生活水平，长远目标是在农村地区建立新的文化根基。总的来说，就是要通过社区发展将村民从愚昧无知中唤醒，帮助他们实现"自促发展"，最终实现经济水平的提高、自由以及社会公正。[②]

具体而言，社区发展要实现以下8个目标：

第一，改变农民的观念是社区发展的基本目标。只有当农民强烈地渴望过上更好的生活，他们才有动力去争取村庄的发展。这样，社区发展才能成为人民自己的发展计划。

第二，社区发展的成功，需要形成有责任心、有担当的村庄自治机构和村庄领导人。必须有地方自治机构来制定村庄发展计划和负责村庄的发展事务。这些自治机构可以是潘查亚特、合作者、青年俱乐部、妇女组织、农民协会等等。

第三，人民群众是发展的动力源泉。村民必须是自力更生的、有担当的公民，必须理解国家的发展思路，并有效地参与建设一个新兴的国家。

第四，社区发展必须增加人民的收入，这样他们才能衣食无忧，才能享受教育、医疗卫生服务、良好的房屋、道路和娱乐设施。为此，社区发展的首要任务是集中精力实现现代化的工业生产，以促进粮食生产本质的提升。同时，社区发展需要组织农村小手工业，并鼓励乡镇工业的发展，以制造农民需要的新产品，并且为大量的剩余劳动力提供就业机会。

第五，社区发展计划要将民主播撒到印度55.8万个村庄。为此，应该对农村的年轻人进行特别培训，鼓励他们参加青年发展计划和农业发展，以培养他们的公民精神。

---

① Government of India, Ministry of Community Development, *A Guide to Community Development*, Delhi, 1957, p. i.

② Ibid., pp. 197–198.

第六，社区发展要帮助村民更有效地表达对更优质生活水平的需求。对粮食、衣服、房屋、娱乐、健康和宗教的需求都来自家庭，因为追求更优质的生活的动力来自家庭内部。因此，社区发展要关注农村妇女的教育问题。

第七，社区发展还要关注农村学校和老师。只有充分调动学校和老师的支持和参与，才有可能真正实现新的村庄文化。教师应该是自尊自立的公民，而且应该成为村庄的领导者，这样教师的社会地位也自然而然地提高。社区发展应该协助农村教师提高社会地位，帮助他们成为社会教育者。

第八，社区发展要帮助村民正确地认识传染病和死亡的原因，通过建立一些简单必要的设施和养成干净健康的生活习惯来预防传染病。为此，需要有干净的饮用水、完善的下水道设施，并且改善房屋的通风、排烟条件。[①]

如何实现社区发展设定的目标？福特基金会为社区发展培训乡村工作者和社会工作者，由他们深入农村引导社区发展的开展。乡村工作者和社会工作者到农村后，需要与地方精英协同合作，推进工作的展开。地方精英包括四类：第一种是村庄中德高望重之人，第二种是农业方面的带头人，第三种是农民机构的组织者，第四种是选举产生的潘查亚特主席。[②] 另外，社区发展需要建立一个中央—邦—县—乡—村的行政链条，以及一个中央计划委员会—邦发展委员会—农村社区发展计划执行委员会的计划链条。[③] 以此来推动农村社区发展的开展，同时，将农村和邦、国家有机地联系起来，通过地方农村的发展促进国家的发展。

从本质上而言，社区发展是全面提升欠发达地区的社会改造工

① Government of India, Ministry of Community Development, *A Guide to Community Development*, Delhi, 1957, pp. 3-5.

② Charles P. Loomis, "Change in Rural India as related to Social Power and Sex of Adults", Ford Foundation and Michigan State University, 1966, p. 2, collected in Douglas Ensminger Papers (MS 1315), box 12, Manuscripts and Archives, Yale University Library.

③ Government of India, Ministry of Community Development, *A Guide to Community Development*, Delhi, 1957, p. 128.

程。之所以这么说，是因为社区发展的内涵主要有四点：第一，社区发展相信经济、社会、政治和文化相互依存，可以通过制订综合发展计划促进社会的全面进步。第二，社区发展强调民主自治的精神，认为民主和自由的政治氛围与文化价值对于社会发展而言至关重要。社区发展试图在第三世界国家的村庄培育美国 19 世纪的乡镇精神，或者说基层民主自治的氛围，因为民主价值观是社会稳定和经济发展的保障和推动力。第三，社区发展强调基层和地方的同时，更重视通过社区发展将每一个村庄和城市纳入到民族国家建构中。纳纳布拉塔·巴塔查里亚（Jnanabrata Bhattacharyya）在《定义社区发展》一文中指出，在定义社区发展的目的时，应该将其方法论与具体进行社区发展时使用的技术区分开来。"在中央集权的国家，在微观层面上推行社区发展的实践，对宏观层面的干预需求在同时增长。"[1] 第四，欠发达国家强调通过社区发展调动地方资源实现发展，同时强调地方特性和地方的发展需要。但是社区发展的理念建立在一个假设上，即人类社会的进步和发展总的方向和道路是类似的。因此，在社区发展的过程中，发达国家可以为欠发达国家提供发展指导。

第二节　农村社区发展的启动

一　福特基金会援印项目启动

1951 年 11 月，福特基金会选派道格拉斯·恩斯明格担任驻印度代表，启动对印度的援助活动。当时恩斯明格正在效力于联邦农业技术推广局（Federal Extension Service）和农业经济局（Bureau of Agricultural Economics），他在开展农业发展和培训农村工作者方面经验丰富。[2] 福特基金会赋予恩斯明格很大的自主权，令其全权负

---

① Jnanabrata Bhattacharyya, "Theorizing Community Development", *Journal of the Community Development Society*, Vol. 34, No. 2, 2004, pp. 5-34.

② Douglas Ensminger, Oral History, Oct. 17, 1971, Douglas Ensminger Papers（MS 1315）, box 1, Manuscripts and Archives, Yale University Library.

责基金会的印度事务。20 世纪 50 年代和 60 年代，福特基金会在16 个国家设立了办公室，选派了 16 名基金会的全权代表负责当地的援助事宜，恩斯明格是这 16 名基金会代表之一。这 16 名代表负责制定和提交援助项目申请，递交福特基金会总部审核批准，他们甚至有权直接批准一些小额的资助，其中就包括外国专家的差旅费、科研经费等。①

恩斯明格全面负责福特基金会在印度的援助项目，所有通过福特基金会资助派往印度的西方专家，都是恩斯明格亲自挑选的。他一旦发现印度需要某方面的专家学者，就会联系美国该领域顶级的3 位专家，请他们推荐 3 至 4 名适合人选。之后，恩斯明格亲自给这 3 到 4 名备选人打电话或者面谈，询问他们的基本情况，说明印度方面的工作需要，并最终选定 1 名专家。他甚至会为备选专家安排一次 10 天左右的印度之旅，通过这种方法为印度挑选最合适的专家。②

印度方面，印度政府一直对外国的专家抱有警惕的态度，对于西方国家通过文化、出版、学术事业在印度开展反共和情报工作的情况保持高度警惕。③ 美国国际开发署和世界银行等机构派往印度的专家，必须经过印度政府的严苛审查，但是福特基金会却享有完全不同的待遇，在选派专家赴印问题上，印度政府给予福特基金会极大的自由。恩斯明格有权决定派遣专家的数量和专业背景，印度政府甚至不要求恩斯明格事先提交选派专家的个人履历。这与印度

---

① Peter D. Bell, "The Ford Foundation as a Transnational Actor", *International Organization*, Vol. 25, No. 3, Summer, 1971, pp. 465–478.

② Douglas Ensminger, Oral History, "Recruiting Program Advisors and Consultants", Douglas Ensminger Papers (MS 1315), box 1, Manuscripts and Archives, Yale University Library, Oct. 25, 1972.

③ 举例来说，冷战期间美国在南亚东南亚地区播放丑化共产党和共产主义国家的影片。印度政府反对通过电影反共反华的行为，发现有此类影片，予以禁播。此外，印度政府警惕外国传教士以传教为名对印度施加政治干预。See P. L. Lakhanpal, "Not for Exhibition in India: Govt. Stop Showing of American Film on China", *The Delhi Express*, Sept. 30, 1952, collected in British Foreign Office Documents for South Asia, Do-133-116. "Foreign Missionaries in India", June 17, 1954, collected in British Foreign Office Documents for South Asia, Do-133-143.

政府对待国际合作署专家的态度形成鲜明的对比。[①]

　　印度政府之所以给予福特基金会如此大的活动自由，恩斯明格与尼赫鲁之间的个人关系发挥了不可小觑的作用。恩斯明格到达印度后，与尼赫鲁建立了极其密切的个人关系。尼赫鲁允许恩斯明格随时打电话给他，讨论与印度发展有关的任何问题。恩斯明格在口述史中，回顾了他和尼赫鲁之间的关系：

　　　　从 1951 年 11 月我第一次踏上印度的土地，到 1964 年 5 月尼赫鲁去世，我和尼赫鲁之间一直保持密切的私人联系，交流和公务合作……我们互相尊重，共同商讨如何改善印度人民的生活状况。我从来都可以轻松地见到尼赫鲁，对此我都感到有些吃惊。尼赫鲁办公室秘书从来没有询问我约见的目的，从来没有推迟过我的预约，从来也不打发我去见别的人。只有一次，从我提出约见请求，到请求被允许花了三天时间，这是鲜有的一次例外。[②]

二　援助方案出台

　　恩斯明格到任后，立刻深入印度农村调研，并制订具体的援助方案和预算（见表 4—1）。恩斯明格在印度农业研究委员会副主席 K. R. 达姆拉（K. R. Damle）、农业部官员 S. C. 罗易（S. C. Roy）等陪同下，到旁遮普、北方邦、比哈尔、西孟加拉邦、安德拉、迈索尔邦考察，了解民情，选择发展试点。通过考察，恩斯明格在印度 15 个重要的邦各选一处建立农业发展试点，每个试点覆盖 100 个村庄，开展全面提升农民生活的综合性农业发展计划。同时，资助阿拉哈巴德农业研究所，培养社区发展所需人才。1951 年 12 月中旬，福特基金会董事会通过了恩斯明格拟订的援助方案。

---

① Rajeshwar Dayal, *Community Development, Panchayati Raj and Sahakari Samaj*, Delhi: Metropolitan Book Co. Private LTD., 1965, pp. 55–59.

② Douglas Ensminger, Oral History, "Relationships with Nehru", Douglas Ensminger Papers (MS 1315), box 1, Manuscripts and Archives, Yale University Library, Nov. 29, 1971.

表 4—1　　　　　　　　福特基金会对印度援助方案
　　　　　　　　　　　　　（1951 年 12 月）　　　　　　　　单位：美元

援助项目情况		援助金额	
已通过援助经费（Approved Grants）	村庄发展计划（为期三年）	1200000	2225000
	阿拉哈巴德农业研究所	940000	
	甘地社区纪念中心	85000	
预期援助经费（Contemplate Grants）	根据援助阿拉哈巴德农业研究所的经验有选择地援助三所农业大学	1000000	1500000
	针对农业发展计划培训公共卫生工作者到村庄工作	500000	
总计		3725000	

资料来源：Paul C. Hoffman, "A Letter to John Cowles", Dec. 19, 1951, Douglas Ensminger Papers (MS 1315), box 1, Manuscripts and Archives, Yale University Library.

三　《印美技术合作协定》的签署

福特基金会认为，美国政府应该通过第四点计划帮助印度农业发展，将埃塔瓦县试点计划的经验在全印推广。霍夫曼与美国驻印大使鲍尔斯建议美国政府为印度提供更多的经济援助，特别是针对农业发展的援助。1951 年 12 月，霍夫曼指出，美国必须投入至少6.2 亿美元，"拯救印度和巴基斯坦以免滑入共产主义轨道"。对于"拯救"印巴，霍夫曼自信满满，"我相信一个四年期的合理的发展计划，投入大概 5 亿美金，可以产生巨大的贡献，帮助印度人改善生活水平，保障稳定，同时让他们对未来心怀希望。印度四年以后何去何从，很大程度上取决于我们今天的立场和决定。巴基斯坦的情况也类似，每年投资 3000 万到 4000 万美元，将会大大改变巴基斯坦的发展方向"。[①] 鲍尔斯指出，"在过去的 8 到 10 个月里，印度和美国之间已经多少达成了某种共识，尼赫鲁在对共产主义，尤其

---

① "U. S. Alone can Save India from Red Orbit", *The Times of India*, Dec. 23, 1951.

是对苏联的态度上已经相当明确"。① 他请求美国每年为印度提供 2 亿到 2.5 亿美元的援助。遗憾的是，美国国会最终通过的援助预算中，对印度援助金额只有 4500 万美元。②

除此之外，恩斯明格与鲍尔斯向尼赫鲁总理转达了美国的援助意愿，表示美国政府将提供 5000 万美元援助印度农业发展。尼赫鲁在给计划委员会副秘书长塔洛克·辛格（Tarlok Singh）的信中指出，不应该让美国的资金和专家参与到五年计划的制订和实施过程中，而是应该用于特殊的用途。鲍尔斯和恩斯明格建议美国出资帮助印度农业发展，将北方邦埃塔瓦县和法里达巴德（Faridabad）地区的发展经验扩展到全印度。尼赫鲁认为鲍尔斯和恩斯明格的建议很好，只是尼赫鲁认为应该将埃塔瓦县和旁遮普尼洛凯里（Nilokheri）地区的发展实践进行推广。③

在鲍尔斯和福特基金会的共同促进下，1952 年 1 月 4 日，印美政府签订了《印美技术合作协定》。美国政府针对印度既有的发展项目提供经济和技术的援助，主要用于提高农业产量、发展灌溉设施、开发自然资源，此外还涉及工业、矿业、交通、通信、教育等领域。接受援助的发展项目，可以同时得到印度政府和美国政府的共同资助。印度政府负责在印度国内购买材料、修建房屋等费用，进口商品的运费，为美国的技术专家提供住宿以及生活补助等。美国政府提供的资金主要是外国专家、培训机构以及一些合作协议的费用。美元主要用于购买技术合作项目需要用到的材料与设备。美国提供的资金包括贷款与赠予两部分。④

---

① Chester Bowles, "A letter to Gobind Behari Lal", July 22, 1952, Chester Bowles Papers (MS 628), box 8, Manuscripts and Archives, Yale University Library.

② *FRUS*, Washington: United States Government Printing office, Vol. 11, 1952-1954, pp. 1634-1647.

③ Jawaharlal Nehru, "to Tarlok Singh", Dec. 28, 1951, in *Selected Works of Jawaharlal Nehru*, New Delhi: Jawaharlal Nehru Memorial Fund, Teen Murti House, Series 2, Vol. 17, 1995, pp. 268-270; "Proposals for Community Development", in *Selected Works of Jawaharlal Nehru*, New Delhi: Jawaharlal Nehru Memorial Fund, Teen Murti House, Series 2, Vol. 17, 1995, p. 267.

④ Government of India, Ministry of Finance, "Report on the Indo-U. S. Technical Co-operation Programme", 1962, pp. 2-3.

　　《印美技术合作协定》签订后，美国在 1952 财年和 1953 财年，为印度提供的发展援助资金分别为 52759888 美元和 4540 万美元（见表 4—2）。虽然，这距离鲍尔斯和霍夫曼建议的金额还有较大差距，但是，比起 1951 财年 633950 美元的援助额，已经有大幅上升。[①] 不仅如此，印度获得的援助资金，比同时期美国对其他东南亚国家的援助资金要高许多。

表 4—2　　　　　　美国对南亚、东南亚的援助

（1951—1953 财年）　　　　　　单位：美元

受援国	1951	1952	1953	总计
阿富汗	64076	257720	691000	1012796
缅甸	10061	14154089	7000000	21164150
锡兰	35200	10867	—	46067
印度	633950	52759888	45400000	98793838
印度尼西亚	2472	9874021	3531000	13407493
马来西亚	1440	—	—	1440
尼泊尔	35102	199832	344400	579334
巴基斯坦	402481	10624331	12214000	23240812
菲律宾	86672	—	—	86672
泰国	55931	—	—	55931
其他地区	—	155598	128300	283898
总计	1327385	88036346	69308700	158672431

　　资料来源：Mutual Security Act Extension 1953：Staff Memorandum on TCA Programs in South Asia（Title Ⅲ），April 30, 1953, Washington：United States Government Printing Office, 1958, p. 1.

　　《印美技术合作协定》涉及印度发展的方方面面，但主要针对农业发展方面，农业、交通、医疗卫生、教育以及社区发展占了援

---

　　① *Mutual Security Act Extension* 1953：*Staff Memorandum on TCA Programs in South Asia* （Title Ⅲ），Apr. 30, 1953, Washington：United States Government Printing Office, 1958, p. 1.

助金额的绝大部分（见表4—3）。

表4—3　　　　　　　《印美技术合作协定》援助资金

（1952—1962年）　　　　　　　单位：美元

援助领域	金额
农业	114565000
制造业	100065000
交通	77524000
劳工市场（Labour Sector）	2535000
医疗卫生	103621000
教育	16440000
政府管理	394000
社区发展、社会福利及住房改善	14936000
其他综合方面（General and Miscellaneous Sector）	4120000
剩余农产品（surplus）	67667000
行政费用以及技术帮助	12781000
总计	514648000

资料来源：Government of India, Ministry of Finance, "Report on the Indo-U. S. Technical Co-operation Programme," 1962, pp. 2-3.

除此之外，美国在《印美技术合作协定》下，为印度提供技术专家。据统计，1952年到1962年间，共有665名美国专家到印度担任发展顾问。每位专家在印度工作时间为两年左右。这些专家大多来自国务院或农业部，是农业、公共卫生和教育等领域的专家。在此期间，有2356名印度专家接受《印美技术合作协定》的资助，到美国学习交流。[①] 印度政府在获得了美国政府和福特基金会的共同资助下，于1952年10月2日甘地诞辰日这天，正式启动全国农村社区发展计划，并成立社区发展部负责相关事宜。

---

① Government of India, Ministry of Finance, "Report on the Indo-U. S. Technical Co-operation Programme", New Delhi, 1962, p. 3; *Mutual Security Act Extension* 1953: *Staff Memorandum on TCA Programs in South Asia* (Title III), April 30, 1953, Washington: United States Government Printing Office, 1958, p. 15.

第三节　美国的发展理念与印度的农村经验

农村社区发展计划是一项全面提升农村社会的综合发展计划，其内容反映了美国发展经济学的主张，美国基层民主自治的精神，同时也是对 20 世纪上半叶印度农村复兴运动经验的吸收和借鉴。

一　印度农村复兴运动的经验

农村社区发展的主要内容来自印度农村复兴运动的经验。英国殖民统治下，印度饥荒频发，在此情况下，少数英国殖民统治者、印度的民族主义者以及一些美国学者开展了复兴农村的试验，试图提高粮食产量，改善村民的生活。其中最重要的农村复兴试验有 5 次，分别是 20 世纪初拉宾德拉纳特·泰戈尔（Rabinranath Tagore）在圣蒂尼克坦（Santiniketan）的试验，20 年代美国人 K. T. 保罗（K. T. Paul）在特拉凡柯尔南部（South Travancore）的马尔坦南（Martandam）开展的试验，30 年代英国文官 F. L. 布雷恩（F. L. Brayn）在旁遮普古尔冈（Gurgaon）地区进行的发展计划，30 年代退休文官弗雷德里克·尼克尔森（Frederick Nicholson）在马德拉斯邦巴罗达（Baroda）开展的试验，以及 40 年代马德拉斯政府启动的 Firka 发展项目。[①]

泰戈尔在圣蒂尼克坦地区进行深入的调研，他认为农村复兴的关键在于教育。泰戈尔特别重视对孩子，特别是女孩的教育，教给他们新的观念，再由他们去影响他们的父母。泰戈尔还认为，教育可以在村民中培养相互信任，教会村民正确的生活方式和疾病常识，以及更有效的耕作办法。

康奈尔大学农业与社会学系毕业的 K. T. 保罗，在马尔坦南地区建设了农业展示中心，教农民使用新的耕作方法，教农民如何增

---

① Government of India, Ministry of Community Development, Panchayati Raj and Cooperation, *Evolution of Community Development Program in India*, Delhi: Manager of Publications, 1963, pp. 1–5.

加土壤肥力。有时，保罗和村民还到集市等人流量大的地方传播农业和畜牧知识。不仅如此，保罗还为印度其他地区培训乡村工作者，让这些乡村工作者到更多的地方建立类似的农业展示中心。

布雷恩的古尔冈发展计划，则是一项旨在全面改善农村公共卫生、促进农业发展、改善教育、促进村民合作发展的综合性发展计划。值得一提的是，布雷恩强调社会改革，包括禁止童婚、建立男女混合学校、减少债务、降低嫁妆额度等，具体操作方法是组建农村建设委员会，由他们开展具体的工作。

巴罗达农村重建强调的是发挥合作社的作用，开展合作运动，另外，重视通过村民自治机构潘查亚特和农村的学校来普及农业知识，推广更有效的耕作方式和灌溉方法。

最后是马德拉斯邦政府的 Firka 发展项目。Firka 的意思是发展区，该发展计划是要通过短期计划，重点解决村庄的交通、供水和合作社等问题，再通过长期计划，推广农业和畜牧知识，改善灌溉，生产土布和发展小工业。[1]

二　埃塔瓦县试点计划——社区发展的原型

印度农村复兴的尝试，为印度的农村社区发展计划提供了启示和宝贵的经验。印度社区发展计划的原型——1948 年北方邦埃塔瓦县的试点计划——就是充分吸收了上述农村复兴的经验。美国学者爱丽丝·索纳（Alice Thorner）曾做出这样的判断，"第一个社区发展计划于 1948 年在北方邦的埃塔瓦县开始，它实际上是一个狂热的美国人阿尔伯特·迈尔（Albert Mayer）大脑的产物，他是城市出身，没有农村背景，对印度的了解也十分有限"。[2] 的确，埃塔瓦县试点计划是在美国建筑师和城市规划师阿尔伯特·迈尔的领导下实现的。印度的社区发展计划是在全国范围推广埃塔瓦县试点计划的

---

① Government of India, Ministry of Community Development, Panchayati Raj and Cooperation, *Evolution of Community Development Program in India*, Delhi: Manager of Publications, 1963, pp. 6-49.

② Alice Thorner, "Nehru, Albert Mayer, and Origins of Community", *Economic and Political Weekly*, Vol. 6, No. 4, 1981, pp. 117-120.

成功经验。埃塔瓦县试点计划的具体措施，后来也成为社区发展计划的主要内容。

　　但是，埃塔瓦县试点计划绝对不是迈尔灵机一动的"大脑的产物"，事实上，迈尔充分吸收借鉴了 20 世纪上半叶农村复兴运动的经验。迈尔阅读布雷恩的著作《改善印度农村》(*Village Uplift in India*)、《一个印度村庄的秘密》(*Secretes in an Indian Village*)、《对旁遮普古尔冈县的一个村庄布达斯的经济调查》(*An Economic Survey of Bhadas, A Village in the Gurgaon District of the Punjab*)、《更好的农村》(*Better Villages*)，以及牛津大学出版社出版的斯宾塞·哈奇 (Spencer Hatch) 对马尔坦南农村发展情况的详细叙述。[①] 不仅如此，迈尔还从英国人伦纳德·艾姆赫斯特 (Leonard Elmhirst) 那里得知了泰戈尔在圣蒂尼克坦地区进行的农村发展试验的情况。艾姆赫斯特毕业于剑桥大桥，后到美国康奈尔大学学习农业经济，他与泰戈尔一起在圣蒂尼克坦进行了改善农村生活的尝试。他们一同到世界各地游历，学习欧洲、美国以及亚洲各国的知识和经验，甚至学习中国平民教育 (Mass Education) 的经验，[②] 与此同时，他们也在这些国家传播印度的经验。后来，艾姆赫斯特回到美国，成为国务院中东农业发展问题的顾问，他与迈尔有密切来往，对迈尔的埃塔瓦县试点计划提供了很多建议。[③]

　　1945 年，阿尔伯特·迈尔获准与尼赫鲁进行了长谈。迈尔表达了在农村建设方面的设想，包括进行房屋规划，提高房屋质量和外观，建设不受气候条件影响的道路，改善村庄排水系统，提高饮用水质量，修建医院、学校、集会的房屋以及仓库等。通过改变村庄外观进而建立现代的生活方式。当然最重要的是推广先进的耕作方

---

　　① Government of India, Ministry of Community Development, Panchayati Raj and Cooperation, *Evolution of Community Development Program in India*, Delhi: Manager of Publications, 1963.

　　② 20 世纪 30 年代，晏阳初博士在河北定县开展平民教育运动。晏阳初领导的平民教育，不仅仅是扫盲，而且涉及乡村生活的方方面面，包括技术培训、成立农村合作社、地方自治等内容。定县的乡村建设运动，在世界范围都有重要影响力。孟雷编著：《从晏阳初到温铁军》，华夏出版社 2005 年版。

　　③ Nicole Sackley, "Village Models: Etawah, India, and the Making and Remaking of Development in the Early Cold War", *Diplomatic History*, Vol. 37, No. 4, 2013, pp. 749-778.

式，改善灌溉条件，促进粮食产量的提高。① 迈尔的建议正符合尼赫鲁和北方邦政府的期望，事实上，早在 1937 年，北方邦国大党政府就建立了农村发展部，开展农村复兴计划。二战的爆发导致该计划被迫中断。1946 年国大党重新执掌北方邦政府，试图寻找改善农村贫困状况的办法。迈尔的许多设想与尼赫鲁不谋而合，因此，尼赫鲁和北方邦政府接纳了迈尔的建议。1946 年 12 月，迈尔提交了农村发展的初步计划，1947 年 2 月北方邦立法院接受了计划的预算提案，首席部长潘特邀请迈尔负责此计划的执行。②

迈尔在实地调研的基础上制订了详细的发展计划，他培训 24 名乡村工作者负责具体工作的开展。埃塔瓦县试点计划取得了可喜的成绩，在 1950 年印度全国经受了严重的自然灾害导致粮食普遍歉收的情况下，埃塔瓦县每英亩土地平均增产了 30%—50%，个别农户的收成增加了 100%—150%。不仅如此，埃塔瓦县还修筑了新的道路和房屋，村庄外观和医疗卫生条件也大幅改善，疟疾、牛瘟、败血症等疾病几乎彻底消失。③ 埃塔瓦县试点计划获得了空前的成功，得到了尼赫鲁的高度赞誉，"过去 3 年里北方邦政府的埃塔瓦试点计划，是在美国工程师阿尔伯特·迈尔的指导下，由两三个美国人协助他，但主要是由他们培训的印度人开展的。该计划不仅要增加粮食产量，而且旨在提高该地区 70—100 个村庄的社区生活。这个计划默默地开展——没有政府的过多介入，也没有大量引进机器设备，而是在村民的帮助下，在村庄原有的基础之上开展起来的。这个试点计划让村民知道他们可以做些什么。第一年没有收到什么成效，第二年开始有所改变，第三年取得了显著成绩。粮食单位面积产量从每英亩 9 莫恩德上升为 23 莫恩德，④ 这是一个重大进步……真正有趣的是在不引进大型灌溉、没有大规模使用机器的情况下，通过良

① Thomai Serdari, *Albert Mayer, Architect and Town Planner: The Case for a Total Professional*, Ph. D. Dissertation, New York University, 2005, pp. 4, 141.

② Albert Mayer, *Pilot Project, India: the story of rural development at Etawah*, Uttar Pradesh, Berkeley, California: University of California Press, 1959, p. 31.

③ *The Times of India*, Feb. 16, 1952.

④ 莫恩德（maunds）是印度的一种重量单位，通常等于 82.28 磅。

好的培训、合作和更好的管理方式，将粮食产量提升100%还多。因此，除了培训和人为因素，没有什么可以阻碍印度实现粮食自给"①。

当福特基金会会长保罗·霍夫曼初次访问印度时，尼赫鲁就热情地邀请霍夫曼参观了埃塔瓦县试点计划。霍夫曼看到埃塔瓦县试点计划取得的成绩，在阿尔伯特·迈尔等少数几个美国人的指导下，通过培训和引导，帮助印度人实现"自促发展"，不仅实现了粮食的增产，而且在印度基层培育了"社区"精神，这是美国援助印度成功的范本。

霍夫曼的好朋友，美国驻印度大使切斯特·鲍尔斯，也十分看好埃塔瓦县试点计划。鲍尔斯认为，立足于基层的"自促发展"，可以成为中国和苏联国家政府主导的自上而下的发展模式的对比。切斯特·鲍尔斯和杜鲁门总统甚至将埃塔瓦县试点计划作为美国"第四点计划"援助印度的成功案例加以宣传，尽管埃塔瓦试点计划的实施是先于"第四点计划"的颁布时间的，而且从始至终没有接受过"第四点计划"的资金援助。②

三　社区发展对甘地思想的借用

印度政府选择在1952年10月2日甘地诞辰日这天正式启动全国农村社区发展计划，将埃塔瓦县试点计划的经验在全国推广。农村社区发展在宣传口号上借助了甘地的思想。福特基金会的恩斯明格指出，"尼赫鲁就是印度……尼赫鲁告诉印度人民他希望他们做什么，人民希望尼赫鲁告诉他们需要怎么做"。与此同时，恩斯明格注意到，甘地在印度人民心目中是近乎神一样的存在。甘地主义思想已经类似于神的启示录，包括尼赫鲁在内的政治家、学者在发表演讲时也总是援引甘地的语录。③在印度，任何的发展计划要想

---

① Jawaharlal Nehru, "the Food Situation", June 11, 1951, in *Selected works of Jawaharlal Nehru*, Series one, Vol. 14, New Delhi: Orient Longman, 1980, pp. 54–55.

② Nicole Sackley, "Village Models: Etawah, India, and the Making and Remaking of Development in the Early Cold War", *Diplomatic History*, Vol. 37, No. 4, 2013, pp. 749–778.

③ Douglas Ensminger, Oral History, "Relationships with Nehru", Nov. 29, 1971, Douglas Ensminger Papers (MS 1315), box 1, Manuscripts and Archives, Yale University Library.

顺利实施，都必须在哲学层面符合甘地主义的主张，这样才不会遭到甘地追随者的反对，才能够获得民众的认可和支持。印度政府特意选择 10 月 2 日甘地诞辰日这天启动农村社区发展计划，无疑也是想要昭告天下，社区发展的理念是甘地思想的延伸。图 4—1 是尼赫鲁办公室桌上的甘地照片。

图 4—1　尼赫鲁办公桌上的甘地照片

（作者拍摄，新德里尼赫鲁官邸，2015 年 1 月。）

　　在某种层面上，农村社区发展的理念与甘地主义思想具有相通之处。社区发展强调农村社区的重要性，主张印度的国家建构、经济发展、民主建设都要通过社区的发展来实现，在这一点上，社区发展同甘地的主张是一致的。1946 年 7 月，甘地在《哈里真报》上写道，"印度独立必须始自底层"，"每个村庄都应该是一个共和国或者潘查亚特，拥有全面的权力。因此每个村庄都应该自给自足，有能力管理自己的事务，甚至抵御来全世界的侵略"。[1] 甘地始

---

① Dr. Narayan Chandra Maiti, *Traditional Caste Panchayat and Aspects of Social Movement*, Kolkata: R. N. Bhattacharya, 2007, p. 108

终坚信，"真正的民主，不是20来人在中央就能实现的，而必须是自下而上的，由每个村庄中的人民实现"。[1]

社区发展强调基层民主精神，《社区发展计划指导手册》中明确写道，"建设一个负责任的、民主的、关心所有人的福利的新印度，必须从帮助每一个村庄建成民主自治开始。即55.8万个村庄都必须实现真正意义的民主，人民选出代表，给予他们指导发展的权力，并让他们通过村庄潘查亚特民主地管理村庄。潘查亚特成员必须清楚，潘查亚特是人民依法选举出来的机构，必须对人民负责。潘查亚特必须代表人民的利益，同时要影响、激励人民有更高层次的意愿，促进个人、家庭和村庄的发展"。[2] 在这一点上，社区发展与甘地思想有相似之处。甘地提出萨尔乌达耶（Sarvodya）的概念，主张"村庄应当是经济上自给自足，政治上自治的"。[3] 在甘地看来，民主是一种生活方式，农村潘查亚特和乡村共和国就是古代民主最好的诠释。在家庭的基础上选出一个代表，在此基础上再选出一个村庄的代议制机构，几个村庄再选出一个县，再推至全国的层面。这才能防止村庄被党派、派系、种姓、宗教分裂。[4] 人民通过潘查亚特管理自身事务，自给自足、自我帮助。在甘地看来，这正是印度文明的精髓，正是社会组织的真正原则。[5]

在农村社区发展的实施过程中，福特基金会强调社区发展理念与甘地思想的共同之处。福特基金会专门出资85000美元，资助建立甘地社区纪念中心，并且特意选拔一些甘地修行所的成员，让他

---

[1]　Munni Padalia, "A Concept of Democratic Decentralization", M. P. Dubey Munni Padalia, *Democratic Decentralization and Panchayati Raj in India*, New Delhi: Anamika Publishers and Distributors, 2002, p. 58.

[2]　India Ministry of Community Development, *A Guide to Community Development*, Delhi, 1957, pp. 197-198.

[3]　Saroj Malik, "Sustainable Development: Gandhian Perspective", M. P. Dubey Munni Padalia, *Democratic Decentralization and Panchayati Raj in India*, New Delhi: Anamika Publishers and Distributors, 2002.

[4]　R. K. Pruthi, *History of Modern India*, New Delhi: Mohit Publications, 2005, pp. 249-250.

[5]　[印] 帕尔塔·查特吉：《民族主义思想与殖民地世界：一种衍生的话语》，范慕尤、杨曦译，译林出版社2007年版，第140页。

们担任社区发展的乡村工作者。① 这些做法为社区发展争取到不少甘地主义者的支持，更借助他们在农民中的威信和影响力，去说服农民接受和支持社区发展。

但福特基金会很清楚，社区发展虽然在某些主张上与甘地思想具有一致性，但是在终极目标和精神内涵上，与甘地思想是截然不同的。甘地思想的终极目标是建设村社自治的农村社会，其精神内涵是对现代工业文明和西方政治制度的批判。而农村社区发展的短期目标是实现粮食的自给自足，长远目标是培育一批相信现代化的新的农村精英阶层，通过他们推动现代思想、知识和制度的变化。②

四 社区精神

农村社区发展的精神内涵不是甘地倡导的农村自治，而是培育现代基层民主精神，让民主和自由的思想在广大农村生根发芽。社区发展所描述的"社区精神"，更多的可以理解为美国 19 世纪的乡镇精神。

> 在美国，乡镇不仅有自己的制度，而且有支持和鼓励这种制度的乡镇精神。新英格兰的乡镇有个到处可见的激励人们进取的优点，那就是独立和有权。
>
> 新英格兰的居民依恋他们的乡镇，因为乡镇是强大的和独立的；他们关心自己的乡镇，因为他们参加乡镇的管理；他们热爱自己的乡镇，因为他们不能不珍惜自己的命运。他们把自己的抱负和未来都投到乡镇上了，并使乡镇发生的每一件事情与自己联系起来。他们在力所能及的有限范围内，试着去管理社会，使自己习惯于自由赖以实现的组织形式，而没有这种组织形式，自由只有靠革命来实现。
>
> 在民主制度下，蔚为大观的壮举并不是由公家完成的，而

---

① Paul C. Hoffman, "A letter to John Cowles", Dec. 19, 1951, Douglas Ensminger Papers (MS 1315), box 1, Manuscripts and Archives, Yale University Library.

② ［美］W. W. 罗斯托:《经济增长的阶段: 非共产党宣言》，郭熙保、王松茂译，中国社会科学出版社 2001 年版，第 26—27、280 页。

是由私人自力完成的。民主并不给予人民以最精明能干的政府，但能提供最精明能干的政府往往不能创造出来的东西：使整个社会洋溢持久的积极性，具有充沛的活力，充满离开它就不能存在和不论环境如何不利都能创造出奇迹的精力。这就是民主的真正好处。①

社区发展的理念，不仅追求现代化和工业化，而且强调要通过民主的方式实现发展。印度社区发展部部长 S. K. 戴伊，在为恩斯明格创作的《社区发展指导手册》一书所做的序言中写道：

> 20 世纪上半叶，针对如何削减贫困，提高人民生活水平，以及建设一个强大的政府机构来保护公民权利，世界上已经出现了不止一种的意识形态的方案（ideological pattern）。来自世界各地不同地区的经验，已经确认了贫困是可以被消灭的。然而，还有一个问题有待证实，那就是人类物质生活的富足可以与精神上的自由和尊严共存。
>
> 人类要为了满足基本生活需求，出卖灵魂吗？只有很好地解决了这个问题，民主才能够存活。印度的社区发展就是为了寻求这个问题的答案而进行的全面尝试。②

美国驻印度大使鲍尔斯指出，印度的社区发展是"全世界的转折点"。社区发展在印度的成功，将意味着亿万亚洲贫穷、饥饿和饱受疾病困扰的人民投入民主自由的阵营。反过来，社区发展如果失败，他们将从"共产主义中国和专制制度"中寻求解决之道。③欠发达国家的民众不一定能够理解和接受美国民主的概念。④ 为此，

---

① ［法］托克维尔：《论美国的民主》，董果良译，商务印书馆 2010 年版，第 74—76 页。

② Government of India, Ministry of Community Development, *A Guide to Community Development*, Delhi, 1957, p. ii.

③ Chester Bowler, "Asia Challenges US through India", *New York Times*, Mar. 23, 1952.

④ See Nick Cullather, "Hunger and Containment: How India became 'Important' in US Cold War Strategey", *India Review*, Vol. 6, No. 2, 2007, pp. 59—90.

社区发展借助甘地潘查亚特民主的思想，在农民中培育现代基层民主精神，为农民提供现代民主政治的训练。

社区发展要在印度农村培育乡镇精神或者说现代基层民主精神，用自由和民主击退专制和革命的意识形态。从这一角度来说，社区发展是在印度农村开展现代化理论的试验，同时也是一场东西方意识形态的较量。

第四节　现代农耕方式的推广

印度独立后面临的一个重要任务是实现粮食的迅速增产。实现粮食增产的方式有很多种，例如开展彻底的土地改革，实现耕者有其田，刺激农民生产积极性；抑或是保障粮食价格和粮食交易市场，以价格和市场刺激农民生产积极性；再或者是提高农业资金和技术的投入，为农民提供先进的农具和灌溉设备，以促进粮食增产。20 世纪 50 年代，印度政府没有采纳通过价格和市场刺激促进粮食增产的方案，[1] 在土地改革方面也进行得很不彻底，[2] 同时，印度政府没有办法保证为农村和农业提供充足的资金和技术投入。[3]在此情况下，农村社区发展增加粮食产量的主要办法是培训乡村工作者，通过乡村工作者，在农民中间推广现代农业耕作的理念和方法。

一　培训乡村工作者

1951 年 12 月，福特基金会董事会批准对印度的第一期发展援助，提供 120 万美元，资助印度建立 15 个农业发展试点，并且建立 5 个培训中心，为农业发展试点培训乡村工作者。1952 年 10 月

---

① Douglas Ensminger, Oral History, "The Foundation's Persistent Concern and Role in Assisting India Achieve a Status of Food Enough for its People", Jan. 5, 1972, Douglas Ensminger Papers (MS 1315), box 4, Manuscripts and Archives, Yale University Library.

② ［印］A. 古拉蒂主编：《巨龙与大象：中国和印度农业农村改革的比较研究》，科学出版社 2009 年版。

③ See C. D. Deshmukh, *Lectures on the Pre-Requisites of Development in Under-Developed Countries*, Nagpur: Nagpur Vidyapeeth Mudranalaya, 1961-1962.

2日，尼赫鲁政府启动全国范围的农村社区发展计划，新增55个农村社区发展试点。尼赫鲁政府请求福特基金会新增29个培训中心，为全国社区发展培训乡村工作者。此外，福特基金会拨款94万美元援助阿拉哈德农业研究所，帮助该研究所开设培训课程。① 福特基金会资助的培训中心，每年开设两期培训班，每期可以培训60名左右的乡村工作者。福特基金会为每个培训中心配备外籍培训老师。图4—2是福特基金会援助的发展试点和培训中心的分布情况。

乡村工作者是从印度年轻人中选拔出来的，有志于村庄工作，并且具备相应的能力和农业发展的经验。下面是1952年阿拉哈德农业研究所在北方邦的报纸上刊登的一则招聘乡村工作者的广告：

> 阿拉哈德附近将进行的一项为期3年的农村发展（扩展）项目，现需要乡村工作者，欢迎报名申请。基本要求是对农业感兴趣，愿意到村庄中生活并使用印地语工作。最低受教育水平为matriculation。附加条件包括如下几条，应符合其中的一条或多条：拥有农业学校的毕业证书（北方邦），中级农业学校毕业证书（北方邦），印度乳制品制造的证书，农业理学学士学位，农业工程理学学士学位，懂得英语，有教育、公共卫生或其他发展活动方面的经验。申请截止日期是1952年4月10日，申请请寄往阿拉哈德县农业研究所农业扩展系，系主任收。②

从这则广告中可以看到，乡村工作者应当具备以下基本条件：毕业于专门的农业大学或者有相应的学习和工作经验，需要懂得英语和印地语。事实上在筛选录用的时候，懂得阿拉哈德地方方言的人优先录用。乡村工作者需要对农业感兴趣，愿意到农村生活、愿意干脏活，有应对各种紧急事件的能力。广告中没有刊登出乡村

---

① Paul C. Hoffman, "A letter to John Cowles", Dec. 19, 1951, Douglas Ensminger Papers (MS 1315), box 1, Manuscripts and Archives, Yale University Library.

② Douglas Ensminger, Oral History, "Allahabad Agricultural Institute", Douglas Ensminger Papers (MS 1315), box 12, Manuscripts and Archives, Yale University Library, p. 9.

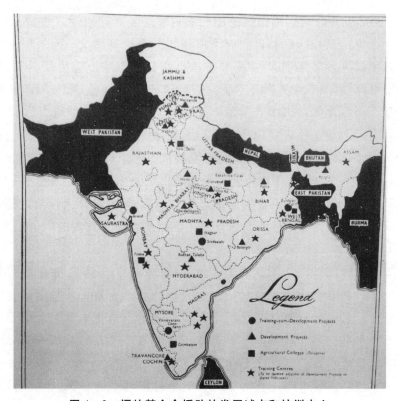

图4—2   福特基金会援助的发展试点和培训中心

资料来源：Ford Foundation, Preliminary Report on Programs in India, Receiving Ford Foundation Assistance, New Delhi：Ambassador Hotel, 1952.

（图片说明：圆形标示的是 5 个发展和培训一体的发展中心，三角形标示的是 10 个农业发展试点，正方形标示的是 5 个借助农业大学开展培训的基地，五角星标示的是 24 个培训中心。补充说明：此图为 1952 年福特基金会绘制的地图，本书选用此图是为了展示福特基金会在印度的培训基地分布情况。本书不涉及边界争议问题的讨论，此图不代表笔者在边界问题上的立场。）

工作者的薪水，事实上研究所提供的月薪在 75—145 卢比之间（不同教育水平和经验不同的人工资待遇有所不同）。对于当时农业学校毕业的学生来说，这样的工资待遇很优厚，很有吸引力。因为这些农大毕业的学生，还不足以进入国家文官系统，到城里找份体面的工作也实属不易，担任农村教师每月工资最多也就 30—40 卢比，而且没什么社会地位。因此，阿拉哈巴德农业研究所的广告一经刊登，迅速收到了 800 份申请书。研究所通过材料审核和面试的形式，最后从这 800 人中只选出了 40 名符合条件的人。①

对于招募到的有志于担任乡村工作者的年轻人，要经过福特基金会的培训中心或阿拉哈巴德农业研究所的严格培训，才能够成为合格的乡村工作者。在为期 6 个月的培训课程中，乡村工作者需要学会现代耕作的技能，包括操作排种机，使用机器喷雾器浇水，使用化肥、杀虫剂、水泵、保温箱，培育幼苗等。考虑到村民大多数不识字，福特基金会制作了很多简明的图册、照片、电影分发给乡村工作者。乡村工作者甚至要学习通过编排话剧、歌谣等方式向农民形象地展示现代耕作方式相对传统耕作方法的优越性所在。② 对于乡村工作者来说，还有一项技能非常重要，那就是依靠村庄中有影响力的人物。到村庄之后，乡村工作者要和农民做朋友，并迅速找到村庄最具影响力的人，这些人可能是财大气粗的地主，也可能是村中的长者，或者是备受村民信赖的人物。乡村工作者在开展工作的时候，最重要的是，与这些有影响力的人物商量和合作，通过他们向村民推广现代耕作理念。③

在接受 6 个月的培训课程后，乡村工作者赶赴各个村庄推广现代耕作方式，但是乡村工作者的工作面临诸多的问题，甚至引起村民的敌意。恩斯明格在口述史中记述了这样一个细节：

> 一批乡村工作者刚刚赶赴一个村庄，就被一批村民赶走，并被警告永远不要再来村庄。这批乡村工作者返回培训中心，跟培训老师商量对策。第二天，这批年轻人鼓起勇气回到村

① Douglas Ensminger, Oral History, "Allahabad Agricultural Institute", Douglas Ensminger Papers (MS 1315), box 12, Manuscripts and Archives, Yale University Library, p. 9.

② Ministry of Food and Agriculture and the Community Projects Administration and Indian Council of Agricultural Research, "Guide for Village Worker: Extension Methods", New Delhi, 1955, pp. 1–37, collected in Douglas Ensminger Papers (MS 1215), box 12, Manuscripts and Archives, Yale University Library.

③ Ministry of Food and Agriculture and the Community Projects Administration and Indian Council of Agricultural Research, "Guide for Village Worker: Extension Methods", New Delhi, 1955, pp. 53–57, collected in Douglas Ensminger Papers (MS 1215), box 12, Manuscripts and Archives, Yale University Library.

庄，跟村民耐心地解释他们的工作，表示他们要帮助农民，让农民都吃饱饭，帮助村民建立学校等。一些村民渐渐接纳了乡村工作者，表示愿意试试他们的改良小麦种子。乡村工作者向村民保证，一定会亲自用自行车将小麦种子运到村庄里。但是，当种子到达社区发展中心时，下起了倾盆大雨，道路和桥梁都被雨水冲毁。乡村工作者没办法按原计划用自行车运输种子，也没办法使用卡车。乡村工作者知道，如果没有办法兑现诺言，他们之前的所有努力将付诸东流，最后他们用肩膀将种子一袋一袋地背到村庄中。这一行为让农民着实吃了一惊，他们没想到乡村工作者会兑现诺言，更没想到他们会如此努力地让农民用上新种子。在这种情况下，村民才允许乡村工作者进入村庄工作。[①]

村民对乡村工作者和社区发展之所以带有敌意，是因为村民固守传统的耕作方式，顽固地不愿意接受任何新的事物吗？事情并非如此简单。事实上，很多村民是乐于接受新事物的，只是乡村工作者和社区发展计划并没有为村民提供足够的配套条件。相反地，乡村工作者的工作过度依赖于地主和权力精英，只有这些少数人真正享受到了社区发展的实惠。至于平民百姓，不但没有享受到社区发展带来的好处，反而徒增了很多新的工作。

二 乡村工作者的工作日记

人类学家 S. C. 杜布（S. C. Dube）通过田野调查记录了农村社区发展计划在一个拉吉普特村庄开展的情况。一位乡村工作者来到了该村庄工作，通过一段时间的努力，他获得了当地村民的信任。杜布请这位乡村工作者每天晚上工作结束后写一篇日记，将当天的工作情况记录下来。杜布并没有提到这位乡村工作者的名字，为了写作方便下文将其称作拉吉。拉吉按照杜布的要求，每天记日

---

① Douglas Ensminger, Oral History, "the Ford Foundation's Nineteen Years of Involvement with India's Community Development Program", July 11, 1972, Douglas Ensminger Papers (MS 1215), box 12, Manuscripts and Archives, Yale University Library, pp. 115-16.

记。这份日记成为了解乡村工作者工作情况的宝贵材料。从拉吉的日记中可以看到，他到拉吉普特村之后的主要工作是示范点播机和条播机的使用方法。几乎所有的示范都是在村庄中的辛格种姓的土地上完成的。辛格种姓是拉吉普特村的高等种姓，并且也是地主。拉吉示范的时候，观摩的人员也主要来自辛格种姓。

帕姆拉·辛格（Bhamula Singh）允许我在他的土地上示范使用点播机。但是帕姆拉没有遵守诺言，他说要到另一块土地上工作，因此无法让我在他的土地上示范了。我又找到了卡布尔·辛格（Kabul Singh），卡布尔同意提供 1bigha 的土地供我进行示范。bigha 是北方邦当地的丈量单位，大约等于 1/5 英亩。我示范的时候，在场的人员除了合作社的工作人员卡姆达尔（Kamdar），卡布尔和他的 3 个儿子、2 个仆人以外，还有10 来个别的村民。普里迪非·辛格（Prithvi Singh）和帕姆拉·辛格也在围观的人群里，他们俩是村子中小有名望的人。其他路过的村民会逗留几分钟，但很快就离开了。①

由此可以看出，对点播机的使用感兴趣的主要是辛格种姓，也就是土地所有者。但是土地所有者本人是不从事土地耕种的，他们将土地租佃给其他种姓的农民。地主本人不用付出太多的劳动就可以享有土地的大部分收成。对于佃户而言，无论他们采取什么样的办法耕种土地，无论土地的产出有多少，他们永远只能获得勉强糊口的粮食。这在某种程度上可以解释为什么其他种姓的村民对于条播机和点播机的使用不感兴趣。一位村民直言，"如果我们使用点播机，我们将要付出比现在多 20 倍的时间和劳动来播种，那将是农业的末日"。② 使用点播机未必真像这位农民所言会成为农业的末日，但无疑会大大增加佃农的劳动，而他们的辛勤劳动不会为他们自己带来丰厚的回报。

---

① S. C. Dube, *India's Changing Villages: Human Factors in Community Development*, London: Routledge and Kegan Paul Ltd, 1958, pp. 192-196.

② Ibid..

拉吉的日记中还记载了他和卡布尔·辛格的对话。卡布尔拥有土地，并且配合拉吉的工作，提供土地进行点播机和化肥使用的示范。但这并不是因为他看到了现代耕作方式可能带来的生产进步。

　　乡村工作者很真诚，也很敬业。他请求在我的土地上进行示范，我不能拒绝他……说句老实话，这些天总有人到我家来，请求我做各种各样的事情。为了拉吉的示范，我要做很多工作。我得一颗一颗地挑选饱满、健康的种子。这就花了我好长时间，谁有这么多时间做这些事情？之后我们要选一块地，再用这个机器在土地上挖洞，再一个洞一个洞地播种。拉吉说我们明年可以收获良种，可能他说的会实现，但是政府会给我们钱让我们雇佣更多的劳工吗？绝不！政府只想着收税！如果明年政府再让我们这样做，我们还是一样会照做。但是我们没法把所有的时间精力都投入到这件事情上。我们雇用的劳工也没那个耐心，我们必须时刻监督他们，否则他们就会按照以前的办法完成工作……这种新的肥料短期内会提高产量，但是这会破坏土壤的肥力……政府免费发放肥料，我愿意接受。不过政府给的量很少，只够一小片土地使用。政府如果要免费发配料，为什么不发足够的量……我们之前好几年就已经在使用新的小麦种子，看上去确实不错，也确实能更好地抵御雨水和霜冻，拿到市场上也能卖个好价。有人说产量有所提高了，但是我觉得和当地的小麦种的产量没区别。唯一有别的是，当地的种子种出来的小麦味道更好。如果为了健康着想的话，新种子一无是处。①

迪克卡·辛格（Tikka Singh）也有相似的看法，他抱怨道：

　　他们总是让我们买各种各样的新机器。每个人都说这些机

---

① S. C. Dube, *India's Changing Villages: Human Factors in Community Development*, London: Routledge and Kegan Paul Ltd, 1958, pp. 192-196.

器有多好多好。您曾目睹了它们到底有多好吗？条播机从一开始就老出问题。其他的机器也是这样。就拿普里迪非·辛格来说吧，他有一辆拖拉机。为了买这辆拖拉机，他把所有的耕牛都卖了。而拖拉机带给他的是无穷无尽的麻烦。他必须经常花钱修理拖拉机，这也耽误了农时。最后不得不花钱雇别人的耕牛来耕地。所以说机器是靠不住的。[①]

三　理想与现实

社区发展计划试图全面改造全印度 55.8 万个农村的面貌，这个社会改造计划过于宏大，很难落实。乡村工作者的数量远远不够，这导致乡村工作者的工作主要只能针对极少数的农村精英。另外，现代耕作方式的普及，需要有大量的良种、化肥、耕作和灌溉设备的配套。在这些设施不齐全的情况下，也只有极少数人可以尝试现代耕作方式。

1957 年印度计划委员会指派巴尔万特赖·梅塔委员会调查社区发展开展情况。[②] 表 4—4 是北方邦 11 个社区发展区的乡村工作者的数量。

表 4—4　　　　　　　　　　北方邦社区发展的基本情况

区名 （Block）	面积 （平方英里）	可耕地面积 （英亩）		可开垦的荒地面积 （英亩）	村庄数量 （个）	人口 （人）	乡村工作者数量（人）
		可灌溉	不可灌溉				
Bhagyanagar	103.7	14863	31361	8689	90	69816	28
Arazilines	160	23437	18766	1383	232	137633	15
Mehewa	145	28600	28500	700	102	92941	29
Ghatampur	174	11762	78269	23300	121	77631	12

---

① S. C. Dube, *India's Changing Villages: Human Factors in Community Development*, London: Routledge and Kegan Paul Ltd, 1958, p. 200.

② Government of India, Committee on Plan Projects, *Report of the Team for the Study of Community Projects and National Extension Service*, Vol. III, New Delhi, 1957.

续表

区名 （Block）	面积 （平方 英里）	可耕地面积 （英亩）		可开垦的 荒地面积 （英亩）	村庄 数量 （个）	人口 （人）	乡村工 作者数 量（人）
		可灌溉	不可灌溉				
Bhathat	62.5	33090		1108	93	82390	7
Loni	99.8	17914	36340	2376	85	62525	9
Sultanganj	93	24776	49534	N. A.	60	54285	10
Sargaghat	290	2052	11086	4100	189	31953	10
Chirgaon	188.25	4789.25	83822	20662	118	45424	14
Garur Baijnath	213	1882	16838	22117	323	52019	10
Kasia	81.75	29346	6967	1864	107	77471	10

资料来源：Government of India, Committee on Plan Projects, *Report of the Team for the Study of Community Projects and National Extension Service*, Vol. 3, New Delhi, 1957, pp. 189-190.

根据巴尔万特赖·梅塔委员会的调查，一方面，社区发展在其他邦开展的情况与北方邦类似，从表4—4可以看出，乡村工作者的数量明显不足。在很多地区，1个乡村工作者要负责10来个村庄的工作，在部分村庄，甚至30多个村庄才有1位乡村工作者。每一位乡村工作者负责如此众多的村民，很难与每位村民建立联系，他们的工作不得不依靠和针对村庄中的地主和精英。这直接导致在绝大多数的村庄中，只有地主和精英才能享用社区发展的主要资源，平民百姓无法享受社区发展的好处，却面临更多的工作和任务。

另一方面，现代耕作设备、化肥、种子供应不足。印度独立时虽然有一定的工业基础，但是发展水平不高，能生产现代农用工具和化肥的工厂极为有限。美国在《印美技术合作协定》下为印度提供有限的援助，1952年为印度提供了21.5万吨化肥，一部分供社区发展的乡村工作者示范使用，另一部分向农民出售。1955年和1956年，印度政府要求美国增加化肥供应，美国增援了7.7万吨化肥。印度本国生产钢铁、管井等设备的能力也极为有限。1952年，美国为北方邦、旁遮普和比哈尔邦提供了2000台管井，之后又追加了 1000 台。调查显示，截止到 1958 年，美国援助印度的物品中，有价值 51.3 万美元的农业设备基本没有派上用场，价值 25.9 万美元的灌溉设备没有投入使用。此外，大量的管道使用不当，大批医疗设备、视听设备、印刷设备没得到合理使用。不仅如此，美国向印度提供的机器一旦出现故障就遭到闲置，原因是没有技术工人修理，也没有必需的零配件。[①]

印度农村社区发展的过程中，不少地主和农民在乡村工作者的劝说下，勉强答应试用现代耕作工具，但是这些机器、化肥的供应很不稳定，用坏了也没有办法维修，很多农民在试用不久后就放弃了。因此，虽然部分政府报告和福特基金会的报告显示，社区发展期间农村地区试用化肥、水泵等工具的数量有一定的上升，但持续使用这些工具的农民数量比报告中的数据要更低。

第五节　现代生活方式和文化心态的培育

社区发展不仅是推广现代耕作方式的粮食增产计划，更是全方位改变农民生活和心态的社会教育计划。所谓的社会教育，就是要用现代的生活方式和文化心态，取代受到种姓和宗教钳制的传统文化和观念。美国援助者认为，印度农村社会是典型的传统社会，种姓制度和宗教习俗是传统社会的典型特征。社区发展就是要发挥教育的力量，通过社会教育，在村民中培养现代生活方式和文化心态，以此逐渐淡化宗教和种姓制度的影响。

一　挑战宗教习俗的尝试

印度堪称世界的宗教博物馆，几乎每一个生活在这片土地上的人都信仰特定的宗教。印度是佛教的发源地，拥有为数众多的穆斯

---

① The Comptroller General of the United States, " Report to the Congress of the United States: Examination of Economic and Technical Assistance Program for India International Cooperation Administration Department of State, Fiscal Years 1955-1958", United States: General Accounting Office, 1959, pp. 46-54.

林，在 20 世纪还有不少人皈依了基督教，此外还有锡克教、耆那教等众多宗教。除此之外，绝大多数的印度人信仰印度教。印度教是对一系列的哲学思考、文化和社会习俗以及仪式行为的总称，在具体观点和行为方式上表现出极大的多样性。印度教有三大主神，即梵天、毗湿奴和湿婆，此外印度教有超过 3000 万个神灵，甚至许多动物也被印度教徒供奉为神明，除了众所周知的牛、猴子，甚至一些庙宇供奉老鼠。印度教相信生命具有灵魂，公元 7 世纪，商羯罗提出灵魂不死、业报轮回的学说，成为印度教的基础。印度教徒重视来世，强调通过严格的戒律、祭祀等方式摆脱轮回。印度独立后宪法规定，印度是一个世俗国家，不设立国教，允许不同宗教的存在并保护自由传教，也即"信仰自由、宗教平等、政教分离"。这样，所有的宗教都被很好地保护起来。①

宗教信仰极大地影响着农民的生活、耕作，甚至思考方式。这些生活方式在现代化论者看来属于传统社会的特征，也即现代社会的对立面。② 例如，由于相信万物有灵，并且拒绝杀生，很多农民拒绝使用杀虫剂，甚至在 1950 年发生大规模蝗灾的时候，农民仍然拒绝使用杀虫剂。③ 再比如，印度教徒将牛视为圣物，不吃牛肉，也不允许杀牛，即便发生饥荒，仍然不食用牛肉，反而继续使用宝贵的谷物喂养牛。由于宗教信仰，农民拒绝接受计划生育，造成人口迅速增长。

现代化论者认为，这些行为造成了印度的落后，必须通过社会教育予以改变。只有当村民学习了科学知识以后，他们才能够更为理性地生活。为此，福特基金会资助村庄修建学校，从孩子抓起，学习现代科学知识。除此之外，开设课程教育成年人读书写字，组织青年俱乐部，让村中青年聚在一块讨论发展问题，让每位青年负

---

① 吴学国：《存在·自我·神性：印度哲学与宗教思想研究》，中国社会科学出版社 2006 年版。

② Lloyd Rudolph and Susanne Hoeber Rudolph, *The Modernity of Tradition*: *Political Development in India*, Chicago: University of Chicago Press, 1967, p. 5.

③ Executive Sessions of the Senate Foreign Relations Committee (Historical Series), Vol. III, Part 2, Eighty - Second Congress, First Session, 1951, Washington: U. S. Government Printing Office, 1976, p. 395.

责一部分发展事务，另外，组织社区发展中心，让村民共同讨论村庄的问题。但是这些活动开展得并不顺利，学校建设进展缓慢，建成以后去上学的总是精英家庭的孩子。青年俱乐部鼓励青年清理村庄、种植蔬菜等，但是很多青年中途放弃了。至于社区发展中心，很少有村民到社区发展中心阅读报刊，他们更愿意三五成群地坐在一起，抽抽烟、话话家常。村民只有在宗教活动的时候才会聚在一起，因此，福特基金会鼓励乡村工作者借助宗教活动的机会开展宣传。但是，很多穆斯林是不参加印度教徒的宗教活动的，印度教徒中间也存在不同派系，乡村工作者借助宗教仪式开展宣传活动的行为，受到印度教徒中一些改革教派的反对和批评。[①]

除此之外，乡村工作者和社会教育者还直接找到村民，劝说村民接受现代的生活方式，比如，修建饮用水井和渗水坑，防止村民饮用不干净的水。他们还教村民制作肥皂，饭前便后用肥皂洗手，鼓励村民将垃圾拿到村庄外面堆粪池中统一处理，禁止堆在村庄中，以免滋生蚊蝇细菌。

改变村民的生活习惯，根本目标是让他们重新认识疾病和理解生老病死的现象。传统农村将疾病看作神的惩罚，将疾病与道德联系在一起。疾病被看作道德缺陷所致，疾病与饮食、血液以及伦理规定有关，最好的治愈方法是朝圣、参加宗教仪式和沐浴，以洗净罪孽。西医则认为疾病是病毒造成的，可以通过改善生活环境避免病毒的滋生，通过改善饮食习惯避免生病，还可以通过接种疫苗预防特定疾病。生了病以后要去诊所，通过打针吃药来治愈疾病。[②]

乡村工作者和社会教育者为村民接种疫苗。这在乡村工作者的日记中有所反映，拉吉的日记中写道，"之后，我为村庄的 30 多名村民接种疫苗，接种疫苗的村民都是大人，他们拒绝给小婴孩接种

① S. C. Dube, *India's Changing Villages*: *Human Factors in Community Development*, London: Routledge and Kegan Paul Ltd, 1958, pp. 61-62, 76-80.

② Charles P. Loomis, "Change in Rural India as Related to Social Power and Sex of Adults", Ford Foundation and Michigan State University, 1966, pp. 11-12, collected in Douglas Ensminger Papers (MS 1315), box 12, Manuscripts and Archives, Yale University Library.

疫苗"。① 从村民对待接种疫苗的态度上可以看到，在印度农村推广现代生活方式的设想太过理想化，事实上，接种疫苗受到了来自多方面的阻挠。很多接种疫苗的是村庄中的精英人士，他们不想得罪政府，政府让他们这么做，他们就这样做。但是，绝大多数的村民坚信，疾病是因为神生气了所致，如果不按传统的办法摆脱罪孽，而是通过西医进行治疗，只会进一步激怒神明。乡村工作者为村民接种天花疫苗时，很多村民抵制接种，责骂社区发展的医生道德败坏。② 即便是如此温和的社会教育，也遭到了来自农民的抵抗。甚至一些社会教育者因此惹来杀身之祸，恩斯明格在口述史中写道，"如果有一天不再有谋杀社会教育者的事情，社区发展就向前迈出了一大步"。③

二　挑战种姓制度的尝试

社会教育还要挑战印度的种姓制度。种姓制度是基于职业分工之上的社会身份制度，印度人从出生的一刻起就已经有了固定的社会地位，也即通过种姓制度进行严格划分的社会分工。通常而言，种姓制度也叫瓦尔纳制度，将印度教徒划分为四个种姓。四个种姓从事不同的职业，不同职业之间有高低等级之分。创作于公元前1000 年左右的《梨俱吠陀》中有这样一首歌："当众神分割普鲁沙时，他们把他分割成多少份呢？他的嘴是什么？他的胳膊是什么？他的大腿和脚又叫什么呢？婆罗门是他的嘴，他的胳膊成了拉加尼亚，他的大腿变成了吠舍，他的脚则变成了首陀罗。"④ 普鲁沙的嘴变成的婆罗门是印度教最高种姓，社会职能是掌管知识、主持宗教

---

① S. C. Dube, *India's Changing Villages: Human Factors in Community Development*, London: Routledge and Kegan Paul Ltd, 1958, pp. 192-196.

② Charles P. Loomis, "Change in Rural India as related to Social Power and Sex of Adults", Ford Foundation and Michigan State University, 1966, pp. 11-12, collected in Douglas Ensminger Papers (MS 1315), box 12, Manuscripts and Archives, Yale University Library.

③ Douglas Ensminger, Oral History, "the Ford Foundation's Nineteen Years of Involvement with India's Community Development Program", July 11, 1972, Douglas Ensminger Papers (MS 1215), box 12, Manuscripts and Archives, Yale University Library.

④ 陈峰君主编:《印度社会述论》，中国社会科学出版社 1991 年版，第 158 页。

仪式。婆罗门是最具智慧的人，也最擅长掌控人际关系，他们可以解决社会矛盾，有时也制造社会矛盾。普鲁沙的胳膊变成的是拉加尼亚，也被称作刹帝利。刹帝利是最勇武善战的人，他们通过征战建立王国，成为国王统治人民。普鲁沙的大腿变成吠舍，吠舍是商人，辛勤奔走谋生。最下面的脚则变成了首陀罗，从事农耕等繁重的体力活，地位最低。在四种姓以外的人是贱民，也叫不可接触者。这些人从事清理粪便、处理尸体等工作，被认为是不洁的。不可接触者居住的地区与其他种姓分开，一天当中只有特殊的时间段可以外出活动。高种姓不可以与不可接触者一同吃饭，不能喝同一个水井中的水，甚至如果不小心看到了不可接触者，都要通过清洗眼睛来洗去污浊。随着社会分工的一步步细化，社会出现了许多新的职业，种姓也出现了进一步的细分。一些种姓以新的职业名称作为自己的种姓名称，有些种姓用地名当作种姓名称。有时，印度教徒将其他宗教，例如穆斯林，看作一种种姓，以方便和简化社会行为方式。如今，印度的种姓已经多达几千种。印度的种姓制度十分复杂，但简单说来，就是通过种姓来固化人的职业分工、社会等级和行为方式。不按种姓规则办事的人，将被开除种姓。一旦成为没有种姓的人，就变成社会所不能容纳的人，失去身份和社会认同，这是最可怕的惩罚。①

在整个英国殖民统治期间，英国人不断批评印度种姓制度的腐朽落后，但是没有采取，也未能找到能够真正破除种姓制度的办法。英国人开展西式教育传播现代理念，结果是高种姓接受了西方教育，成为社会中最有知识的一群人，通过文官考试在政府中谋得职位，或者就是成为律师，成为英国统治者的代理人或者中间人。早期国大党的成员也有一半来自婆罗门种姓。② 一些中等种姓接受了一定的教育，社会地位有所提高，但是，绝大多数人仍然继续父辈的职业，保持原来的社会地位。至于不可接触者，民族运动的领

① 陈峰君主编：《印度社会述论》，中国社会科学出版社 1991 年版，第 155—169 页。

② ［美］斯坦利·A. 科查内克：《印度国大党：一党民主制的动力》，上海市徐汇区教师红专学院译，上海人民出版社 1977 年版，第 317—318 页。

导人郭克雷、提拉克都批评不可接触制，圣雄甘地强烈要求废除不可接触制。甘地将不可接触者称为"哈里真"，也即"上帝之子"，反对针对哈里真的任何歧视。殖民政府也颁布了一些照顾性政策，给予不可接触者一定的优惠和照顾，但是这些都是在种姓制度内部进行的改革，而绝非摧毁以种姓制度为基础的社会秩序。①

英国统治者和民族独立运动的领导人没能够改变种姓制度。独立后印度的绝大多数政治家、官员、大法官、科学家、数学家都来自婆罗门，地方的大地主、地方官员常常来自刹帝利种姓，印度最大的几大财团都是商业种姓的家庭在经营，佃农多数是首陀罗种姓，哈里真仍然在从事那些被认为是不洁的工作。整个社会在种姓制度下运行良好，自成体系。也即是说，印度独立后，种姓制度仍然是社会秩序的基础，规范着人们的行为和思考方式。

社区发展试图通过社区教育在农民中宣传平等的概念，并且修建多种姓共用的饮用水井，重新规划村庄住宅区，打破不同种姓在地理空间上的阻隔，等等。从北方邦埃塔瓦县的试点计划开始，阿尔伯特·迈尔就强调重新规划农村的道路和房屋，形成一个新的农民社区。1957年，印度第二个五年计划中正式提出了农村住房计划（Rural Housing Programme），旨在重新规划农村的道路、排水设施、饮用水设施，强调建设全体村民共享的社区中心和公共活动区域。农村住房计划试图打破过去种姓之间相互隔离而居的生活方式，建设新混合居住的居民社区。这不仅可以改善农村的外观，更可以改变农民的心态，激发农民想要过上好日子的心情。②

农村住房计划的设想很好，但是实行起来并非易事。社区发展与合作部负责实施农村住房计划，粮食与农业部、内务部等部门予以配合。政府官员负责对农村住房进行总体规划，政府为百姓重建房屋提供贷款，但是贷款不得超过总建筑费用的50%。贷款通过合

① Ramashray Roy, *Gandhi and Ambedkar: A Study in Contrast*, India: Shipra Publication, 2006, p. 105.

② Government of India, Community Projects Administration/ Ministry of Community Development and Co-operation, *Important Letters: From October 1953 to July 1960*, New Delhi, Vol. 1, 1961, pp. 372-374.

作社发放，也有少数情况直接发给农户本人。印度政府做过一个预算，第二个五年计划中农村住房计划的总拨款为 1 亿卢比，目标村庄为 5000 个。平均每个村庄大概会有 70% 的农户申请住房改建贷款，每个农户的贷款额不得超过 750 卢比，这样大概可以为 13.3 万个农户提供贷款。村庄中的表列种姓和表列部落通常没有任何偿还能力，因此，政府要求内务部拨款，为这 5000 个示范村的表列种姓和表列部落发放盖房所需要的材料。[①] 内务部表示支持农村住房计划，会在示范村为哈里真选取合适的地点，帮助他们改建房屋。[②]

　　总的来说，农村住房计划实施的范围有限，几乎不能对种姓制度造成任何本质上的冲击。这种通过改变人们居住和生活习惯影响社会心态的做法，有时确实有潜移默化的影响，但通常而言见效缓慢。要冲击种姓制度，不能仅仅从改变生活习惯和社会心态的角度出发，最重要的是从经济和政治权力的角度，改变经济合作模式和扩大民主政治参与。

第六节　现代经济合作和民主政治训练

　　社区发展的精神内涵是在农村地区培育基层民主的精神，包括经济民主和政治民主，主要的手段是通过合作社和潘查亚特，对村民进行现代经济合作与民主政治的训练。

一　种姓合作社

　　根据 1946 年印度合作计划委员会对合作社的定义，合作社是指"人民自愿组织起来的机构，以平等为原则促进机构成员经济利益的实现。机构成员有着共同的经济目标，这一目标是他们作为个

---

　　① 1957—1958 年，农村住房计划在全国 100 个示范村启动，后来逐渐增加。第二个五年计划预计，1960—1961 年农村住房计划将覆盖全国 5000 个示范村。
　　② Government of India, Community Projects Administration/ Ministry of Community Development and Co-operation, *Important Letters: From October 1953 to July 1960*, New Delhi, Vol. 1, 1961, pp. 372-374.

体无法实现的，因为他们大多数人在经济上处于弱势地位。他们把
资源集中起来，通过互助和道德上的团结一致进而有效地实现自我
帮助，以此来克服个体的弱势地位"。① 社区发展重视合作社，主张
人民通过民主的方式联合起来，集中资源，通过互助合作实现经济
发展。印度政府通过合作社为村民提供贷款，售卖现代农业工具
等，鼓励农民互帮互助，创造更多的经济机会。表4—5 是 1950—
1962 年期间印度农村合作社的发展概况。

表4—5　　　初级农业信贷合作社发展情况（1950—1962 年）

	1950—1951	1955—1956	1960—1961	1961—1962	1965—1966（目标）
数量（个）	105000	160000	212000	215000	230000
覆盖村庄比例（%）	—	—	75	—	100
成员总数（人）	4408000	7791000	17041000	19366000	37000000
成员占农村人口比例（%）	8	15	33	34	60
合作社平均社员数量（人）	45	49	80	90	161
存款数（百万卢比）	42.8	70.4	145.9	168	412.5
贷款总额（百万卢比）	229	496.2	2027.5	2252	5300

　　资料来源：Rajeshwar Dayal, *Community Development*, *Panchayati Raj and Sahakari Samaj*, Delhi: Metropolitan Book Co. Private LTD., 1965, p. 124.

　　1958 年之前，合作社数量少，多为以种姓为基础的合作社。所
谓以种姓为基础的合作社，就是合作社的成员必须来自特定种姓。

---

　　① Rajeshwar Dayal, *Community Development*, *Panchayati Raj and Sahakari Samaj*, Delhi: Metropolitan Book Co. Private LTD., 1965, pp. 374-376.

高种姓有高种姓的合作社，低种姓不得加入，低种姓有权组建自己的合作社，但是组建合作社的规章制度和文件复杂，导致很多低种姓无法组建合作社。社区发展通过合作社为农民提供肥料、种子、耕作设备和贷款。低种姓由于没有参加合作社，无法享受到社区发展的资源。

例如，在拉吉担任乡村工作者的拉吉普特村，全村只有一个合作社。初始成员80人，随着社区发展的开展，扩展到200人。参加该合作社的成员都是村中高种姓或者土地精英。拉吉鼓励低种姓建立自己的合作社，低种姓表示不太理解成立合作社的章程，担心日后会卷入经济纠纷。一位编织者种姓农民向拉吉抱怨道：

> 我们听说政府要帮助农民。政府都为我们做了什么呢？乡村工作者建议我们组建一个合作社。我们人数这么少，而且都不识字。就算我们可以读写，也远远没有能力建一个合作社。我们永远也没办法弄清楚合作社的规章、制度。如果我们找一个管理者，他无疑会吞掉我们所有的利益。[1]

不仅如此，低种姓也不信任合作社。他们表示，合作社和高利贷者没什么区别，都是借钱还钱，高利贷者有时还更通融。至于合作社经营的种子商店，情况就更复杂了。农民从种子商店购买种子，在规定的日子归还一定数量的种子，不仅日期固定，而且要求归还种子的质量和纯度。合作社的官员掌握判断农民种子纯度的大权，他们可以利用这个权力敲诈勒索和索贿受贿。[2]

二　以社区为单位的合作社

1958年10月，全国发展委员会做出决定，以村庄社区为单位组织合作社，建立任何种姓都有权参加的村庄合作社。与此同时，政府鼓励合作社开展多样化的经济活动。除了为农民提供贷款、化

① S. C. Dube, *India's Changing Villages: Human Factors in Community Development*, London: Routledge and Kegan Paul Ltd, 1958, p. 203.

② Ibid., pp. 66-67.

肥、灌溉设备、收购粮食等，还在合作社的基础上建立制糖厂、棉纺厂、榨油作坊等。①

以村庄为单位的合作社的建立，看似为所有农民提供了公平参与现代经济活动的机会，但是实际上，很多低种姓仍然没有办法参与进去。因为，根据合作社的规定，必须成为会员才能够申请贷款，而要成为会员需要缴纳至少 20 卢比的会费，而且政府每投入100 卢比，每位社员要缴纳 8—10 卢比。如果合作社创造了收益，合作社留下净收入的 25%，剩下的部分作为分红发给农民。② 至于贷款，只有持有一定数量股份的合作社成员才可以贷款。低种姓农民根本没有资金成为合作社的成员，即便勉强成为合作社成员，还得继续向高利贷者举债。③

因此，虽然从数据上看，1958 年以后合作社发展迅速，但这不意味着低种姓获得了新的经济机会，绝大多数的低种姓仍然没办法参与到现代经济合作中。随着合作者在农村中的推广，更多的高种姓获得了新的经济机会，反而加深或者固化了高低种姓之间的地位差距。当然，一部分中等种姓获得了经济机会，他们中的一些人利用新的经济机会，变得富裕。随着经济条件的提高，他们提出了提高社会地位和政治权力的要求。开展合作社，在农村地区推广现代经济生活方式的做法，为一部分中等种姓提供了在种姓制度内部上升的空间，这是值得肯定的成绩。

三　潘查亚特

社区发展重视通过潘查亚特推动基层民主政治建设。要实现这一目标，必须促进传统的以种姓为基础的潘查亚特，转变为现代的

---

① Rajeshwar Dayal, *Community Development*, *Panchayati Raj and Sahakari Samaj*, Delhi: Metropolitan Book Co. Private LTD., 1965, pp. 143-145.

② 福特基金会对这种做法持批评态度，他们认为应该将收益用于新的投资，而非以分红的形式发给农民个人。Ford Foundation, Agricultural Production Team, *Report on India's Food Crisis and Steps to Meet It*, New Delhi: Ministry of Food and Agriculture and Ministry of Community Development, Government of India, 1959, pp. 78-89.

③ Rajeshwar Dayal, *Community Development*, *Panchayati Raj and Sahakari Samaj*, Delhi: Metropolitan Book Co. Private LTD., 1965, p. 121.

潘查亚特民主机构。传统种姓潘查亚特以种姓为基础，不同种姓拥有不同的潘查亚特。[1] 种姓潘查亚特的主要职能是制定种姓规则，规范种姓成员的生活习惯，维持社会等级秩序。村庄中人数最众多和地位最高的种姓潘查亚特，还负责规范全体村民的行为。古代印度村庄没有成文法，潘查亚特就通过习惯法来约束村民的行为习惯，遇到纠纷时，潘查亚特负责仲裁。[2]

种姓潘查亚特是印度传统文化的一部分，社区发展倡导潘查亚特制度，不是为了鼓励传统种姓制度，而是为了借助潘查亚特的形式，推进地方民主和基层自治。社区发展要建设一种不同于种姓潘查亚特的新型潘查亚特。首先，潘查亚特以村庄为基础，所有种姓的村民有权参与。其次，将现代选举制度引入潘查亚特，潘查亚特代表由人民选举产生，代表人民的利益，接受人民的监督。[3] 再次，潘查亚特成为村级自治政权，成为基层自治机构，变成中央—邦—县—乡—村行政链条的一环。最后，潘查亚特负责调动人民的参与，了解人民的需求，制订"人民的计划"。[4]

福特基金会在培训乡村工作者的时候，强调乡村工作者要与村庄潘查亚特的主席取得密切合作，与潘查亚特合作，推进社区发展的开展。设想虽好，然而潘查亚特的实践存在很多问题。

第一，潘查亚特职权不清，很多职权与乡村工作者和地方行政官员重合。社区发展部部长戴伊在《社区发展：大事记》中记载了潘查亚特在社区发展中的责任：

> 促进粮食产量增长；促进农村工业发展；推进合作社发展；合理利用地方资源，包括人力资源；合理利用拨款、技术和人员支持和其他资源；促进村庄社区弱势人群的经济改善；从垂

[1] Narayan Chandra Maiti, Traditional Caste Panchayat and Aspects of Social Movement, Kolkata: R. N. Bhattacharya, 2007.

[2] Cecil Merne Putnan Cross, The Development of Self-Government in India, 1858-1914, New York: Greenwood Press, 1968.

[3] India Ministry of Community Development, A Guide to Community Development, Delhi: Ministry of Community Development, 1957, pp. 163-164.

[4] Ibid., p. 128.

直和水平两个层面推进分权，并促进民间自治组织发展；通过培训、教育等方式，促进人民的代表和行政官员之间相互理解和合作；提高官员和非官员的工作能力；增强社区凝聚力，帮助农民实现自促发展。①

由此可见，潘查亚特的许多职权与乡村工作者、地方行政官员重合，责任过多，且缺乏明确的分工。这造成的直接结果是，行政部门敌视乡村工作者和潘查亚特，甚至敌视社区发展，因为他们在抢夺行政资源。这主要是因为，社区发展不仅推广现代生产方式，还涉及农村教育、医疗卫生方方面面。农业部、卫生部和教育部担心社区发展部无限制地增长，会最终取代这三个部门，或者至少获得本来应该属于这三个部门的资源。中央行政部门担心社区发展部抢夺他们的财政资源，地方的行政部门则不屑于配合乡村工作者和潘查亚特的工作。②

第二，潘查亚特代表水平有限，对于发展问题的理解和思考有限，影响潘查亚特发挥基层民主自治机构的作用。印度的行政官员都是获得了正规大学文凭，并且通过了严苛的公务员考试的社会精英，他们的社会地位很高。乡村工作者和社会教育者只是些农业学院或者高中毕业的青年，绝大多数的潘查亚特代表是目不识丁的普通百姓，地方的行政官员不愿配合他们的工作，只会对他们发号施令。鉴于此，福特基金会建议对潘查亚特主席进行培训。例如，成立了村庄领导人物训练营，对潘查亚特主席和代表进行为期数周的培训。对他们讲解社区发展计划的基本理念，以及开展社区发展过程中的注意事项等。但是培训力度不够大，潘查亚特代表在开展社区发展的过程中，大多数时间还是依赖潘查亚特秘书，由潘查亚特秘书来负责日常的工作和事务，并且这些秘书常常听命于地

---

① S. K. Dey, *Community Development: A Chronicle*, 1954-1961, Ministry of Community Development, Panchayati Raj and Co-operation, Government of India, 1962, p. 139.

② Douglas Ensminger, Oral History, "the Ford Foundation's Nineteen Years of Involvement with India's Community Development Program", July 11, 1972, Douglas Ensminger Papers (MS 1215), box 12, Manuscripts and Archives, Yale University Library.

方行政官员。这样，潘查亚特在某种程度上成为地方行政在农村地区的延伸。①

这导致的直接后果是，社区发展基本上还是行政官员的社区发展，而非"人民的计划"。中央行政部门掌握社区发展的大方向和资金拨款，地方行政官员注重社区发展带来的资金和发展资源。行政官员追求的是通过社区发展提高其行政业绩，尽可能地达成可量化的指标。比如，修筑多少公里的道路，挖掘多少个水井，使用多少袋化肥等。他们将乡村工作者和潘查亚特看作听命于他们、帮助他们完成指标的工作人员。他们会要求乡村工作者和潘查亚特在一天内示范特定数量的混合肥和强力磷酸盐，要求他们在农民的土地上示范条播机，根本不和潘查亚特和乡村工作者商量，不管这样做对农村会带来怎样的影响，甚至不管是否有条件去完成这些可量化指标。②

福特基金会的恩斯明格与印度社区发展部部长戴伊看到，社区发展基本上还是一个政府主导、官员执行的发展项目，而行政官员处理农村问题时异常古板。戴伊举了两个例子，一个村庄要修建一所学校，其中50%的资金是村民自己筹集的，50%是政府拨款。村民希望在教室的一面墙上多修一个窗户，村民表示愿意承担额外的费用。但是行政官员却拒绝了这一要求，理由是这一要求不符合邦政府兴修学校的标准规格。再如，在另一个村庄，村民和政府合作修建一所学校，村民多修了两间教室，而且这两间教室的修建费用村民全部承担。但是政府官员停止了拨款，理由是这违背了政府修学校的标准规格。在潘查亚特没能充分发挥地方民主自治机构的情况下，社区发展成为行政官员的发展项目，而不是"人民的发展计

① Programme Evaluation Organisation, Planning Commission, Government of India, "The Fifth Evaluation Report on Working of Community Development and N. E. S. Blocks", 1958, Douglas Ensminger Papers (MS 1315), box 14, Manuscripts and Archives, Yale University Library.

② S. C. Dube, *India's Changing Villages: Human Factors in Community Development*, London: Routledge and Kegan Paul Ltd, 1958, pp. 192-196.

划"。这造成社区发展效率低下，许多宝贵的发展资源被浪费。[1]

第三，通过潘查亚特为村民提供现代民主政治的训练，培育基层民主精神的效果有限。据调查，潘查亚特的代表和主席几乎都来自高种姓和土地种姓，大约82%的潘查亚特成员是地主，很多邦潘查亚特成员中根本没有低种姓成员。在北方邦、旁遮普邦等地，每年定期召开两次潘查亚特大会，村庄中的成年男性都有权参加。在潘查亚特大会上，潘查亚特主席宣布过去半年的工作和未来的发展计划和预算。但事实上，很少有人来参与潘查亚特大会，很多预算案常常因为出席人数不足而无法通过[2]。在很多地区，潘查亚特大会就是领导发言、演说和发布工作报告的地方，真正用来讨论农村发展问题的时间非常少。[3]

本章小结

通过前文分析，本书提出了对社区发展新的认识。本书认为，在某种程度上，社区发展可以看作西方社会科学在印度的试验，其本质是一项全面的社会改造工程。一方面，西方社会科学家认为可以通过社会教育实现农村社会、政治、经济、文化的全面提升，而农村社会的全面提升是实现农业发展，进而推动现代化进程的起点和关键。遗憾的是，在既不彻底变革社会结构，又不强调市场和价格的刺激的情况下，社区发展不仅不能综合全面提高农民生活的方方面面，甚至都不能刺激农民采用现代耕作技术，提高粮食产量，实现粮食自给自足。

另一方面，农村社区发展强调潘查亚特的力量，促进基层民主

① S. K. Dey, *Community Development: A Chronicle*, 1954-1961, Ministry of Community Development, Panchayati Raj and Co-operation, Government of India, 1962, pp. 54-60.

② A. R. Desai, *Rural Sociology in India*, Bombay: Popular Parkashan, 1978, pp. 553-569.

③ M. V. Mathur, "Deficiencies and Difficulties in the Working of Panchayati Raj", presented on Seminar on Fundamental Problems of Panchayati Raj, All India Panchayat Parishad, New Delhi, 1964, p. 99.

和社区精神的培育。总的来说，在农村社区发展的头几年，潘查亚特还主要是由高种姓和地主精英控制的潘查亚特。虽然引入了现代政治中的普选和代议制，但是，距离现代意义的基层民主自治机构还差得很远。值得肯定的是，福特基金会通过潘查亚特培育基层民主精神的设想，得到了印度政府的重视，此后，潘查亚特一直是印度基层民主建设的重点。1957 年巴尔万特赖·梅塔委员会对社区发展的开展情况进行全面调查，特别强调引入潘查亚特治理（Panchayati Raj）的概念。1977 年人民党政府再次强调潘查亚特建设的重要性。20 世纪 80 年代末期拉·甘地提出第 64 次宪法修正案，再次强调推动联邦民主下的地方自治。[①] 虽然第 64 次宪法修正案被联邦院否决，但是 1992 年和 1993 年，以第 64 次宪法修正案为基础的第 73 和 74 次宪法修正案通过，宪法中增加了在农村建设潘查亚特，在城市建设市政机构的内容。宪法规定，两百万人口以上的邦都要建立县乡村三级潘查亚特，邦立法院给予潘查亚特充足的权力和权威，使其能发挥自治政府的作用，为县级潘查亚特和市政机构的代表提供县计划委员会 80% 的席位，在财政上给予潘查亚特收税、收费等权力，开启新一轮以分权为主要特征的潘查亚特建设。[②] 不仅如此，宪法还在潘查亚特中为表列种姓和妇女保留席位，使得越来越多的低种姓、贱民和妇女能够参与到地方自治中。[③]

　　虽然从传统种姓潘查亚特向现代基层民主自治机构转变的过程缓慢而曲折，但是印度政府一直朝着这个方向努力。农民也通过潘查亚特选举和潘查亚特大会逐渐了解现代民主政治形式，参与到地方政治中。在一定程度上而言，潘查亚特成为支持印度创造民主奇迹的基层力量。从这一角度来看，通过潘查亚特在农村地区培育基层民主精神的努力获得了令人欣慰的成果。

---

① See B. S. Bhargava, *Panchayati Raj Institutions: An Analysis of Issues, Problems and Recommendation of Asoka Mehta Committee*, New Delhi: Ashish Publishing House, 1979.

② 王红生：《90 年代以来印度的潘查亚特制度建设与政治改革》，《南亚研究》2009 年第 2 期，第 57—69 页。

③ S. Nagendra Ambedkar shilaja Nagendra, *Women, Empowerment and Panchayati Raj*, Jaipur: ABD Publishers, 2005, pp. 32—69.

第五章

福特基金会与印度的
绿色革命

"绿色革命"是指 20 世纪 60 年代中后期以来,运用现代科学技术实现的小麦、水稻、玉米等作物产量的迅速提高,以及人与粮食作物之间关系的巨大变化。学界有关绿色革命的著作文章卷帙浩繁,大体来说主要有两种分析路径:第一种分析路径倾向于将绿色革命看作一次科技革命,重点分析科技创新带来的作物产量增长以及在生态方面的影响;[1] 第二种分析路径倾向于将绿色革命视为一种经济政策,分析绿色革命的经济结果和社会影响。[2] 支持绿色革命的学者强调科技农业极大地促进了粮食产量的提高,帮助印度实现粮食自给自足,同时,还间接地促进传统社会的现代化转型。批评绿色革命的学者则认为,灌溉农业和化肥、杀虫剂的过度使用,给环境带来了极大的压力,绿色革命不仅没能彻底解决粮食问题,

---

[1] See T. P. Bayliss−Smith, *The Ecology of Agricultural Systems*, Cambridge: Cambridge University Press, 1982; L. R. Brown, *Seeds of Change: The Green Revolution and Development in the 1970s*, London: Pall Mall Press, 1970; P. Pinstrup−Andersen, *Agricultural Research and Technology in Economic Development*, London: Longman, 1982; Vandana Shiva, *The Violence of the Green Revolution*, Third World Network, 1991.

[2] See C. J. Bliss and N. H. Stern, *Palanpur: The Economy of an Indian Village*, Oxford: Clarendon Press, 1982; G. Etienne, *India's Changing Rural Scene, 1963−1979*, Delhi: Oxford University Press, 1982; John Harriss, *Capitalism and Peasant Farming: Agrarian Structure and Ideology*, Bombay: Oxford University Press, 1982; B. F. Johnston and P. Kilby, *Agriculture and Structural Transformation: Economic Strategies in Late−Developing Countries*, Oxford University Press, 1975.

还加剧了区域之间的不平等以及社会的贫富差距。①

　　本章将分析福特基金会如何通过援助"绿色革命"影响印度的农业发展进程，重点挖掘"绿色革命"在意识形态和政治层面的内涵及影响。②将"绿色革命"放在其出台和实施的历史背景下进行考察，可以看到，"绿色革命"不仅是农业科技创新和农业经济政策的调整，更是与冷战和意识形态竞赛密切相关的政治事件。下文将具体考察农业新战略的出台，在多大程度上受到美国发展理念和意识形态的影响？农业新战略的实施，对印度农业发展而言带来了什么影响，对美国的外交政策来说，又带来了什么样的政治和经济上的利益？

第一节　粮食危机报告与农业精耕县发展

　　1958 年福特基金会组织专家考察印度粮食生产情况，提交了一份影响重大的"粮食危机报告"。福特基金会建议印度政府高度重视粮食生产问题，并且大胆提议，选取农耕条件好的地区，开展农业精耕县发展计划。尼赫鲁政府邀请福特基金会在印度开展农业精耕县发展的试验。

一　粮食危机报告

　　福特基金会资助开展的农村社区发展计划，进展得并不顺利。

---

　　① T. K. Oommen, "Green Revolution and Agrarian Conflict", *Economic and Political Weekly*, Vol. 6, No. 26, Jun. 26, 1971, pp. A99–A103; A. K. Chakravarti, "Green Revolution in India", *Annals of the Association of American Geographers*, Vol. 63, No. 3, Sep., 1973, pp. 319–330; P. N. Junankar, "Green Revolution and Inequality", *Economic and Political Weekly*, Vol. 10, No. 13, Mar. 19, 1975, pp. A15–A18; D. N. Dhanagare, "Green Revolution and Social Inequalities in Rural India", *Economic and Political Weekly*, Vol. 22, No. 19/21, May, 1987, pp. AN137–AN 144.

　　② 约翰·H. 帕金斯（John H. Perkins）强调欠发达国家农业发生的变化与其他国家和地区的历史进程紧密相连。他指出高产小麦品种的研发和应用在科学和政治层面都与第三世界国家密切相关。他提出"人口—国家安全理论"来分析小麦育种的战略意义。参见［美］约翰·H. 帕金斯《地缘政治与绿色革命：小麦、基因与冷战》，王兆飞、郭晓兵等译，华夏出版社 2001 年版。此外 B. H. 法默（B. H. Farmer）强调农业技术革新在政治和权力层面的影响，参见 B. H. Farmer, *Agricultural Colonization in India since Independence*, London: Oxford Unviersity Press, 1974.

1956 年，印度第一个五年计划期满，粮食短缺的问题未能解决。因此，印度计划委员会制订了第二个五年计划，决定学习苏联菲尔德曼发展模式，将发展重点放到重工业生产上。福特基金会不同意计划委员会的做法。1958 年，福特基金会邀请谢尔曼·E. 约翰逊（Sherman E. Johnson）等 13 名美国农业与粮食问题专家到印度考察。福特基金会请求印度粮食与农业部、社区发展与合作部提供 13 名印度专家，共同参与考察。1959 年 1 月到 4 月，这 26 名专家遍访印度所有邦，深入农村地区调查，撰写了一份很有分量的报告《印度的粮食危机与应对方略》。[①] 由于报告中的许多内容与印度国家的政策有分歧之处，这 13 名印度专家要求他们的名字不得出现在报告中。

福特基金会向印度政府提交了《印度的粮食危机与应对方略》报告，指出"二五"和"三五"期间，印度最重要的问题是粮食生产问题。如果不能提高粮食产量，其他的一切目标，包括民主、社会公正、人民福利等都无从实现。福特基金会还特别强调，如果以当时粮食生产水平，结合人口增加速度进行估算，到 20 世纪 60 年代中期，印度粮食供给将出现 4800 万吨的空缺，也即全部粮食需要的 1/4。而要解决粮食问题，印度需要做的有很多，没有任何捷径可走，具体如下：

第一，保障农产品价格。如果没有农产品最低价格的保证，农民就不愿意投资化肥、先进的农业生产工具，也不愿意使用高产种子。福特基金会建议印度政府在农耕季节之前就公布最低价格，并且监督农产品市场的收购价格。政府还应该修建地方粮仓，储存剩余的粮食。

第二，开展农村公共工作。在过去，村庄里的各种杂活，包括土地测量、排水渠、灌溉水井的建造与维护等工作，都是由村里落后种姓完成的。他们的工作得不到现金酬劳，只能在收获的季节到恩主那里领取一些粮食。福特基金会建议雇用村庄剩余劳动力对村

---

① Ford Foundation, Agricultural Production Team, *Report on India's Food Crisis and Steps to Meet It*, New Delhi: Ministry of Food and Agriculture and Ministry of Community Development, Government of India, 1959.

庄灌溉、排水设施进行彻底的改造，并且为他们支付相应的酬金。这有助于解决农村剩余劳动力的问题。

第三，增加化肥的使用量。虽然绿肥、混合肥也可以促进粮食产量的增加，但农业产量增长还是要靠使用化肥。必要时使用绿肥、混合肥作为补充。

第四，福特基金会大胆地提议，选取一些农耕条件良好的地方进行农业精耕发展计划。在旁遮普、北方邦、中央邦和比哈尔邦土壤条件良好的地方，种植高产的水稻和小麦种子，促进这些地区粮食产量在短时期内迅速增产。

第五，福特基金会建议政府要支持合作社，通过合作社向农民提供贷款。此外，还要通过社区发展帮助村庄领导人物和地方自治机构成长，通过地方精英和潘查亚特来帮助农民提高粮食产量。①

根据福特基金会的建议，印度应该将发展重心放在农业和粮食生产上。为此，政府应该总结农村社区发展过程中出现的问题，做出相应的调整。② 与此同时，福特基金会提出最具挑战的建议，即开展农业精耕县发展计划。在印度选择一些土壤、气候条件好的区域，种植特定的几种作物，保证化肥和灌溉以及农民贷款，同时在各项制度上做好保障，以此促进这些地区的农业产量迅速提高。

尼赫鲁总理认为福特基金会的粮食危机报告，夸大了印度粮食的困难处境。尼赫鲁在 1959 年 6 月 10 日的演讲中，肯定了福特基金会粮食危机报告的价值，同时，他认为福特基金会对于印度的粮食危机的看法太过悲观。尼赫鲁指出，在政府的努力和良好的气候条件下，1959 年的粮食产量达到 7300 万吨，比上一年度增产了 1100 万吨。这表示印度生产的粮食比以往任何时候都要多。此外，印度还会不断地进口粮食以增加粮食储备。因此，尼赫鲁认为没有必要投入太多的资金用于农业和粮食生产，"三五"计划的重点应

① Ford Foundation, Agricultural Production Team, *Report on India's Food Crisis and Steps to Meet It*, New Delhi: Ministry of Food and Agriculture and Ministry of Community Development, Government of India, 1959, pp. 1-6.

② Ibid., pp. 106-116.

该继续放在重工业生产上。①

同时，尼赫鲁认为在小范围内开展农业精耕县发展的试验不失为一个好主意。尼赫鲁安排恩斯明格与计划委员会成员、粮食与农业部成员会谈，宣传精耕县发展计划。最终，计划委员会、粮食与农业部同意在小范围内开展农业精耕县发展的试验。他们要求福特基金会选派三位专家协助制订农业精耕县发展计划。福特基金会选派专家，并且出资援助了印度的农业精耕县发展计划。

福特基金会派出的三位专家分别是谢尔曼·约翰逊以及福特基金会农业顾问组的杜里斯·布朗（Dorris Brown）和卡尔·马龙（Carl Malone）。印度方面则派出粮食与农业部首席经济顾问 S. R. 森（S. R. Sen）以及全印农业研究委员会秘书长 J. V. A. 尼赫迈亚（J. V. A. Nehemiah）。S. R. 森和尼赫迈亚二人对于此次任务非常认真，特别是 S. R. 森，他认真研究福特基金会粮食危机报告，甚至逐字逐句地推敲，必要时做出一些改动，以便让普通百姓能够理解。②

经过辛苦的工作，这几位专家提交了一份报告《十点发展计划》（Ten Point Program）。这份报告在粮食危机报告的基础上，针对如何具体开展农业精耕县计划，制订了执行方案。印度政府接受了《十点发展计划》，邀请福特基金会参与到计划的执行过程中，并指派尼赫迈亚作为总负责人开展这项发展计划。福特基金会批准了对印度农业精耕县发展计划的援助方案，资助期为 5 年，总金额为 1100 万美元。③

印度政府根据《十点发展计划》，选择了 7 个县开展农业精耕县发展的试验。这 7 个县分别是旁遮普的卢迪亚纳（Ludhiana），比哈尔邦的沙哈巴德（Shahabad），马德拉斯邦的坦焦尔（Tanjore），拉贾斯坦邦的巴利（Pali），安得拉邦的西戈达瓦里（West Godava-

---

① "Food Production Expected to Touch All-Time High: Mr. Nehru's Review of Plan Programs", *The Times of India*, June 11, 1959.

② Douglas Ensminger, Oral History, "The Foundation's Persistent Concern and Role in Assisting India Achieve a Status of Food Enough for its People", Jan., 1971, Douglas Ensminger Papers (MS 1315), box 4, Manuscripts and Archives, Yale University Library.

③ Ibid..

ri)，中央邦的赖普尔（Raipur），以及北方邦的阿里格尔（Aligarh），试验为期5年。在试验期间，政府为这7个县增派了行政人员。除了负责社区发展的官员以外，每一个发展区增派4名农业发展官员、10名乡村工作者、1名合作社官员，以及4到5名监督员。在县一级，增设1名农业精耕县发展项目专员、至少4名农业专员、1名合作社的副登记员。政府保证这7个试验地区的化肥、种子、杀虫剂，以及农具的供应。在福特基金会的要求下，政府改变农民信贷级别的评价体系，确保每一位农民都可以获得农业贷款，另外，政府还保证这几个地区生产粮食的市场销路。福特基金会协助这7个县各制订一套发展计划，再依据这一计划，为每家每户量身制作家庭发展计划，要求各家各户按照计划行事。①

二　农业精耕县发展

农业精耕县计划得到印度政府的支持，但是开展得并不顺利，整个过程面临各种各样的困难。首先，选择在哪些地区开展农业精耕县计划，这是由印度政府决定的，福特基金会对此没有发言权。恩斯明格感到沮丧，他认为在这7个县里至少有3个县是不符合农业精耕县发展试验的要求的。比如，接受试验的地区应该有充足的灌溉设备，但是拉贾斯坦邦的巴利县，并不具备这一条件，仅有少数土地具有供灌溉的水井。其余的地区，"与其说是农田，倒不如说是沙漠"。②又如，北方邦的阿里格尔县在排水方面有很严重的问题，在开始进行农业发展实验前，需要做很多的工作解决排水问题。再如，中央邦的赖普尔县，农业主要依靠降雨，而且这个地区受季风影响，降雨情况很不稳定。

其次，政府未能保障这7个地区的化肥、种子、农具和贷款的供应。福特基金会援助的资金还远远不够，印度财政部拨款不足，

---

①　Rajeshwar Dayal, *Community Development*, *Panchayati Raj and Sahakari Samaj*, Delhi: Metropolitan Book Co. Private LTD., 1965, pp. 55–59.

②　Douglas Ensminger, Oral History, "The Foundation's Persistent Concern and Role in Assisting India Achieve a Status of Food Enough for its People", Jan., 1971, Douglas Ensminger Papers (MS 1315), box 4, Manuscripts and Archives, Yale University Library.

这导致农民无法及时得到化肥、种子等。农民贷款就更是个大难题。农业精耕县发展计划要求联邦银行通过合作社向精耕县的农民提供生产所需的贷款。每家每户制订一个详细的计划，写清楚要使用的化肥数量和其他农业生产投入，乡村工作者阅读之后签字生效，农民拿着这份计划书到合作社去贷款。但是合作社没有及时得到政府和联邦银行的拨款，无法为农民提供贷款。①

再次，政府也没有与这7个精耕县的官员做好沟通，这几个地区的官员对这项计划一知半解，也不清楚到底如何与国外的技术专家合作工作。农业精耕县发展计划要求邦政府指派一位高级官员到精耕县协助发展。各邦政府答应配合，却以各种各样的原因拖延。另外，中央政府为精耕县提供了化肥，要求邦政府派发到精耕县，并确保这些化肥只用于精耕县，然而，邦政府总是不能及时向精耕县供应化肥。②

最后，福特基金会的农业技术专家对印度的农村以及农民的生活了解不足，尽管他们与村民密切接触，指导村民制订发展计划，但是他们制订的计划常常不能反映农民的需要，农民也不能很好地理解这些发展计划。

由于上述原因，农业精耕县发展计划开展的最初两年里，基本没有什么进展。但是有趣的是，印度粮食与农业部召开会议，声称这7个试验区粮食产量大幅提升。他们坚定地认为农业精耕县发展是印度实现农业发展和粮食自给的唯一道路，并且要求将这7个地区的经验扩展到印度其他地区。

1962年，农业精耕县计划扩展到喀拉拉邦的阿勒比（Alleppy）和巴尔卡德（Palghat），西孟加拉邦的布德万（Burdwan），迈索尔邦的曼迪（Mandi），奥里萨邦的萨姆巴尔普尔（Sambalpur），古吉拉特邦的苏拉特（Surat），查谟和克什米尔邦的查谟，马哈拉施特拉邦的班达拉（Bhandara），阿萨姆邦的查察（Cachar），以及德里。

---

① Douglas Ensminger, Oral History, "The Foundation's Persistent Concern and Role in Assisting India Achieve a Status of Food Enough for its People", Jan., 1971, Douglas Ensminger Papers (MS 1315), box 4, Manuscripts and Archives, Yale University Library.

② Ibid..

这样，印度每一个邦都至少有一个农业精耕县。这一时期，有各种各样的调查和评估报告指出这些农业精耕县的粮食生产取得了迅速提升，试验阶段已经结束，应该在更多地区推广。1963 年，粮食与农业部指派了以 S. R. 森为首的专家调查团深入调查农业精耕县发展。6 月，该调查团报告指出，在最初的 7 个农业精耕县，粮食生产已经上了一个台阶，但是两年的时间还不足以对该发展项目做出评价。不过，可以肯定的是，农业精耕县对印度的发展是很有帮助的。调查团特别强调，参加精耕县发展试验的地区都是农业生产条件相对较好的地区，但是它们之间还存在差别，需要区别对待，对不同的县要制订不同的发展计划。报告还指出，农业精耕县发展计划虽然取得了很大的成绩，但是仍存在不足之处。不足之处主要在于，合作社没有发挥应有的作用。政府向各发展县投入了大量的资源和资金，这些资源和资金要通过合作社发放到农民手中，如果合作社不能合理分配和利用这些发展资金和资源，农业精耕县发展的效果将会大打折扣。[1]

但事实上，正值大量的学者、官员热烈肯定和追捧农业精耕县发展之际，农业精耕县发展却面临着严峻的困难和挑战。例如，在农业精耕县发展计划的推广过程中，印度专家尼赫迈亚立了大功。恩斯明格认为，尼赫迈亚在农业精耕县发展中发挥了至关重要的作用，但是在农业精耕县发展计划进入扩展阶段的时候，尼赫迈亚得到了联合国粮食与农业机构的职位，离开印度前往罗马工作。福特基金会指出尼赫迈亚的调离对农业精耕县发展计划是一个打击，因为尼赫迈亚对这个发展计划有很深刻的理解，他也有足够的魄力和办法将计划付诸实施，他的继任者对这个发展计划缺乏最基本的理解。[2]

再如，计划委员会副主席克里希纳马查理去世，由 V. K. R. V.

① Rajeshwar Dayal, *Community Development*, *Panchayati Raj and Sahakari Samaj*, Delhi: Metropolitan Book Co. Private LTD., 1965, pp. 55-59.

② Douglas Ensminger, Oral History, "The Foundation's Persistent Concern and Role in Assisting India Achieve a Status of Food Enough for its People", Jan., 1971, Douglas Ensminger Papers (MS 1315), box 4, Manuscripts and Archives, Yale University Library.

拉奥接任，而拉奥从一开始就反对农业精耕县发展计划。拉奥认为把国家的发展资源集中到少数几个地区，这是与印度"社会主义民主"原则相悖的，他主张平均分配发展资源。恩斯明格强调，农业精耕县发展计划并不是牺牲大多数地区来成全少数地区的发展。这项计划不主张减少大多数地区的化肥、种子等的供应，只是要求给予农业精耕县更多的、更充分的资源。恩斯明格指出，虽然这项发展计划的提出引起了争论，但是等到印度粮食歉收的时候，这几个农业精耕发展县的粮食剩余可以帮助印度避免政治和经济骚乱。拉奥并不赞成恩斯明格的意见，直到农业精耕县发展计划开展第五年的时候，拉奥才公开表示，作为一个社会学家他仍然不赞同把资源集中到少数地区的做法，但是作为一个职业经济学家，他已经看到农业精耕县发展计划的意义，并开始支持这一做法了。①

三　恩斯明格争取新一轮的援助经费

通过 5 年的试验，农业精耕县发展计划逐渐获得印度各界人士的认可与支持。恩斯明格认为，通过 5 年的精耕县发展试验，基金会已经逐渐认识到阻碍印度农业发展的深层次的原因。恩斯明格向福特基金会总部提出一项为期 5 年的援助项目，继续援助印度农业精耕县发展，他认为在下一个 5 年里，农业精耕县发展可以实现粮食的大幅增长。

但此时，福特基金会的高层对于海外援助的基本政策发生了变化，其海外援助的重点转变为支持农业相关领域的科学技术研发。福特基金会组织各个海外援助项目的代表在墨西哥召开了一次会议，亨利·希尔德（Henry Heald）会长亲自出席会议。希尔德直截了当地表示不赞成基金会的很多援助活动，特别是基金会在印度援助农业精耕县发展的活动。希尔德指出，他并不反对基金会参与到某一个县的农业发展进程中，但是在印度，基金会的援助涉及 7 个发展县，后来又扩展到每个邦一个精耕县的规模，这是极其不理智

---

① Douglas Ensminger, Oral History, "The Foundation's Persistent Concern and Role in Assisting India Achieve a Status of Food Enough for its People", Jan., 1971, Douglas Ensminger Papers (MS 1315), box 4, Manuscripts and Archives, Yale University Library.

也缺乏实际收效的。在这次大会以后，福特基金会总部明确表示不会支持恩斯明格的援助申请。

为了不使农业精耕县发展计划就此结束，恩斯明格借助私人关系，争取福特基金会董事会成员的支持，特别是董事会主席约翰·J. 麦克洛伊的支持。

> 我和基金会绝大多数董事私交甚密。而且凡是亲自到过印度的董事都强烈支持基金会的印度（农业精耕县）发展项目。因此我直接去找这些董事，向他们详细说明了基金会在印度的两难困境。幸运的是，恰逢此时，基金会董事会主席麦克洛伊正好身在印度。他这次是来印度猎虎消遣的。我赶到德里机场接机。过了海关，麦克洛伊问我，需要他的帮助吗？我当即跟他说，有一件很重要的事情需要他帮忙，请他猎虎之行结束后，在印度多做三日逗留。那时，我将向他展示我们援助农业精耕县发展计划的全部情况。我们要带他去参观一个精耕县。让他以基金会董事会主席的身份，决定福特基金会应该继续资助精耕县发展计划，还是撤出一切支持……麦克洛伊同意多待三天……我们向麦克洛伊全面介绍了农业精耕县的情况……麦克洛伊对我保证，他回去立刻与（基金会会长）亨利·希尔德交涉。他让我两周之后飞到纽约……他有信心基金会将支持印度的精耕县计划。①

另外，恩斯明格邀请美国最顶尖的15位农业方面的专家组成一个调查团，到印度考察精耕县发展的具体情况。考察不单针对农业产量的提高，而是从印度农业长期发展和现代化的角度进行考察。该调查团让福特基金会董事会以及印度计划委员会更加理解农业精耕县发展计划。通过上述努力，恩斯明格最终为印度的农业精耕县

---

① Douglas Ensminger, Oral History, "The Foundation's Persistent Concern and Role in Assisting India Achieve a Status of Food Enough for its People", Jan., 1971, Douglas Ensminger Papers (MS 1315), box 4, Manuscripts and Archives, Yale University Library.

发展争取到了基金会的第二轮为期 5 年的资助。[①]

第二节　粮食、人口与国家安全

一　"人口—国家安全理论"

粮食是关乎每一个人基本生存问题的重要战略物资，同时也是工业发展的原材料。冷战期间，粮食成为美国极其重要的外交工具。[②] 正如前文所述，美国在战后通过粮食援助缓解国内粮食过剩的危机，同时将粮食当作外交手段，用"粮食换和平"，"粮食换自由"。[③]

20 世纪 60 年代初期，美国国内政策改革使得美国粮食开始呈现减产的势头。与此同时，"粮食换和平"计划招致越来越多的批评。很多自由主义者批评，美国为第三世界国家提供如此廉价的粮食，抑制了第三世界国家提高自身粮食产量和实现粮食自给自足的动力。他们呼吁美国减少对第三世界国家的粮食援助，同时以粮食援助向第三世界国家施压，促使其采取更有效的措施实现粮食增产。

此时，人口学家关于人口增长与资源枯竭、饥荒威胁与政治混乱、国家安全与世界和平之间关系的论断，逐渐得到肯尼迪政府的重视。事实上，在 20 世纪初，就有一些人口统计学家提出人口增长对环境产生的压力。1945 年，普林斯顿大学人口研究办公室的杜得勒·柯尔克（Dudley Kirk）提出，亚洲不发达地区的人口爆炸，将造成政治不稳定。柯尔克建议，美国可以通过武力或私人资本向不发达地区输出科技。1946 年，洛克菲勒基金会资助人口研究，研究发现公共卫生和医疗水平的提高会造成死亡率下降，而出生率没

---

① Douglas Ensminger, Oral History, "The Foundation's Persistent Concern and Role in Assisting India Achieve a Status of Food Enough for its People", Jan., 1971, Douglas Ensminger Papers (MS 1315), box 4, Manuscripts and Archives, Yale University Library.

② "Celebrating Food for Peace: 1954–2004", U. S. Agency for International Development, http: //pdf. usaid. gov/pdf_ docs/PDABZ818. pdf.

③ Jacqueline McGlade, "More a Plowshare than a Sword: The Legacy of US Cold War Agricultural Diplomacy", *Agricultural History*, 83: 1 (Winter, 2009), pp. 79–102.

有显著下降，这会造成人口迅速增长。人口爆炸给粮食生产带来巨大压力，因为粮食不仅要为不断增加的人口提供粮食，还要为工业提供原材料。当人口增长超过粮食生产的极限时，将会导致政治危机。要解决这一问题，需要提高粮食单位面积的产量，或者控制出生率。新马尔萨斯人口学指出人口爆炸导致对粮食需求增长，这些会对环境带来极大的压力。因此，新马尔萨斯主义强调人口控制，对于通过科学技术提高粮食产量是持保留态度的，因为粮食生产能力的提高极可能鼓励人口的增长。①

　　面对第三世界国家的人口增长和粮食短缺问题，美国政府应该采取措施控制人口增长，还是输出科技提高粮食产量呢？在印度等第三世界国家，由于宗教信仰的原因，控制人口并非易事。而美国强调民主和人权，也不可能采取强制措施控制人口。因此，在20世纪50年代，美国政府几乎没有采取任何有效的措施控制第三世界国家的人口，而是通过提供粮食援助的办法，缓和第三世界国家的粮食短缺问题。但是，20世纪60年代，美国粮食开始出现减产势头，与此同时，第三世界国家人口爆炸，对粮食的需求越来越大。美国逐渐收紧对第三世界国家的粮食援助，转而采取其他措施解决粮食与人口的矛盾，一方面采取措施控制人口，另一方面通过向第三世界国家输出科学技术的办法，促进第三世界国家的粮食产量提高。与此同时，美国政府越来越强调农业科学在美苏意识形态竞赛中扮演的重要政治角色：

　　　　粮食问题已经成为世界上最尖锐和最急迫的问题之一，它是造成当今大多数全球关系紧张和不安的直接的或间接的原因。共产主义国家在极力地利用这一局势。与这些人分享一些我们的科学技术的时机已成熟了，或者说早就成熟了。适当的措施或许可以帮助他们通过发展逐步改变包括农业在内的这一

---

① ［美］约翰·H.帕金斯：《地缘政治与绿色革命：小麦、基因与冷战》，王兆飞、郭晓兵等译，华夏出版社2001年版，第180—184页。

切，否则他们也许只好采取暴动了。①

　　总的来说，在冷战的背景下，"人口—国家安全理论"影响美国调整对第三世界国家的外交与援助政策。② 所谓的"人口—国家安全理论"的逻辑基础是："人口过剩 →资源枯竭 →饥饿 →政治动荡 →叛乱 →美国利益受到威胁 →战争。"这一理论是政府官员、商业人士、大学研究人员和基金会人员共同构建而成的。其中涉及人口统计学的观点、自然资源保护的观点、对饥荒威胁的担忧，以及美国在二战结束后获得全球霸权的观点等。"人口—国家安全理论"的结论是美国应该通过科学育种技术抑制共产主义在第三世界国家的扩张。③

二　对粮食生产的重视

　　在洛克菲勒基金会和福特基金会的资助下，墨西哥和菲律宾研发成功高产小麦和水稻种子，极大促进了墨西哥和菲律宾粮食产量的提高，这为美国改变援助政策提供了契机。美国粮食部负责国际粮食发展的莱斯特·R. 布朗（Lester R. Brown）将高产小麦种子与蒸汽机的发明相提并论，他认为"高产小麦种子将在亚洲掀起一场农业革命，正如蒸汽机在欧洲掀起了工业革命一样"。④ 美国国际开发署的威廉·S. 高德（William S. Gaud）发明了"绿色革命"这个词，用以形容高产种子为发展中国家粮食生产带来的重要变革。他主张，国际开发署与福特基金会、洛克菲勒基金会合作，在印度等第三世界国家推广高产小麦种子。高德强调高产种子将促进落后国家实现粮食自给自足，同时特别指出，离开外部帮助，落后国家不

---

　　① ［美］约翰·H. 帕金斯：《地缘政治与绿色革命：小麦、基因与冷战》，王兆飞、郭晓兵等译，华夏出版社 2001 年版，第 188 页。

　　② 尼克松总统在与巴基斯坦总统叶海亚的谈话中，将控制世界人口与登月计划相类比，将人口问题提高到国家最高战略地位。"The Visit to Parkistan of President Nixon", Aug. 12, 1969, collected in British Foreign Office Documents for South Asia, FCO-37-489.

　　③ ［美］约翰·H. 帕金斯：《地缘政治与绿色革命：小麦、基因与冷战》，王兆飞、郭晓兵等译，华夏出版社 2001 年版，第 161—163 页。

　　④ Frank C. Miller, "Knowledge and Power: Anthropology, Policy Research, and the Green Revolution", *American Ethnologist*, 4: 1 (Feb., 1977), pp. 190-198.

可能实现"绿色革命"。

美国对外援助计划的主要目标是帮助发展中国家实现经济现代化发展，实现社会改革，并建立起有效的社会和政治体制。当然，目前首要任务是帮助发展中国家提高粮食产量，并降低人口出生率……从美国或者其他粮食生产大国向发展中国家输送粮食可以暂时解决缺粮的问题。但是，我们不能不加思考地通过粮食的形式援助发展中国家。我们应该尽一切可能提高那些具有农业生产潜力的地区增加粮食产量……

目前，无论是美国等西方援助机构，还是印度政府都十分重视农业发展。现在印度等一批亚洲国家正在经历一场农业革命（或者说"绿色革命"）。如果"绿色革命"得以继续，这些国家将在未来的15—20年间实现粮食的自给自足。我们的发展援助将极大地促进"绿色革命"的成功，使得这些落后的国家能够获得实实在在的发展。

在一定的时期内，落后国家如果得不到外部的援助，将无法进步。发展中国家不能提供也无力购买充足的生产资料，这些是农业发展所必需的资源，比如肥料、高产种子、农业机械、技术指导等。

也有很多工作……只有通过发展中国家自身的努力才能做到。比如制定合适的税收、价格、进出口政策刺激农民采用新技术，调动发展所需的资源。美国的援助只针对那些准备好自我帮助的国家。[1]

1966年10月，第50届世界人口大会（Conference of Planned Parenthood World Population）上，西方的经济学家、人口专家、农学家齐聚一堂。他们热烈讨论世界粮食与人口问题，其中印度是他们关注的焦点。印度在1951年就拥有3.6亿人口，其中80%

---

[1]　William S. Gaud, "The Current Effect of the American Aid Program", *Annals of the American Academy of Political and Social Science*, Vol. 384, July, 1969, pp. 73-84.

的人口生活在农村地区，至少有 2000 万人口永久性失业。与此同时，印度粮食产量低，粮食增长速度无法满足快速增长的人口需求。根据抽样调查，在 24 个发展中国家中，印度小麦和玉米的单位产量位居第 21 位。因此，在思考人口和粮食对自由和和平带来的威胁时，印度无疑是全世界关注的焦点。[①] 在世界人口大会上，人口专家指出，印度在 5 年内需要依靠国外输送粮食，否则可能引起饥荒。印度等发展中国家政府必须要找出控制人口的有效办法，并且在短期内提高粮食产量。美国政府则应该运用援助计划作为一个杠杆，迫使印度等发展中国家开始农业改革。[②] 高产种子的问世，正好为美国实行的援助计划和发展中国家的农业改革提供了契机。

从 20 世纪 60 年代中期开始，美国国际开发署大幅增加了对第三世界国家农业发展的援助和贷款（见表 5—1）。据统计，1965 财年，国际开发署援助农业发展的预算为 2.5 亿美元，占预算总额的 9%。1967 财年，援助农业发展预算上升至 5.04 亿美元，占预算总额的 20%。[③] 在援助的过程中，国际开发署与福特基金会、洛克菲勒基金会密切配合。

表 5—1　　　　　　　　国际开发署农业贷款情况　　　　　　　单位：%

财年	农业贷款占全部贷款的百分比
1948—1960	6
1961—1965	12
1966—1970	17

---

① Gerald E. Sussman, "The Pilot Project and the Choice of and Implementing Strategy: Community Development in India", in Merilee S. Grindle ed., *Politics and Policy Implementation in the Third World*, New Jersey: Princeton University Press, 1980, pp. 106—107.

② "India Will Need Massive Transfusion of Food: Birth Control Stressed", *The Times of India*, Oct. 26, 1966.

③ Kenneth A. Dahlberg, *Beyond the Green Revolution: The Ecology and Politics of Global Agricultural Development*, New York and London: Plenum Press, 1979, p. 128.

续表

财年	农业贷款占全部贷款的百分比
1971—1972	16
1973—1974	24

资料来源：Kenneth A. Dahlberg, *Beyond the Green Revolution：The Ecology and Politics of Global Agricultural Development*, New York and London：Plenum Press, 1979, p. 128.

第三节　科技农业对农村社会改造工程的替代

一　科技农业代替社区发展

"绿色革命"反映了科技农业对社区发展的代替。对"绿色革命"的援助，意味着美国对"粮食换和平"计划的调整，同时，也意味着对农村社会改造计划的反思和调整。20 世纪 50 年代，美国国际开发署曾专门成立了一个社区发展部，负责在世界范围推广农村社区发展。但是，国际开发署的官员逐渐认识到，社区发展的思路存在严重的问题。第一，农村社区发展无法在短期内促进第三世界国家粮食产量的迅速增长。据统计，1951—1961 年期间，印度开展了农村社区发展计划，这期间印度粮食生产的增长率只有 14%。印度政府依靠大规模的粮食进口来避免饥荒的发生，1956—1961 年期间，印度年均进口粮食为 350 万吨。[①] 第二，对农村社会进行综合改造，需要不同领域的专家和机构的密切合作，需要大量熟悉不同专业知识的乡村工作者，这其实是非常难于实现的。[②] 与社区发展计划相比，通过科学技术促进粮食迅速增长，更加符合美国的外交利益。因此，尽管 1962 年国会通过的"对外援助法案"中提到继续援助欠发达地区的社区发展计划，但是肯尼迪政府基本停止了

---

① 孙培钧：《农业新战略推动下的印度农业》，《全球瞭望》2006 年第 9 期，第 62—63 页。

② Akhter Hameed Khan, "Ten Decades of Rural Development Lessons from India", *MSU Rural Development Papers*, Michigan State University, 1978.

对社区发展计划的援助。① 而是通过向第三世界国家派遣"和平队"青年志愿者的形式，给予社区发展一定的支援。② 美国派往印度的"和平队"志愿者数量是世界上最多的，1962 年 600 余名"和平队"志愿者赶赴印度，到 1969 年，志愿者数量发展到 1000 余人。③但是，印度的社区发展远不是 1000 余名青年志愿者就可以有效推动的。1963 年，国际开发署正式废除了社区发展部。

　　社区发展反映社会科学家全面改造社会的目标：通过对居住环境、人文环境和社会心态的影响，最终促进农村生活水平的提高。从 20 世纪 60 年代开始，自然科学家和农学家开始批评和反思社会科学家全面改造农村社会的设想。自然科学家们科学地分析影响粮食产出的基本条件和加速条件，强调科学技术对于现代农业生产的重要性。例如，美国农业发展委员会总结了影响现代农业的 6 个重要因素：

　　　　第一，通过研究发现和改进新的改良的农业技术以及与农业相关的技术；
　　　　第二，进口以及（或者）本国生产采用农业新技术所必需的相关设备；
　　　　第三，创建一个进步的农村结构，或者"农村的组织结构"，建立起农场与社会其他部门之间货物与信息的流通；
　　　　第四，激发农民增加生产的动力，并且让农民的生产动力保持在一个适当的水平；
　　　　第五，增加土壤肥力；
　　　　第六，培训和教育农业技术人员，通过他们来完成上述任务。④

---

① Lane E. Holdcroft, "The Rise and Fall of Community Development in Developing Coun-tries, 1950-65: A Critical Analysis and an Annotated Bibliography", *MSU Rural Development Paper* No. 2, Department of Agricultural Economics, Michigan State University, 1978, pp. 20-22.

② ［美］雷迅马：《作为意识形态的现代化：社会科学与美国对第三世界政策》，牛可译，中央编译出版社 2003 年版，第 194 页。

③ ［美］切斯特·鲍尔斯：《鲍尔斯回忆录》，上海《国际问题资料》编辑组译，上海人民出版社 1974 年版，第 238 页。

④ A. T. Mosher, *Creating a Progressive Rural Structure: to Serve a Modern Agriculture*, New York: The Agricultural Development Council, 1969, p. ix.

"绿色革命"就是在这一背景下产生的，"绿色"强调通过科学技术，促进粮食产量在短时间内实现迅速的增长。使用"革命"一词就是为了凸显粮食增产之快，凸显科技带来翻天覆地的社会变化。[1] "绿色革命"的支持者主张，生产力进步可以推动社会关系的改变，粮食产量的提高可以带动社会发生一系列的变革。

在此背景下，国际援助机构和福特基金会对印度的援助政策作出了调整。1966 年 6 月 30 日，约翰逊总统任命高德担任国际开发署执行官，原署长大卫·E. 贝尔（David E. Bell）则成为福特基金会的副会长，负责基金会的国际援助活动。[2] 起用高德担任国际开发署执行官，表示美国在发展中国家推广高产种子的决心。原国际开发署执行官贝尔负责福特基金会的国际援助活动，这意味着福特基金会与国际开发署在推广"绿色革命"的过程中会有更密切的合作。[3]

二　对粮食产量革命性增长的预期

1966 年，印度政府开始引进福特基金会和洛克菲勒基金会资助研发的高产小麦和水稻种子，开始了"绿色革命"。正好赶上风调雨顺，印度粮食大幅度增产。1969—1970 年度粮食产量达 1 亿吨，比 1964—1965 年的粮食产量增加了 1100 万吨，而 1964—1965 年是施行农业新战略之前粮食产量最高的一年。[4] 其中，旁遮普地区粮食产量增速之快最为突出。农业新战略开始以后，旁遮普地区 80% 的土地上使用高产小麦种子，使用管井的数量从 7000 个提高到 12 万个，化肥使用量从每亩 2—3 千克增加到每亩 40—60 千克。在此情况下，旁遮普小麦产值快速增长，1968 年小麦比前一年猛增 45%，到 70 年代中期，旁遮普提供了政府收购商品粮的 55%，并

---

① Wolf Ladejinsky, "How Green is the Indian Green Revolution?" *Economic and Political Weekly*, Vol. 8, No. 52, Dec., 1972, pp. A133-A144.

② "New Aid Chief", *The Times of India*, June 30, 1966.

③ "Technical Guidance To Farmers: Scheme to be Reviewed", *The Times of India*, Feb. 2, 1965; "Farmers' Education Vital to Boost Food Production", *The Times of India*, Feb. 4, 1965.

④ Wolf Ladejinsky, "Ironies of India's Green Revolution", *Foreign Affairs*, Vol. 48, No. 8, July, 1970, pp. 758-768.

以每天 1.5 万吨的速度向缺粮地区输送粮食。[①]

"绿色革命"的支持者对此大书特书，宣传科学技术的神奇魅力。1969 年洛克菲勒基金会组织专家考察印度粮食生产情况，专家高度赞赏了印度在粮食生产方面取得的进步。专家们认为在科学家、农民、教育学家的共同努力下，印度粮食生产正在迎头赶上，粮食增长率已经超过了人口增长率。他们乐观地认为印度将在短短几年内从缺粮大国变成粮食富足的国家。

> 这是世界上有史以来最为激动人心的农业发展故事之一。
>
> 印度的农民和科学家在外界提供的物质帮助和有用的建议下，在短时间内实现了粮食增产。世界上任何国家都不曾取得如此规模的成绩，即便是美国这个拥有一切财富、优质的农耕设备和成熟的农耕技术的国家，也没有如此之快的增长速度。印度从墨西哥引进优良小麦，但是印度小麦增产速度远高于墨西哥，墨西哥花了 15 年的时间才做到的事情，印度在过去不到 5 年时间里就做到了。
>
> 印度的小麦和水稻增产计划就像是两架喷气式飞机。小麦率先启动并已经飞翔在空中，现在水稻也开始冲刺了。
>
> 日本用了 20 年的时间在全国范围普及高产小麦种子。印度也可以做到全国普及，而且只需花费一半的时间。因为在印度，一个新的纪元已开启，新的种植文化已经出现。[②]

当然，"绿色革命"的支持者对科技增产的期待有些过于乐观。印度政府和援助机构提供的官方数据也常常有所夸大，对于这一点，后文还会有所提及和分析。

在"绿色革命"的支持者看来，粮食增产将会引起社会变革，冲击传统社会结构，带来社区发展计划未能实现的社会变革和农民

---

① 孙培钧：《关于印度旁遮普邦农业中资本主义发展的初步探讨》，《南亚研究》1979 年第 1 期，第 1—10 页。

② " 'Miracle' Food Production by India Hailed", *The Times of India*, Jan. 10, 1970.

文化心态的转变。例如，著名社会科学家马哈茂德·马姆达尼（Mahmood Mamdani）考察了精耕农业对旁遮普邦曼尼普尔（Manupur）地区农民社会产生的影响。

> 农业精耕县发展计划是对曼尼普尔社会结构产生最重要影响的发展计划。农民可以通过精耕县计划获得资金支持，不再从婆罗门那里借高利贷。合作社更是极大地削弱了婆罗门在村庄中的统治地位。占人口总数60%的自耕农逐渐成为农村中的主导阶级。不仅如此，从1967年开始，农民使用高产小麦种子，这使得小麦亩产量提高了3倍。1967年以后，村庄里通了电，管井代替了传统的水井。农民广泛使用化肥代替过去的绿肥。农民逐渐放弃了用宗教来解释农业产量的做法，村民开始相信通过人类的努力，通过科学技术可以提高农业产量。[1]

三　"效率优先"取代"公平原则"

"绿色革命"与社区发展的不同之处还在于，社区发展强调"公平原则"，"绿色革命"强调"效率优先"。

"绿色革命"是通过使用高产种子和现代科技促进粮食产量的提升。高产种子的种植必须配合使用化肥、杀虫剂以及充足的灌溉设施，并且，高产种子的种子对土壤和气候条件要求较大。因此，"绿色革命"只能在个别条件好和灌溉条件好的地区实施，也只有拥有大面积土地的地主和有财力投资化肥、农业机械的富农才能够享受"绿色革命"的好处。[2] 同时，要刺激农民投资，还需要提高粮食价格，粮食价格的提高无疑让穷苦百姓的生活更加困苦。此外，农业机械化运作意味着大规模的农民失业。[3]

---

① George Rosen, *Western Economists and Eastern Societies: Agents of Change in South Asia*, 1950–1970, Baltimore and London: The Johns Hopkins University Press, 1985, p. 78.

② Francine R. Frankel, *India's Green Revolution: Economic Gains and Political Costs*, Princeton: Princeton University Press, 1971.

③ See Willian C. Paddock, "How Green is the Green Revolution", *BioScience*, Vol. 20, No. 16, Aug. 15, 1970, pp. 897–902.

　　以印度为例，1969 年印度有 4. 34 亿农村人口，其中 1 亿人没有任何土地，将近 2 亿人口占有土地不足 5 英亩，而这些人口占了农村人口的 67% 左右。他们中的很多人年收入不足 200 卢比，按当时的货币兑换率，不到 21 美元。占有土地过少的情况下，采用新种子和技术很难收到成效。另外，他们也没有足够的资金投资化肥和灌溉设备。据估计，在 10 英亩左右的土地使用高产种子、化肥和灌溉设备，至少需要投入 1 万—1. 2 万卢比。这对于绝大多数农民来说是个天文数字。[①]

　　再如，印度实行农业新战略以后，旁遮普、哈里亚纳邦、北方邦西北部等地的粮食产量增长较快，随之而来的是土地价格的增加。地主不再愿意将土地便宜租给佃农，他们将租金从过去收成的 1/2 提高到收成的 70%，许多佃农逐渐沦为无地的农业工人。在农业新战略实施之初，地主需要大量的农业工人，因为使用新的种子需要更多的人手。旁遮普农业大学的 S. S. 约赫尔（S. S. Johl）欢喜地指出"绿色革命"让旁遮普农村地区的就业率和农业工人的收入都大幅提升。但是，地主生产规模扩大以后，开始购买拖拉机等设备，随之而来的农业机械化造成农村人口的大规模失业。[②]

　　因此，"绿色革命"遭到许多批评，印度最有声望的两位经济学家 M. L. 丹特瓦拉（M. L. Dantwala）和拉奥，以及丹尼尔·索纳和爱丽斯·索纳等外国专家都批评农业新战略，称其与印度的平等精神相背离。面对各界的批评，恩斯明格解释道，农业新战略的初衷是希望富农、中农和小农都参与进来，但实际上，只有那些有能力承担风险的农民从中获益最多。为了国家的总体利益着想，不得不将稀缺的资源集中起来优先发展部分地区。因为粮食产量提高才有可能满足人民最基本的营养需求，国家才可能有足够的粮食储备应对经常发生的旱灾或洪灾，小农的福利才能够有所保障。因此，恩斯明格断言，市场导向的、效率优先的农业新战略是印度农

---

① Wolf Ladejinsky, "Ironies of India's Green Revolution", *Foreign Affairs*, Vol. 48, No. 8, July 1970, pp. 758-768.

② Nicholas Wade, "Green Revolution (I): A Just Technology, Often Unjust in Use", *Science*, New Series, Vol. 186, No. 4169, Dec. 20, 1974, pp. 1093-1096.

业发展的必由之路。[①]

第四节　基金会、育种专家与种子公司

一　育种学的发展

育种学成为一门现代应用科学的兴起，是以查尔斯·达尔文（Charles Darwin）和格力高·孟德尔（Gregor Mendel）的研究成果为理论基础的。19 世纪末期，美国育种学家利伯蒂·海德·贝利（Liberty Hyde Bailey）将达尔文变异思想引入应用农业科学。同时，贝利还将孟德尔的新变异理论与生物学的最新结果结合起来，推动作物育种学的发展。英国育种学家罗兰·哈里·比芬（Rowland Harry Biffen）借鉴孟德尔的理论，成功培育出可以抵御黄锈病的小麦改良品种——小乔斯（Little Joss），帮助英国实现了生产优质、高产小麦的梦想。20 世纪初，在进步主义思想的影响下，美国总统西奥多·罗斯福成立"农村生活委员会"，任命利伯蒂·海德·贝利为委员长，推动农业科技革命来改善农村生活。在这一时期，美国农业大学中出现了很多年轻的育种学家、生物学家和基因研究者。经过 40 年的发展，到 20 世纪 40 年代，作物育种已经形成了一整套的数据方法和实地测试技术。此时，育种学受到政府和很多企业的重视，官方和民间机构开始积极介入育种学，育种学开始与国家政治经济和外交事务紧密联系起来。[②]

将育种学与国际政治联系起来的，正是洛克菲勒基金会和福特基金会。洛克菲勒基金会在 20 世纪上半叶热衷于资助世界不同国家的文化和医疗事业。1941 年，洛克菲勒基金会董事长雷蒙德·B. 福斯迪克（Raymond B. Fosdick）与美国副总统亨利·阿加德·华莱士（Henry Agard Wallace）一同参加了墨西哥总统曼努埃尔·阿维

---

① "Food Strategy may Lead to Imbalances", *The Times of India*, July 1, 1968.

② ［美］约翰·H. 帕金斯：《地缘政治与绿色革命：小麦、基因与冷战》，王兆飞、郭晓兵等译，华夏出版社 2001 年版，第 53、66、70—78、99—100 页。

拉·卡马乔（Manuel Avila Camacho）的就职仪式。回国后，福斯迪克建议基金会帮助墨西哥农业的发展。基金会派遣哈佛大学遗传学家、作物育种学家保罗·C. 曼格尔斯多夫（Paul C. Mangelsdorf），康奈尔大学土壤专家理查德·布莱德菲尔德（Richard Bradfield）和明尼苏达大学植物病理学家埃尔温·查尔斯·斯泰克曼（Elvin Charles Stakman）到墨西哥开展农业发展计划。其中，斯泰克曼在一战期间参加战时植物病理学紧急委员会，培育抗锈秆病的小麦品种。1943 年玉米遗传学家埃德温·J. 威尔豪森（Edwin J. Wellhausen）加入。1944 年，作物病理学家、育种学家诺曼·E. 勃劳格正式加入墨西哥农业计划。在洛克菲勒基金会的资助下，育种学家开始研发抗锈病的小麦良种。①

洛克菲勒基金会在墨西哥的农业发展计划启动后，在拉美国家启动了更多类似的农业科研计划。1950 年，基金会在哥伦比亚启动一个新的科研项目，培育玉米和小麦品种。1953 年，基金会在哥斯达黎加、洪都拉斯、萨尔多瓦共和国、尼加拉瓜和巴拿马进行了一个"中美洲国家玉米增产计划"（The Central American Corn Improvement Project）。1954 年，基金会在智利启动了一个针对小麦和饲料作物的科研项目，同时，在哥伦比亚的科研项目中加入对马铃薯的研究。② 洛克菲勒基金会在墨西哥等拉美国家开展的科研项目和农业发展援助取得了令世界瞩目的成绩。抗锈病小麦种子的研制成功，极大增加了墨西哥小麦亩产量。过去，墨西哥小麦需要进口，到 1958 年的时候，小麦不但能够满足高速增长的人口的需要，而且还有剩余可以出口。

20 世纪 50 年代末期开始，福特基金董事会调整海外援助策略，逐渐将援助重点转移到支持农业科学技术研发上。③ 1959 年，国际

① ［美］约翰·H. 帕金斯：《地缘政治与绿色革命：小麦、基因与冷战》，王兆飞、郭晓兵等译，华夏出版社 2001 年版，第 118—123、143—145 页。

② Kenneth A. Dahlberg, *Beyond the Green Revolution: The Ecology and Politics of Global Agricultural Development*, New York and London: Plenum Press, 1979, pp. 55-56.

③ Douglas Ensminger, Oral History, "The Foundation's Persistent Concern and Role in Assisting India Achieve a Status of Food Enough for its People", Jan., 1971, Douglas Ensminger Papers (MS 1315), box 4, Manuscripts and Archives, Yale University Library.

水稻研究中心（The International Rice Research Institute）在菲律宾成立，研究中心由福特基金会和洛克菲勒基金会共同资助。福特基金会出资 700 万美元，用于水稻研究所的建设，洛克菲勒基金会每年提供 50 万美元的研究经费。福特基金会和洛克菲勒基金会、菲律宾政府、菲律宾大学各选派几名代表，加上来自其他亚洲国家农业研究方面的领军人物，共同负责水稻研究所的日常运作。国际水稻研究中心的育种学家们，将台湾的"低脚乌尖"中的矮秆基因与印度尼西亚的"皮泰"品种杂交，培育出半矮秆的奇迹稻"国际稻 8 号"，该品种的水稻具有抗倒伏、高产、穗大、粒多等特点，有"奇迹稻"的美誉。[①]

二　印度的"绿色革命"

福特基金会在资助高产作物研发的同时，大力资助印度农业精耕县发展与农业新战略，积极向印度推广高产作物品种。福特基金会邀请在高产小麦研发过程中贡献突出、获得诺贝尔和平奖（1970年）的诺曼·勃劳格，前往印度宣传和推广高产小麦种子。[②]

1966 年印度出台农村新战略，开始大规模地引进和使用高产小麦、玉米和水稻种子。通过一组数据对比，可以看到 1966 年以后，农业新战略期间高产种子的推广速度，远远超过农村社区发展计划推广改良作物种子的速度。社区发展计划期间，乡村工作者向农民推广改良种子，例如旁遮普 591 号小麦种子、P. 710 小麦种子、P. 720 小麦种子、C. 251 大麦种子、K. 12 大麦种子、I. P. 25 鹰嘴豆种子等，但是，只有少数地主和富农愿意拿出小片土地尝试新的品种，使用新品种的数量往往只能占到村庄作物总数的 3% 左右。[③] 农业新战略开始后，在灌溉和耕作条件好的地区引进墨西哥高产小麦

---

①　孙建党、戴锦波：《美国政府、NGO、跨国公司在菲律宾绿色革命中的角色和作用》，《东南亚研究》2011 年第 6 期，第 42—47 页。

②　"India Will Need Massive Transfusion of Food: Birth Control Stressed", *The Times of India*, Oct. 26, 1966.

③　S. C. Dube, *India's Changing Villages: Human Factors in Community Development*, London: Routledge and Kegan Paul Ltd, 1958, p. 61.

和菲律宾的奇迹稻。旁遮普、哈里亚纳邦和北方邦西部地区是使用高产种子最多的地区，达到 80% 左右。即便是南方泰米尔纳杜邦，官方数据显示，截止到 1973 年，已经有 39%—48% 的土地上种植了高产小麦和奇迹稻。当然，官方的数据是有所夸大的，实际上，仅有 13% 左右的土地种植了高产小麦和水稻。[①] 这种夸大数据的现象在农业新战略实施过程中是很常见的，主要原因是为了迎合政府推广农业新战略的需要，同时也是地方政府争取农业发展资源的手段。不过，泰米尔纳杜邦能有 13% 的土地种植高产小麦和水稻，已经体现了农业新战略以后，高产种子推广速度之快。

美国国际开发署的官员、福特基金会和洛克菲勒基金会以及印度政府官员都宣称高产种子极大提高了印度粮食产量，带来了一场"绿色革命"。洛克菲勒基金会的董事长乔治·哈拉尔（George Harrar）曾经指出，"绿色革命"唯一美中不足的地方，在于推广规模还不够，"发展中国家的领导人看到一点成绩就得意扬扬，觉得粮食危机不会发生了，因此他们大把大把花钱购买战斗机，而不去购买化肥，这是绿色革命的问题所在"。[②] 但事实上，绝大多数的农业学家都看到，高产种子确实提高了粮食产量，但是远远不到"革命"的程度。[③]

正如前文所述，1969—1970 年度印度粮食产量达一亿吨，比 1964—1965 年的粮食产量增加了 1100 万吨，而 1964—1965 年是施行农业新战略之前粮食产量最高的一年。[④] 但是，这一成绩得益于这几年极好的气候条件，而且这一数据全面肯定高产种子的增产作用，却没有详细区分高产小麦、水稻和玉米的增产情况。事实上，印度的农业条件适合高产小麦的生长，使用高产小麦后，小麦产量增加了 3—4 倍，但是，水稻增速相对缓慢，仅仅增产 16%（见表

① B. H. Farmer, "Perspectives on the 'Green Revolution' in South Asia", *Modern Asian Studies*, Vol. 20, No. 1, 1986, pp. 175-199.

② Nicholas Wade, "Green Revolution: Creators Still Quite Hopeful on World Food", *Science*, New Series, Vol. 185, No. 4154, Sept. 6, 1974, pp. 844-845.

③ Govindan Parayil, "The Green Revolution in India: A Case Study of Technological Change", Technology and Culture, Vol. 33, No. 4, Oct., 1992, pp. 737-756.

④ Wolf Ladejinsky, "Ironies of India's Green Revolution", *Foreign Affairs*, Vol. 48, No. 8, July, 1970, pp. 758-768.

5—2)。至于印度广大干旱地区，最适宜种植玉米和高粱等作物，但是高产玉米种子在印度土地上没有创造任何奇迹，增速缓慢，甚至与普通玉米种子产量没有区别。[1]

表5—2　　　　　　　印度水稻和小麦增产情况

（1949—1979年）　　　　　　　单位：百万公吨

年份	1949—1951	1975—1977	1978—1979
水稻	23.259	47.778	53.829
小麦	6.640	29.728	34.982
总的粮食产出	57.135	119.269	131.370

资料来源：Government of India, Ministry of Agriculture, *Agriculture in India*, New Delhi, 1980, p. 5, cited by Gerald E. Sussman, *The Challenge of Integrated Rural Development in India: A Policy and Management Perspective*, Boulder: Westview Press, 1982, p. 142.

在印度，水稻种植区占耕地面积的31%，小麦种植区占15%，事实上，水稻产量决定着粮食生产率。为了促进粮食的快速增长，印度政府决定在最肥沃的土壤上种植小麦，并且投入大量的资金和技术，大规模使用灌溉设施。在美国，小麦是不需要灌溉的，最肥沃的土壤和灌溉设施永远都是用来种植水稻的。这意味着印度的粮食增产是付出了高额代价的，包括人力物力和自然生态的代价。正因为如此，从"绿色革命"的概念提出之日起，学界对"绿色革命"的批评和质疑就一直存在。[2]

很多学者指出，农业新战略的实施不仅没有带来粮食"革命性"的增长，甚至都没能让印度彻底摆脱饥荒。1973—1975年，干旱问题再次引发粮荒，全印有14个邦受灾，受灾人口达2亿人，占总人口的36%，盛产粮食的安德拉邦竟有75%的人挨饿，许多人靠吃草度日，马哈拉施特拉邦有2000万人口因为无法维持生计背

[1]　B. H. Farmer, "Perspectives on the 'Green Revolution' in South Asia", *Modern Asian Studies*, Vol. 20, No. 1, 1986, pp. 175-199.

[2]　Willian C. Paddock, "How Green is the Green Revolution", *BioScience*, Vol. 20, No. 16, Aug. 15, 1970, pp. 897-902.

井离乡。印度政府不得不再次依靠进口粮食，1973 年进口粮食 350 万吨，1974 年为 476 万吨，1975 年为 754 万吨。图 5—1 是旁遮普地区的农作物种植情况。[①]

图 5—1   旁遮普邦农业地图

资料来源：www. maps ofindia. com.

图片说明：旁遮普邦是绿色革命成果最为显著的地区之一。粉色地区主要种植作物为小麦，蓝色地区为甘蔗种植区，水稻种植分散。

三   现代农业的商业化经营模式

如果说高产种子带来了农业革命，那么主要不是指粮食产量出

① 文富德：《论印度的粮食问题》，《南亚研究季刊》1994 年第 1 期，第 26—37 页。

现"革命性"增长，而是极大地推动了传统农业生产方式向现代农业的商业化经营模式的转变。传统农业下，农民耕种使用的种子是从上一季作物中选择保留下来的，而"绿色革命"以后，农民依然负责耕种，种子却由基金会、研究所和种子公司提供和垄断。化肥、杀虫剂和农业机器由化肥加工厂或相应的跨国公司提供，粮食收购、加工和销售则由粮食公司垄断。"绿色革命"以来，一条现代化、国际化的农业产销经营链条形成，迅速替代了第三世界国家传统农业运作模式。第三世界国家的农民成为这条产销经营链中的一个环节，而且是付出最多时间和劳动却收获最少经济利益的一环。

　　基金会在现代化、国际化的农业产销经营链形成，并取代第三世界传统农业经营模式的过程中发挥关键的作用。基金会在第三世界国家的农业发展援助项目，不但将研究机构、农业大学、种子公司和第三世界国家的政治精英和农民联系起来，还为种子公司开辟和打入第三世界市场开辟了道路。以印度为例，福特基金会与印度政府精英之间形成了长期的信任关系，并且援助了印度全国范围的农村社区发展、农业精耕县和绿色革命。同时，福特基金会的援助活动是多元化和国际化的，它不仅资助印度农业科学技术的研发和推广，同时资助菲律宾等地的高产作物品种研发。正因为如此，福特基金会才能够与印度政府配合，将菲律宾和墨西哥种子研发中心的高产水稻和小麦种子在全印度范围推广，为种子公司进军印度市场打开通路。如果没有福特基金会，即便是某个极具财力的种子公司，想要在印度大规模推销其产品，也不是一件容易的事情。在当时，外国公司要获得印度政府的销售许可并不容易，更别说获得政府的大力支持和配合了。即便是有外国种子公司获得了政府销售许可，要让农民了解、认识和愿意使用新种子，面向印度的农民推销高产种子，还需要大笔的经费投入，而且很难保证这会是稳赚不赔的买卖。

　　瓦达娜·希瓦（Vandana Shiva）在《绿色革命的暴力：第三世界的农业、生态和政治》一书中指出，高产种子的问世，意味着种子研发代替了农民自行储备种子的传统。洛克菲勒基金会、福特基金会、国际水稻研究中心和国际玉米和小麦研究中心的育种专家们，培育出高产的小麦、玉米、水稻种子。基金会再将这些高产种子转让给先锋良种技术公司（Pioneer Hi-Bred）等国际种子公司，由这些种子公司巨头进行注册、认证，并大规模生产，最终销售给第三世界国家的农民。①

先锋良种公司是亨利·华莱士创办的私人种子公司。华莱士在二战初期担任美国副总统，与洛克菲勒基金会董事长一同前往墨西哥，并鼓励洛克菲勒基金会开始在墨西哥的农业发展计划。先锋良种创立后，将种子研发、生产和销售一体化，并且着眼于整个世界市场。墨西哥高产小麦和玉米种子的问世，以及"绿色革命"在第三世界国家的广泛开展，帮助先锋良种公司成为世界头号种子销售商。② 1999年，先锋育种被杜邦集团收购，杜邦—先锋的市场销售份额仅次于孟山都，居世界第二位，占有极高的市场份额。

"绿色革命"以后，随着育种学的迅速发展，政府颁布法令保护育种技术专利，这促使跨国种子公司逐渐控制了全球农业种子供应，到2011年，十大种业巨头已经控制了全世界种子销售总额的75.3%。③

"绿色革命"在印度推广高产种子的过程，伴随着现代农业产销经营模式对印度传统农业生产销售模式的逐渐替代。这个过程不仅将印度的农民与种子培育剥离开来，而且极大促进了种子公司对印度种子市场的抢占。印度传统的种子产量过低，同时，印度缺少独立开展育种试验的研发能力。这种情况下，面对国际种子公司销售的高产种子，印度缺少有竞争力的本土高产种子。

四　提升印度农业科研力量的努力

福特基金会认为，美国的育种技术得益于农业大学的建立，农

① Vandana Shiva, *The Violence of the Green Revolution: Third World Agriculture, Ecology and Politics*, London: Third World Network, 1991, p. 65.

② 陈笕：《挑战与启迪——记美国先锋良种公司》，《中外管理导报》1989年第1期，第40—42页。

③ 詹琳、陈建鹏：《全球现代种业的演进轨迹——基于三大跨国种业公司成长视角》，《农业经济与管理》2014年第5期，第77—89页。

业大学极大地促进了育种学作为一门现代应用科学在美国的成长。因此，福特基金会从 20 世纪 50 年代末期开始，资助印度建立农业大学，试图以此推动印度本土育种学和相关农业科学研究能力的提高。

福特基金会批评印度大学不关注应用型农业研究。恩斯明格争取到印度副总统萨瓦帕利·达拉克里希南（Sarvepalli Radhakrishnan）的支持，之后，福特基金会立即着手成立了一个农村高等教育国际调查组。福特基金会邀请美国黑人大学塔斯基吉大学（Tuskegee Institute）的校长路德·福斯特（Luther Foster）、农业基金会刚退休的董事长约瑟夫·阿克曼（Joseph Ackerman）、肯塔基州贝雷亚学院（Berea College）院长路易斯·史密斯（Louis Smith）等专家帮助印度建设农业大学。该调查组建议，印度政府应给予一定资金支持建设农业大学，开展农业科学技术研究和研究生教育。调查组还特别强调了，政府给予农业大学开展科研项目上的自主性和充足的学术自由。①

在福特基金会、印度中央政府和北方邦首席部长 G. B. 潘特（G. B. Pant）的共同推动下，1960 年印度第一所邦立农业大学在北方邦的潘塔纳加（Pantnagar）成立。该大学以美国农业大学为范例，开展农业技术研究，结合农业生产的实际进行相关的科研和教学。1960—1962 年，福特基金会和洛克菲勒基金会又成立康明斯调查团（Cummings Committee）进行调研，希望在印度建立更多的农业大学。② 1962 年，3 所农业大学分别在旁遮普邦、拉贾斯坦邦和奥里萨邦成立，到 1965 年印度共建成 7 所农业大学。7 所农业大学的建立都得到福特基金会、洛克菲勒基金会和美国国际开发署的大

① Government of India, Community Projects Administration, Ministry of Community Development and Co-operation, *Important Letters: From October* 1953 *to July* 1960, Vol. 1, New Delhi, 1961, pp. 196-202.

② 洛克菲勒基金会关注印度的农业发展问题，任命康明斯（Ralph W. Cummings）担任基金会驻印度代表，与福特基金会、美国国际开发署多方合作，促进印度粮食产量的提高。特别值得一提的是，1956 年印度政府与美国洛克菲勒基金会签订协定，由洛克菲勒基金会资助在印度农业研究所（ndian Agricultural Research Institute）新建一个研究生院，专门开展提高玉米、高粱、小米产量的研究，不久还开展提高小麦和水稻产量的研究。

力援助。他们资助农业大学购买研究器材，建立实验室、图书馆等，促进印美专家和学生的互访，同时大力促进美国州立大学与印度新成立的农业大学建立密切的科研合作关系。[①] 农业部部长苏布拉马尼亚充分肯定了农业大学对于促进农业产量提升的重要作用，他甚至援引了英国剑桥大学约瑟夫·哈钦森（Joseph Hutchinson）的评论，强调"农业大学的起步，是近一个世纪以来，印度农业取得的最重大进步"。1966 年印度农业新战略出台，政府更加重视农业大学建设。1965—1972 年，印度共建立起 10 所农业大学。[②]

此外，福特基金会还特别重视援助其他农业科研机构。1965 年 7 月 13 日，福特基金会援助印度 145 万美元，修建比瑞亚（Biria）信息与技术研究中心。1966 年 5 月，福特基金会援助班加罗尔农业科学大学，提供 33.15 万美元，开展一项作物种植的研究与教学项目。[③] 1968 年，印度政府着手建立杀虫剂研究基地，有针对性地研发杀虫剂，第一批研发基地建设在勒克瑙、哥印拜陀（Coimbatore）、班加罗尔和苏拉特。在杀虫剂研究基地的建设过程中，福特基金会给予了资金支持和技术合作，并促进杀虫剂研究基地与美国、法国等地的研究基地建立合作关系。[④]

1970 年 1 月 22 日，印度政府决定投资 2 亿卢比在旱地推广高产种子。福特基金会认为这种做法不见得能够收到成效，因为高产种子的生产需要充足的水源，高产种子在年降雨量小于 65 厘米的地区很难收到成效。福特基金会看到有效利用水资源是增加粮食产量的关键，因此，基金会为印度农业研究中心提供 20 万美元的援助，帮助他们建立一个全印跨学科水资源技术研究中心。福特基金

①　Douglas Ensminger, Oral History, "Why were there so Few Foreign Institutional Contracts to Backstop Foundation Supported Programs in India", April 19, 1972, Douglas Ensminger Papers (MS 1315), box 1, Manuscripts and Archives, Yale University Library.

②　K. Willam Easter, S. Bisaliah and John O. Dunbar, "After Twenty-Five Years of Institution Building, the State Agricultural Universities in India Face New Challenges", *American Journal of Agricultural Economics*, Vol. 71, No. 5, Dec., 1989, pp. 1200-1205.

③　"Helping Food Package Plan", *The Times of India*, Jan. 28, 1966; "Ford Foundation Grants", *The Times of India*, May 2, 1966.

④　"Pesticide Field Research Units in Private Sector", *The Times of India*, Apr. 12, 1968.

会还与加利福尼亚大学联系，邀请美国的专家在水资源技术研究方面提供帮助，建立印度第一个水资源研究中心。① 此外，福特基金会还援助印度开展关于农用地下水资源的调研，调研的地区在拉贾斯坦、北方邦、加尔各答、德里，印度政府出资 1.7 亿卢比用于这项调研。② 福特基金会与洛克菲勒基金会合作，共同出资在海德拉巴建设了半干燥热带地区的国际粮食作物研究中心（International Crops Research Institute for the Semi-Arid Tropics，简称 ICRISAT），该研究中心专门研究适合旱地耕种的高产作物品种。

　　农业大学的建立推动了印度应用农业研究的起步，但此时西方国家育种水平已经十分发达，国外种子公司和育种研究中心的研发能力极其强大。例如，墨西哥国际玉米和小麦研究中心不断研发出新的小麦品种，"亚拉尔""托巴力""INIA""诺里斯特""诺丹诺""CIANO"等，并刷新小麦的单位面积产量。③ 印度等第三世界国家的科研能力还远远没有办法与国际接轨，比起投入大量资金开展自主研发，直接从种子公司购买种子似乎来得更加实惠和高效。

第五节　化肥的政治意义

一　化肥需求量猛增

　　使用高产种子促进粮食产量的迅速提高，必须配套使用化肥。福特基金会在《印度的粮食危机与应对方略》中提出，印度政府应当更加重视化肥对农业生产的重要性，提议印度政府重视化肥生产。④ 此时，印度主要的化肥厂有 3 家，分别是 1951 年在比哈尔邦

① "Centre Allocates Rs. 20 cr. To Develop Dry Farming Areas", *The Times of India*, Jan. 23, 1970; "Water Technology Centre", *The Times of India*, Jan. 26, 1970.
② "Groundwater Probe", *The Times of India*, Dec. 14, 1966.
③ ［美］约翰·H. 帕金斯：《地缘政治与绿色革命：小麦、基因与冷战》，王兆飞、郭晓兵等译，华夏出版社 2001 年版，第 312 页。
④ Ford Foundation, Agricultural Production Team, *Report on India's Food Crisis and Steps to Meet It*, New Delhi: Ministry of Food and Agriculture and Ministry of Community Development, Government of India, 1959.

Sindri 建立的国营化肥厂，和"二五"计划期间在旁遮普 Nangal 建立的国营化肥厂，以及 1943 年喀拉拉邦柯钦的私营化肥厂，1960 年被政府收购。1952—1953 年印度化肥总产量是 53067 吨，1959—1960 年为 83694 吨。1953—1954 年印度进口 19346 吨化肥，1959—1960 年进口 142335 吨。[1]

1965 年，福特基金会通过调查进一步指出，印度第四个五年计划期间，每年需要至少两百万吨氮肥。印度的粮食与农业部认为，福特基金会估计的数值相对保守，印度"四五"期间消耗的氮肥数量可能会更大。8 月，石油与化工部门决定，"四五"期间化肥生产量要达到 280 万吨。为此，印度准备在霍尔迪亚（Haldia）建立一个化肥厂，并且扩建古吉拉特巴拉乌尼（Barauni）化肥厂，预计需要投资 49 亿卢比。印度准备在化肥生产上借助苏联的帮助。[2] 政府启动农业新战略后，印度大规模引进和使用高产小麦、水稻和玉米种子。相应地，化肥的需求量迅速增加。例如，旁遮普地区 80% 的土地上种植了高产小麦种子，化肥使用量从每亩 2—3 千克增加到每亩 40—60 千克。[3]

表 5—3　　　　　　印度化肥生产与消费对比　　　　单位：公吨

年份	1960—1961		1964—1965	
种类	氮肥	磷肥	氮肥	磷肥
消耗量	296129	56147	510508	147896
化肥产量	110243	55083	245296	130845

资料来源：W. D. Posgate, "Fertilizers for India's Green Revolution: The Shaping of Government Policy," *Asian Survey*, Vol. 14, No. 8, Aug., 1974, pp. 733-750.

[1] W. D. Posgate, "Fertilizers for India's Green Revolution: The Shaping of Government Policy", *Asian Survey*, Vol. 14, No. 8, Aug., 1974, pp. 733-750.
[2] "Fourth Plan Fertiliser Target Stepped Up", *The Times of India*, Aug. 10, 1965.
[3] 孙培钧：《关于印度旁遮普邦农业中资本主义发展的初步探讨》，《南亚研究》1979 年第 1 期，第 1—10 页。

表5—4　　　　　　印度绿色革命前后化肥消费情况　　　　单位：公吨

年份	1950—1951	1955—1956	1960—1961	1965—1966	1970—1971
氮肥	56000	107000	210000	600000	1490000
磷肥	7000	13000	70000	150000	460000
钾肥	6000	12000	26000	90000	230000

資料来源：Gerald E. Sussman, *The Challenge of Integrated Rural Development in India: A Policy and Management Perspective*, Boulder: Westview Press, 1982, p. 150.

对比表5—3和表5—4，可以看到，不同资料对于印度化肥使用量的统计数据稍有出入，这与统计者使用的统计方法有关。但上述两表共同反映出两个重要信息，第一，印度政府出台农业新战略以后，化肥需求量大幅增加；第二，印度化肥生产能力滞后于化肥的需求量。这为印度政府出了一道选择题：印度应该投入资金建设化肥厂，还是从国外进口化肥，或者允许国外公司到印度投资设厂？这个问题，关乎印度整个工业政策的调整。

二　被迫调整工业政策

1956年，国大党政府提出建设"社会主义类型社会"的目标，并且颁布了《1956年工业政策决议》（以下简称《决议》）。根据这项决议，印度政府将发展重心放在建立强大的国营工业，特别是重工业发展上，因为强大的国营工业是政府对整个国民经济进行宏观调控的后盾，也是建立社会主义类型社会的物质基础。《决议》强调所有的基础工业、战略型工业、公益工业都必须掌握在国家手中。《决议》将全国的工业分为三类：第一类包括军事工业、原子能、钢铁、重型机械、电讯设备、煤炭、矿物油、稀缺金属、矿产开采与加工、航空、铁路、造船、电话电报、发电输电等17种工业门类，全部由国家经营。第二类包括化肥、药品、化工、机床等12种门类，由国营为主，私营为辅，并逐渐增加国营比重。其他工业类目属于第三类，可以向私营企业开放。此外，从1956年开始，尼赫鲁政府针对第一类工业中的外国私人企业进行了国有化改革。政府先后接管了3家英资金矿、1家钻石矿、1家铜矿和1家船运公司，并完成了人寿保险业的国有化。对于第二类和第三类工业，政府允许甚至鼓励外国私人资本投资，但是对外国私人资本在合资企业中的控股权有严格限制。印度政府还严格限制粮食以外的消费品进口。1961 年，印度政府出台《外资在印度经济发展中的作用》，放宽了对外国私人投资的限制，但是力度不大，在吸引外国投资方面作用有限。①

1963 年，印度政府与美国政府和世界银行交涉，表达了鼓励外国私人资本在印度投资设立化肥工厂的意愿。1963 年 11 月，美国柏克德公司（Bechtel Corporation）与印度政府展开磋商。柏克德公司愿意出资 5 亿美元，在印度建设 5 个化肥工厂，满足印度化肥需求的一半，与此同时，柏克德公司要求控股 55%，此外，要求印度政府以合理的价格购买柏克德公司生产的化肥，确保公司在 5 年内收回投资成本，并且，印度政府要保障柏克德化肥工厂的原材料供应。由于这些条件与印度的工业政策相悖，柏克德和印度政府之间展开了长达一年半的谈判，在谈判过程中，福特基金会、世界银行均参与交涉。美国国际开发署更是以削减对印度援助为威胁，督促印度接受柏克德公司提出的条件，但印度政府一直没有妥协。1965 年 5 月，柏克德公司撤回在印度投资化肥厂的提案，最终谈判破裂。但这件事促使印度政府考虑放宽外国投资设厂的限制。②

除了柏克德公司，1964 年 9 月，美国六大石油化工和化肥制造商组团与印度政府商谈在印度投资设厂的问题，他们提出，在第四个五年计划期间，投资 2.5 亿美元建设化肥工厂。美国驻印度大使切斯特·鲍尔斯以及国际开发署官员大力支持美国化肥制造商。鲍尔斯强调印度要想迅速增加粮食产量，需要使用大量的化肥。国际开发署则为美国的制造商提供经济上的保障，减少他们的投资风险。而福特基金会的粮食危机报告中的分析数据，则是美国制造商

---

① 林承节：《印度独立后的政治经济社会发展史》，昆仑出版社 2003 年版，第 155—156、163—165、171 页。

② W. D. Posgate, "Fertilizers for India's Green Revolution: The Shaping of Government Policy", *Asian Survey*, Vol. 14, No. 8, Aug., 1974, pp. 733-750.

选择建厂地址时参考的第一手资料。①

1965 年 12 月 18 日，印度粮食与农业部部长苏布拉马尼亚宣布了关于外国投资设立化肥工厂的新政策，允许外国公司占有多数股份，允许外国公司在建厂 7 年之内设定化肥价格，印度政府有权以协议价购买 30% 的产品。新政策于 1967 年 12 月 31 日起正式生效。这项政策招致许多批评，反对党攻击这项政策是印度政府对美国的屈服。这一批评并非无中生有，美国粮食部的莱斯特·R. 布朗指出，国际开发署、世界银行向印度政府施加了很多压力，才使得跨国公司得以在印度投资设立化肥厂。②

在印度放宽了外国投资设立化肥厂的限制之后，美国国际开发署和世界银行继续利用印度对化肥的需求，对印度的化肥生产进行更多的直接干预。纽约化工集团（Chemical Engineering Corporation of New York）在印度投资设立了特洛贝伊（Trombay）化肥厂，化肥厂的建设得到国际开发署的资金支持。1967 年，印度政府请求国际开发署扩建特洛贝伊化肥厂，由印度化肥公司（Fertilizer Corporation of India）负责扩建的具体事宜。印度化肥公司是 1961 年成立的国营公司，统一经营管理印度各地的化肥厂。国际开发署怀疑印度化肥公司有能力提供化肥厂扩建所需的工程师和专家。国际开发署表示，资助特洛贝伊化肥厂扩建的前提条件是，由外国公司承建。不仅如此，印度化肥公司的工作要接受美国专家团队的监督，以确保特洛贝伊化肥厂扩建完成之后，印度化肥公司具备基本的管理和行政能力，来运营该化肥厂。与此同时，世界银行的乔治·伍德也提出，他不相信印度本土的工程师和管理人员可以有效地运营化肥厂。他提出，印度要接受世界银行的援助，印度化肥公司必须接受美国专家团队的监督。印度化肥公司请求政府拒绝世界银行和国际开发署的要求，但是，印度政府无视印度化肥公司的抵制，最终同意了国际开发署提出的条件。国际开发署派遣了一队专家到印度，

① "U. S. Consortium to Help Boost Fertiliser Output", *The Times of India*, July 18, 1964.

② W. D. Posgate, "Fertilizers for India's Green Revolution: The Shaping of Government Policy", *Asian Survey*, Vol. 14, No. 8, Aug., 1974, pp. 733–750.

印度政府称其为"拉马克里希娜亚委员会"（Ramakrishnayya Committee），并且说服美国专家同意让一名年轻的印度工程师加入委员会。拉马克里希娜亚委员会向印度政府提交了一份调查报告，提出了一系列针对印度国营企业运营方式的改革建议。委员会强调，印度政府必须接受全部提议，否则国际开发署将不会援助化肥厂的扩建。但是此时美印关系恶化，印度政府没有全盘接受委员会的建议，因此，国际开发署停止了对化肥厂的资助计划。[①]

三　财政与外汇压力

农业新战略的实施和成功高度依赖化肥等的使用，这对于印度的发展来说有很多深远的影响，最突出地体现为农业新战略的实施给印度政府带来了沉重的财政负担和外汇压力。

第一，农业新战略的实施要求印度提高粮食价格。通过高粮价来刺激农民投资化肥，这导致印度政府要以较高的价格收购农产品，为农民提供补贴。据统计墨西哥的高产小麦售价是 1.99 美元一蒲式耳，比世界上最好的小麦价格高 33%。印度和巴基斯坦的小麦价格高出世界市场优质小麦价格一倍。而且，使用新技术生产的水稻和小麦口感不好，不得不打折销售，政府的补贴就又增加了许多。美国等发达国家也对农产品提供大量补贴，美国在 20 世纪 60 年代每年向农民提供 40 亿美元的补贴，但是，美国的农业产量只占国民生产总值的 3%，而印度的农业是国民生产总值的 47%，且其他生产部门不能为农业发展提供资金支持。也就是说，发达国家能够轻而易举做到的事情，对于印度等发展中国家政府而言就形成了沉重的财政负担。[②]

第二，农业新战略加剧了贫富差距，同时产生了大量的失业农民。此时，印度的城市和工业无法为这些农民提供足够的就业机会，这些失业人口和贫困的农民同样成为政府沉重的财政负担。

---

① Biswajit Dhar, "Technology Indigenization and External Influences: Case of the Fertilizer Industry in India", *Social Scientists*, Vol. 13, No. 3, Mar., 1985, pp. 32-48.

② Willian C. Paddock, "How Green is the Green Revolution", *BioScience*, Vol. 20, No. 16, Aug. 15, 1970, pp. 897-902.

第三，农业新战略要求从国外种子公司进口高产的种子，同时，在本国化肥生产供不应求的情况下，国家要花费大量的外汇去进口外国的化肥、杀虫剂、灌溉设施和其他现代农业机械。这对印度政府来说是一笔不小的外汇开支。特别是20世纪80年代，国际原油价格大幅上涨，极大地增加了生产化肥的成本和进口化肥的价格，这在很大程度上造成了印度的资金困难和外汇紧缺。为了避免发生进一步的危机，印度政府不得不向世界银行、国际货币基金组织贷款，这又进一步加深了印度对外国资金和援助的依赖。20世纪80年代印度经济形势困难，向国际货币基金组织申请贷款，国际货币基金组织给予印度50亿美元特别提款权的待遇，但是要求印度听取国际货币基金组织的建议开始改革，放松对进口的限制，促进私营工业投资等。[1] 1991年，世界局势发生重要变化，同时印度也发生了严重的金融危机。印度财政赤字达到国民生产总值的10%，外汇储备也降到独立以来的最低点。国际上，海湾战争增加了印度进口原油的成本，使得能源短缺问题尖锐化、工业零增长，债务总额达到750亿—800亿美元，偿债率达30%左右，同时粮食歉收，造成了严重的经济危机。[2] 拉奥政府任命曼莫汉·辛格为财政部部长，积极与国际货币基金组织联系。印度从1991年6月21日起正式开始施行新经济政策，大幅度进行货币贬值，降低关税，取消工业许可证制度，鼓励私人投资和外国直接投资，放宽对垄断财团的限制，并开始对公营企业进行私有化改制。新经济政策不再同时强调增长与社会公正，而是信奉经济快速增长可以消除贫困。拉奥政府的改革很大程度地缓解了印度的外汇危机，但是农业投资下降导致农业产值下降，农村与城市之间的差距进一步扩大。

四　社会结构进一步固化与政治化的趋势

农业新战略强调科技农业对粮食产量的促进作用，进一步忽视

---

[1]　何承金：《印度的经济调整》，《南亚研究》1985年第1期，第39—48页。

[2]　孙培钧：《90年代南亚国家面临的挑战与对策》，《亚太经济》1993年第1期，第70—75页；孙培钧：《90年代印度的经济和政治》，《南亚研究》1991年第1期，第1—8页。

了对土地关系的改革，以及基于土地关系和种姓制度之上的社会权力结构的改革。农业新战略的实施，进一步强化了位于权力结构顶层和中层的农民的经济基础，固化和强化了社会结构，并且让位于权力结构底层的民众几乎丧失了一切提升社会地位的经济机会。

在此情况下，印度出现了很有趣的现象，那就是民主政治的蓬勃发展。在绿色革命中，中农的经济地位提升，开始要求政治权力。[1] 他们的政治要求，促进了地方政党的成长和政党政治的活跃。20 世纪 70 年代，印度出现了大批的地方政党。1983—1984 年间，十几个地方政党举行了数次聚会，商讨建立统一的反对党，反抗国大党。他们强烈要求中央分权，给予地方更多的权力。到 20 世纪 90 年代，印度政党政治十分活跃，多党联合执政已经成为印度政治的常态。在政党政治的活跃下，各政党为了拉选票和获得政治支持，将目光放到了占人口最多数的底层民众。印度通过保留制度的方法，为社会结构底层的民众保留多达 30% 甚至更多的席位。这使得印度出现了底层民众积极参政议政的特殊现象。遗憾的是，低种姓和跨种姓政党的参政，并没有对传统权力结构造成冲击，相反地，在经济和社会地位没有显著提高的情况下，底层民众的政治参与在绝大多数情况下实际上成为部分政治精英对其他民众的政治"绑架"。绝大多数人无法有效参与到决策过程中，几乎所有决策都是政党上层做出的。因此，底层民众参与选举意味着选票，但并不意味着基层民主[2]，因为它对社会结构没有实质性改变，反而加重了地方的政治腐败和行政腐败，加强了地方裙带关系。

底层民众的政治觉醒，促使他们拿起政治武器、采用民主的方式捍卫他们的权利。他们要求更多的福利优待，这看似使政治参与增多、社会更加平等，而实际上，草根政治觉醒的同时，"贱民"和"低种姓"的社会身份得到加强，他们的生活方式与价值观保留下来。例如，在泰米尔纳杜邦，"城市大街上到处都是巨大的 50 英

① Walter C. Neale, "Rural Development and Politics in India", *Pacific Affairs*, Vol. 53, No. 4, Winter, 1980-1981, pp. 626-631.

② G. K. Lieten, *Development, Devolution and Democracy*, New Delhi, Thousand Oaks, London: Sage Publications, 1996.

尺高的政治家们的画像……更有趣的是，这些政治家来自于社会地位较低的种姓，他们所代表的党派均是由社会地位较低的种姓的人们组成的，得到的支持也来自于这些人……泰米尔纳杜邦的农村地区……路边咖啡馆里，贱民不能和别的印度人用同一只杯子，因为他们是被排除在印度种姓制度之外的，所以这两个群体的人用的杯子是区分开的"。①

绿色革命以后，印度的民主政治更加活跃，底层民众看似获得了政治权力，但实际上，基于种姓、宗教、社会阶层之上的政治动员活动和随之而来的各种各样的政治"福利"，不仅不能冲击种姓制度、缓解社会不平等，反而使得种姓身份、阶层意识更加凸显。这使得传统权力结构得到加强，并且呈现政治化的趋势。这不但不能激发底层人民群众的生产积极性、主动性和创造性，反而阻碍了工业化和城市化所必需的社会流动，对印度的政治经济发展产生了"拖累效应"。

本章小结

综上，"绿色革命"不仅仅是科技革命，或经济政策的调整，在冷战的背景下，"绿色革命"还具有意识形态和政治色彩。现代农业技术的进步，与国家安全和抑制共产主义的事业联系起来。高产种子成为美国开展外交政策，实现国家利益的又一外交工具。在这个过程中，基金会、育种学家、种子公司、化肥公司有意无意地扮演了重要的角色。

就福特基金会促进"绿色革命"在印度开展的历史过程而言，福特基金会的主要动机是资助科学技术进步，通过科技农业促进印度实现粮食的自给自足。这个过程推动了印度农业经济政策做出调整，从重视温和制度改革的农业政策，转变为强调市场和价格刺

---

① ［美］拉斐奇·多萨尼：《印度来了：经济强国如何重新定义全球贸易》，张美霞、薛露然译，东方出版社 2009 年版，第 3 页。

激、强调科技和资金投入的农业发展政策。这意味着，印度改变了重视分配平等的"社会主义"基本原则，转而强调效率和市场自由。同时，印度还调整了工业政策，放宽了外国在印度投资设立化肥工厂的限制，甚至允许外国专家监督印度国营化肥企业改革。从这一角度而言，福特基金会和洛克菲勒基金会、美国国际开发署、世界银行合力推进"绿色革命"的开展，确实帮助美国实现了对印度意识形态影响下的工农业政策的本质性打击。

农业新战略对印度的农业发展产生了深远的影响，印度粮食产量迅速提升，基本实现了粮食自给自足，减少了对美国粮食援助的依赖。但是，农业新战略实施以后，印度对美国高产种子、化肥、杀虫剂、农业机械的需求大幅增加，印度政府对粮食生产的投资与补贴，成为政府沉重的财政和外汇压力，导致印度不得不向国际援助机构贷款，从长远来看，反而加重了印度对国外资金的依赖程度。

对美国来说，促使印度出台和实施农业新战略，是美国对印度外交的重要胜利。随着美国的种子公司进军印度市场，化肥生产商到印度投资设厂，美国不仅收获了政治上的利益，还获得了大量的经济实惠。印度政府对外国援助的依赖，成为其在 20 世纪 90 年代大力推行经济自由化改革的外部原因。可以说，美国在推销西方发展理念，影响印度发展进程方面，步步为营，成果显著。

第六章

结　论

　　围绕美国对印粮食援助、农业社区发展、精耕县计划与绿色革命等焦点个案研究，本书梳理了 1951—1971 年间福特基金会对印度农业发展援助的历史背景与过程，以及对印度农业发展政策的制定、实施与调整的影响。至此，读者可能不禁会问：那么，福特基金会对印度农业发展援助的基本政策和策略究竟是什么，其援助活动产生了什么样的客观结果，到底如何公允地评价福特基金会对印度农业发展援助等问题。如绪论所言，本书虽然是具体的、历史的、经验的个案研究，但是研究过程不可避免地涉及对一系列相关理论问题的思考与探讨。为了更好地把握福特基金会对印度农业发展援助的性质与本质，并揭示其客观结果与影响，在前文各章史实梳理和分析的基础之上，本章结论部分拟从农业发展的理论与策略、变革的设想与实践、发展援助的作用与局限三个方面来展开讨论，并借此归纳和统领全文。

一　农业发展：理论与策略

　　农业发展道路的选择问题，是古往今来每个国家都必须面对和解决的头等大事。对农业发展道路的讨论，是东西方发展理论热烈争议的重要课题。冷战期间，对农业发展道路的探索，同时还是与制度选择息息相关的意识形态问题。一切关于农业发展道路的争论，归根结底都是缘于对农业发展的定义和实现农业发展的方法认知上的分歧。20 世纪 50 年代，美国主流发展经济学家倾向于从广义上来定义农业和农业发展。他们认为，农业经营是以长期形成的社会习俗为基础的一种生活方式，传统农业是基于生活方式之上的一种文化特征，农业生产的落后则与农民的文化价值观密切相关。他们因此得出结论，要实现农业发展，必须以传统农村社会为起点，进行彻底的社会改造。这一主张是农村社区发展的理论基础，即通过建设农村和教育农民的方式实现传统农业的现代化转型。20世纪60年代，美国学界对农业和农业发展的定义有了不同的认识，从社会生产能力发展以及生产组织管理形式的角度来定义现代农业。[1] 例如，舒尔茨指出，现代农业是以运用机械和化工技术的农用拖拉机、化学肥料和化学农药为内容和标志，促进农业发展的关键在于价格刺激和教育引导，引导农民有效地使用现代生产要素。此即成为20世纪60年代美国农业发展援助重点放在"绿色革命"上的重要理论支撑。

从促进农业产出和生产率增长速度的角度，速水佑次郎和弗农·拉坦总结了实现农业生产率增长的四种主要模式。第一种模式是英国农业革命时期使用的土壤肥力保持模式，即强调发展劳动密集型的作物种植制度，重视有机肥的生产和利用等。第二种模式是城市工业影响模式，即强调城市工业发展对农业发展区域的重要影响，主张通过提高工业的分散性或者把剩余农业工人迁移到更远的城市工业中心，加速农业发展。这一方法适合高度工业化国家的欠发达地区。第三种是扩散模式，即推广更好的耕作方法、作物品种和牲畜品种。第四种是高产出投入模式，即强调提高生产率的三种投资形式：在农业试验站形成新技术知识的试验能力上投资，在工业部分开发、生产和销售新技术投入的能力上投资，在农民有效利用现代农业要素的能力上投资。高产出投入模式的意义在于，该模式为基础的政策能够产生足够高的农业增长速度，满足现代人口和收入增长的需求。[2]

从意识形态的视角，西方自由主义经济学家、苏联社会主义以

---

① ［美］西奥多·舒尔茨：《改造传统农业》，梁小民译，商务印书馆2006年版，第6页。

② ［日］速水佑次郎、［美］弗农·拉坦：《农业发展：国际前景》，吴伟东等译，商务印书馆2014年版，第39—53页。

及第三世界国家的民粹主义者，对农业发展道路的主张，泾渭分明、针锋相对。第一，西方自由主义经济学家将农业发展定义为从传统的、静态的农业部门转变为现代的、动态的农业部门，主张保护私人产权，以自由市场制度为中心，通过生产要素的重新配置，提高农业生产效率，进而实现农业现代化。第二，苏联社会主义对农业改造有一套独特的理论，在他们看来，小农经济是传统农业的主要特征，在社会主义社会，农业的进步就意味着大生产的方式代替小农经济。第三，民粹主义思想家，例如甘地主义者，在看待农业和农业发展的问题上，往往容易提出村社自治、平等权利、农民参与、坚持小农经济、强调传统文化和伦理道德的思想。[①]

围绕政府干预农业发展的视角，也存在三种不同的道路或模式。第一种是直接计划体制，政府通过行政机制直接发挥作用，完全控制经济发展政策的制定，通过下达各项行政指令的办法来执行发展计划。直接计划体制的前提是完全的公有制，苏联采取的就是直接计划体制。第二种道路是间接计划体制，政府通过改变和调整价格、利率、税收等外部条件来影响基本经济单位的决策，使其与政府决策目标相一致。间接计划体制的前提是市场机制的高度发达，西方国家主要采取的是间接计划体制，政府的计划通过市场机制间接发挥作用。第三种是混合计划体制，即间接和直接计划体制并存。政府干预农业发展有多重手段，包括制定宏观发展目标、投资计划，开展土地改革等基本制度变革，通过政府投资、农产品购销制度、农业价格政策和农产品国际贸易政策等引导生产资源配置。各国依据实际国情和需要，可以有选择地加以利用。[②]

结合印度农业发展的实际，1951—1971年间印度经历了探索农业发展的过程，印度政府先后尝试了三种不同的农业发展策略。从福特基金会与美国对印度的粮食援助、农村社区发展、"绿色革命"的开展中，可以看到印度对农业发展的探索过程受到外援以及国外

[①] 李铁强：《改造传统农业：一个学说史的梳理与分析》，人民出版社2013年版，第1—4页。

[②] 陈宗德、丁泽霁：《改造传统农业的国际经验：对发展中国家的研究》，中国人民大学出版社1992年版，第277—279页。

发展理论的影响。笔者将这三种不同的农业发展策略与美国主流发展理论、福特基金会、印度政府、甘地主义者以及苏联关于农业发展的主张进行了归纳和对比，以表格的形式呈现，详见表6—1。

表6—1　　　　　　　　　农业发展道路对比分析

	接受外国粮食援助	农村社区发展	绿色革命	福特基金会	美国主流发展理论	印度政府	甘地主义者	苏联的做法
农业的地位	农业是工业的补充（原料、劳动力和市场）	农业是工业的补充（原料、劳动力和市场）	强调农业发展的重要性	强调农业发展的重要性	20世纪50年代：农业是工业的补充 20世纪60年代：逐渐重视农业发展的重要性	1965年以前：农业是工业的补充 1965年以后：开始重视农业和粮食生产	主张农业立国，反对工业化和城市化	工业立国，农业是工业的补充
农业发展的主要目标	保障城市地区廉价粮食与工业的原材料供给	农业生产方式、农村社会制度和组织方式、农村传统文化的全面提升	引导农民有效使用现代生产要素；促进粮食产出和生产率的迅速提高	20世纪50年代：农业社会的全面提升 20世纪60年代：强调粮食产量的迅速提高	20世纪50年代：避免饥荒和饥荒可能导致的革命 20世纪60年代：提高粮食产量，确保粮食安全	1951—1965年：保障城市粮食和工业原材料，避免饥荒 1965年以后：实现粮食产量的迅速提高	自给自足的小农经济；较少压迫的农民社会	保障城市粮食和工业原材料供应

续表

	接受外国粮食援助	农村社区发展	绿色革命	福特基金会	美国主流发展理论	印度政府	甘地主义者	苏联的做法
提高农业产出的方法	扩大耕地面积；相信"涓滴效应"	扩散模式：通过教育、管理、行政等手段，推广现代农耕方式	高产出投入模式：强调高产种子、化肥等现代农业要素的投资和应用	20世纪50年代：支持扩散模式	20世纪50年代：支持"涓滴效应"和扩散模式	1951—1965年：相信"涓滴效应"，同时尝试扩散模式	小农生产，保障农民就业	工业拉动；集体农场，农业大生产
				20世纪60年代：高产出投入模式与扩散模式相结合	20世纪60年代：支持高产出投入模式	1965年以后：采取高产出投入模式		
土地改革	温和的土地改革	温和的土地改革	温和的土地改革	主张进行较为彻底的租佃制度改革	强调租佃制改革的重要性	设置土地最高限额，土地改革和租佃制改革阻力重重	不强调剥夺地主的土地	激进的土地改革；土地国有化改革

	接受外国粮食援助	农村社区发展	绿色革命	福特基金会	美国主流发展理论	印度政府	甘地主义者	苏联的做法
政府的干预作用	制订发展计划；购买美国粮食；收购粮食；粮食分配制度；允许粮食买卖，但限制区域间粮食交易	制订发展计划；政府行政引导；鼓励基层自治组织	制订发展计划：政府通过价格政策、农产品国际贸易政策、农产品购销制度等引导农民投资；减少对外国投资的限制	间接计划体制：政府通过价格、利率、税收进行间接干预，同时完善市场机制；国家政府干预与基层民主自治结合	间接计划体制：政府通过价格、利率、税收进行间接干预，同时完善市场机制	混合计划体制：公私并存的混合所有制经济	村社自治，批判现代国家政府	直接计划体制：政府直接干预经济，全面管制国家经济，完全的公有制经济
粮食价格政策	外国粮食压低粮食价格	低粮价政策保障城市粮食供应	公布粮食最低支持价格，提高收购价格，刺激农民投资	公布粮食最低支持价格，提高收购价格，刺激农民投资	公布粮食最低支持价格，提高收购价格，刺激农民投资	平价粮店，低粮价政策，保障城市粮食供应	小农粮食自给自足	低价收购或强制征收，保障城市粮食和工业原材料

　　从表6—1可以看出，印度政府尝试了三种不同的农业发展策略，这三种思路又体现了印度农业发展策略的变与不变。第一种是通过接受美国粮食援助避免饥荒，同时保障城市粮食供给的发展策略。第二种是农村社区发展，体现了通过社会制度变革和社会教育

的办法全面改变农业社会的发展策略。第三种是"绿色革命"，通过增加现代农业要素的投资和应用，促进粮食产量迅速提高的发展策略。以 1965 年印度政府准备实施农业新战略为分界点，1965 年以前印度政府重工业轻农业，对农业发展主要依靠温和的制度改良，既不进行彻底的土地改革，也不强调市场调节和价格刺激。1965 年以后，印度政府重视农业生产的重要性，并且强调价格和市场的作用，用"效率优先"原则代替"社会公平"原则，设定粮食收购最低价格，鼓励农民投资，同时政府也增加对农业的财政和外汇支出。同时，这三种农业发展策略的共同之处体现了印度农业发展策略的不变原则，突出地表现为三者都没有对土地关系和以土地关系为基础的社会权力结构形成有力的挑战和冲击。不仅如此，这三种发展策略的实施极大地依赖农村的土地精英，其实施的结果是一步步加强和固化了农村社会权力结构。

从外援对印度农业发展政策的影响上来看，表 6—1 反映出，印度的农业发展政策深受美国发展理念的影响，其中也体现着福特基金会的特殊影响。在对农业发展的认识上，福特基金会的态度与美国官方援助基本一致，但是福特基金会也有着与美国官方援助不同的主张和态度。首先，在对印度粮食援助问题上，福特基金会并不赞同印度过度依赖美国的粮食援助。相反地，福特基金会始终重视农业发展的重要性，强调提高粮食价格，以刺激农民投资和使用现代农业生产要素。其次，值得注意的是，与美国官方援助相比，福特基金会相对更重视印度农村社会的实际，重视倾听甘地主义者的意见。这一点集中体现在福特基金会对潘查亚特制度的支持上，福特基金会主张印度政府应该将行政干预与基层民主自治相结合。这一意见得到印度政府的重视和接纳，也成为今天印度基层民主政治蓬勃发展的重要起点。最后，虽然福特基金会与美国的主流发展理论都支持租佃制改革，但是面对印度本土租佃制改革阻力重重的局面，福特基金会选择了接受现实。福特基金会、美国官方援助以及印度政治精英共同设计和选择了绕开土地改革和权力结构变革的农业发展道路。而且应该说，正是因为有了美国粮食援助和福特基金会的农业发展援助，这样一条绕开权力结构变革的农业发展道路才能走得通，才能一直走到今天。

二　"变革的使者"：设想与实践

传统冷战史研究在考察冷战前期的美印关系时容易得出一个结论：1971 年，美印关系恶化，印度和苏联结成准军事同盟，中国和巴基斯坦关系愈加紧密，这些似乎都显示着美国南亚政策的失利。如果从国际关系与地区政治宏观层面进行考察，上述结论则显而易见、顺理成章。然而，如果结合基金会、国际机构的援助活动等微观层面来考察，并且从意识形态和制度竞赛的角度来思考，则可以看出，美国在输出现代化发展理念影响印度发展进程方面，实际上是非常成功的。从前文的对比分析中可以看到，从农业发展道路选择上来看，印度同时吸收了苏联社会主义和西方自由主义的发展理念，但是主要是受到后者的影响更多一些。从政府干预的角度看，印度虽然制定计划经济，但是并非照搬苏联的直接计划体制，而是采取了混合计划体制，并且从 20 世纪 60 年代中后期开始，印度越来越强调计划的间接性，通过价格、利率、税收来间接调控。

美国对印度农业发展政策的影响基本可以概括为现代化发展理论对印度农业发展的影响。冷战史研究学者认识到，现代化理论是美国自由主义历史传统的延伸，其目标是将新政自由主义延伸到国外，或者说将"进步"和"发展"的理念传播到世界，并试图通过资金技术支持革除第三世界国家的社会弊端。[①] 学者也承认，现代化理论是冷战的产物，反映了美国人对美国增长方式的自豪感，以及用美国模式代替共产主义和法西斯主义的自信心和使命感。[②] 本书的研究结果表明：第一，福特基金会在向印度传输现代化理论，影响印度农业发展进程方面发挥了独特的作用。第二，现代化的发展理念在印度遭遇了水土不服。深究之，问题是：结合印度农业发展的实际，考察印度的农业发展进程到底在多大程度上反映出现代化的发展理念的影响；福特基金会作为一个公益机构，其发展援助

---

① 　Nils Gilman, *Mandarins of the Future*, Johns Hopkins University Press, 2003.

② 　David Ekbladh, *The Great American Mission: Modernization and the Construction of an American World Order*, 1914 *to Present*, Princeton, NJ: Princeton University Press, 2010.

在多大程度上传播了现代化的发展理念；印度的农业发展进程又如何见证了现代化理论的水土不服。这些问题，正是本书讨论回答的重点所在，也是本书最大的不同之处。

首先，本书认为福特基金会的发展主张与现代化的发展理念是基本一致的。从福特基金会对全球主义和国际主义外交政策的支持，对发展经济学、比较政治学的支持上可以看出，至少在20世纪50年代和60年代，福特基金会赞成并支持现代化的发展理念。甚至可以说，现代化理论逐渐成为一个系统的理论体系的过程得到了基金会的大力资助。

其次，福特基金会派往印度等第三世界国家的工作人员、专家学者往往将自己定位为"变革的使者"。[①] 他们中间不少人固然是带着理想主义、自由和专业精神前往受援国的，但是，在意识形态理念上，他们又都是现代化的发展取向。从他们分析受援国所面临的发展问题，到提出解决方案中，可以看到明显的现代化理论的逻辑，即传统社会与现代社会相互对立；经济、政治、社会诸方面的变化是相互结合、相互依存的；发展的趋势是沿着共同的、直线式的道路向建立现代国家的方向演进；发展中社会的进步能够通过与发达社会的交往而显著地加速。现代化理论将美国作为历史发展序列的最高阶段，并以此出发，标示出现代性较弱的社会与这个最高点之间的距离。现代化理论家相信美国以往的历史经验展现了通往真正的现代性的道路，美国可以推动停滞社会步入变迁的进程。[②]

再次，福特基金会不仅在思想上和知识上认同现代化发展理念，而且通过海外援助活动在印度等第三世界国家传播现代化的发展理念。在印度的案例中，农村社区发展和"绿色革命"充分体现了现代化理念的基本主张，也见证了现代化理念的水土不服。在福

---

① Leonard A. Gordon, "Wealth Equals Wisdom? The Rockefeller and Ford Foundations in India," *Annals of the American Academy of Political and Social Science*, Vol. 554, Nov., 1997, pp. 104-116.

② ［美］雷迅马：《作为意识形态的现代化：社会科学与美国对第三世界政策》，牛可译，中央编译出版社2003年版，第6—7页。

特基金会的促进和直接资助下，印度政府在 1952 年 10 月 2 日这天启动了农村社区发展计划。社区发展涉及农业、畜牧、灌溉、公共卫生、社会教育、基层民主自治、经济合作等诸多方面的内容，其目标是改善村庄面貌、提高村民的生活水平。社区发展吸收借鉴了 20 世纪上半叶印度农村复兴的经验，同时借鉴了美国城市规划的理念，参考了新政时期田纳西河流域管理局的治理经验。

社区发展在发展口号上借鉴了甘地的农村自治的思想，但是其目标却不是实现甘地所描述的村庄自给自足的乌托邦。福特基金会在全印度成立了 34 个培训中心，培训社区发展所需的乡村工作者和社会教育者，在村庄中推广现代耕作方式，教农民怎么使用点播机、条播机、绿肥和化肥等。社会教育者的工作是要挑战受到种姓制度和宗教思想钳制的传统的生活方式和理念。他们宣传疾病是病毒造成的，可以通过接种疫苗、打针吃药治愈疾病。他们教村民如何制造肥皂，如何改善村庄排水设施、改建住房等，希望以此传播现代的生活方式和心态。最后，社区发展还鼓励村民成立经济合作社，并且鼓励村民选举产生潘查亚特进行村庄基层民主自治。这在某种程度上可以看作对印度农民进行的"民主训练"。

从本质上而言，农村社区发展是追求工业化和现代化的农村社会改造工程。社区发展充分反映了通过美国的发展经验全面改造印度农村社会的宏伟设想，以及通过社会教育，在农村培育一批新的现代化的精英，推动农村社会思想、观念和心态的转变，最终促进传统社会向现代社会转型的构想。遗憾的是，社区发展远没有达成其预期的目标，无论是在提高粮食产量，还是改变农民心态方面，社区发展发挥的作用都十分有限。至于推动印度的农村社会的现代化转型、促进印度的现代化发展，社区发展的贡献更是微乎其微。因此，在 20 世纪 60 年代初期，印度政府和美国的援助机构对社区发展的热情都大为消退，对社区发展的支持也大大减少。

为什么社区发展不能达成预期的目标？福特基金会的援助者和美国的技术专家们，倾向于将社区发展失利的原因归结为印度农民根深蒂固的传统观念以及印度行政官员对农村工作的冷漠。但是，更客观地说，社区发展的设想本身是存在缺陷的。虽然社区发展借鉴了印度农村复兴的经验，但是总的来说，社区发展的理论基础是美国的发展经验，社区发展的方法是基于美国专家对第三世界发展问题的想象和抽象假设。社区发展的理念没有充分考虑到印度农村的权力结构。在此情况下，社区发展的开展不得不过分地依靠少数的精英人士。这导致只有少数的精英才能享受社区发展的资源和成绩。社区发展不但没能挑战传统的种姓结构、宗教结构和城乡结构，反而固化和强化了这种结构。潘查亚特的理念，旨在农村地区培育基层民主的精神，这对于印度民主建设来说是重要的起点，有着值得肯定的积极作用。但也应当看到，在印度独立初期，潘查亚特实行的最大效果是让村庄权力结构政治化，这对于印度独立以来60余年的政治经济发展都有着深刻的影响。

在社区发展没能实现现代化目标的情况下，福特基金会的援助者、美国的技术专家以及相信现代化的印度政治精英选择了支持农业新战略。农业新战略不是对现代化发展理念的反思，正相反，农业新战略更充分地体现了美国援助者和印度政治精英对现代化、工业化和科学主义的信仰。20世纪60年代中期，英·甘地政府正式启动了农业新战略，选择少数农耕条件好的地区，使用高产种子，配合大规模的资金和技术投入。福特基金会和其他援助机构对农业新战略给予了极高的评价，并且大力资助和鼓吹"绿色革命"，积极引进高产作物品种、化肥和杀虫剂等。他们坚信，科技农业不仅能极大促进粮食产量的提高，而且可以有力地推动印度传统社会的现代化转型。他们称农业新战略掀起了一场"绿色革命"，这是不同于中国"红色革命"和伊朗"白色革命"的非暴力、不流血的科技革命。他们认为，"绿色革命"是通过民主的方式和科学技术的进步，在亚洲社会带来现代化变革的成功案例。

当然，后来的事实证明，一方面，所谓的"绿色革命"并没有带来其所标榜的革命性变革。在一定程度上，甚至可以说所谓的"绿色革命"既不"绿色"也不"革命"。虽然在短期内促进了小麦的亩产量提高，有助于印度解决粮食问题，但是过分依赖化肥、农药和灌溉的农业，对生态造成了很大的压力，是不可持续的发展。另一方面，只有富农和地主才有条件和有经济能力使用化肥和灌溉资源。从社会变革的角度看，"绿色革命"扩大了贫富之间的差距，让富人更富、穷人更穷。此外，"绿色革命"只在少数农耕条件好的地区有效地开展起来，在其他干旱地区，科技农业所发挥的作用并不显著，且不稳定。① 因此，"绿色革命"还导致了地区间差异的扩大，为更多的政治和社会矛盾埋下了隐患。

从福特基金会资助印度农村社区发展和绿色革命的过程可以看到，西方的援助者希望通过现代化的发展理念来影响印度等第三世界国家的发展进程。美国的专家学者们自信满满地为印度的发展问题开出"处方"，但是，事实证明，美国的发展经验和社会科学的发展理论，在印度遭遇了水土不服。现代化理论假设世界各国将沿着共同的、直线的道路向实现现代性的方向演进，这一假设太过于理想化。另外，现代化理论将印度的农村社会假设为传统的、与现代对立的一面，简单地认为经济增长和技术进步就可以推动传统社会向现代社会的转型，这种假设缺乏对印度社会和文化的深入理解，因此难以实现预期的现代化目标。

在论证了福特基金会向印度输送现代化发展理论进而影响印度农业发展进程，并且说明了现代化发展理论在印度遭遇了水土不服这两个论点之后，本书还希望具体说明在传输现代化发展理念方面，福特基金会相比美国官方援助，发挥了怎样的特殊作用。

在梳理福特基金会援助印度农业发展的历史背景的过程中，本书已经指出，美国官方援助受制于国际格局与美印关系的不断变化，以及美国国内援助审批制度的限制，美国官方援助在输出现代化发展理念影响印度发展进程方面并没有太大的作为。1951—1971 年间，美国官方援助对印度农业发展政策调整的最大影响在于，通过调整粮食援助政策向印度政府施加压力，敦促其执行农业新战略。

在肯尼迪时期，美国对印度提供了巨额粮食援助，但是当20 世纪 60 年代中期印度遭遇严重饥荒威胁的时候，约翰逊政府通过

① K. N. Ninan and H. Chandrashekar, "Green Revolution, Dryland Agriculture and Sustainability: Insights from India", *Economic and Political Weekly*, Vol. 28, No. 12/13, Mar. 20-27, 1993, pp. A2–A7.

"拉紧拴绳"的政策,以对印度提供 150 万吨紧急粮食援助和 5000
万美元贷款用于进口美国化肥为条件,促使印度政府实施了农业新
战略。在美国的压力下,英·甘地政府实施了农业新战略,大规模
进口美国的高产种子、化肥、农药和农业机械,并且在外国投资设
立化肥厂等方面做出重要让步,美国舆论认为这是约翰逊政府外交
上取得的重大胜利。

历史经验表明,约翰逊政府粮食援助政策的调整只是敦促了印
度政府执行农业新战略。事实上,在此之前,印度政府就已经制定
了农业新战略,而且农业新战略的内容受到福特基金会"农业精耕
县"设想的重要启示。总的来说,1951—1971 年,福特基金会在
影响印度农业发展政策的制定、实施和调整的过程中,发挥了独特
且无可替代的作用。福特基金会发挥了公益基金会的独特优势,
采取了恰当的策略,获得了印度政治精英的信任和理解,实现了
对印度农业发展的影响。大致而言,福特基金会的援助策略有以
下四点:

第一,福特基金会通过对社会科学的资助,影响印度的农业发
展政策。福特基金会不仅资助美国的发展研究和地区研究,还资助
印度学者赴美国学习发展经济学,资助美国的经济学家到印度访
问、讲座、授课。另外,福特基金会还大力资助印度的应用经济学
研究,服务于中央和地方发展计划的制订。福特基金会通过援助,
向印度输送美国的发展理论,影响印度的发展政策。不仅如此,福
特基金会还对美印社会科学进行援助,构建起联系印度和西方知识
精英的知识网络,这一知识网络是福特基金会参与和影响印度发展
进程的基础和依托。

第二,福特基金会大力资助自然科学研究,其中,育种学领域
的科学突破,是"绿色革命"的前提、动力和技术支持。20 世纪
上半叶,育种学逐渐发展成为具有一整套系统的数据方法和实地测
试技术的应用科学。20 世纪 50 年代和 60 年代,在福特基金会和洛
克菲勒基金会的共同资助下,育种学与国际政治联系起来。福特基
金会和洛克菲勒基金会资助了位于菲律宾的国际水稻研究中心和墨
西哥国际玉米小麦改良中心的研究,研发出来的高产水稻和小麦种

子，具有抗锈病、抗倒伏和高产的特点。20 世纪 60 年代，福特基金会向印度推广高产小麦和水稻种子。1966 年印度农业新战略正式启动以后，开始大规模引进这种高产小麦和水稻种子。在此情况下，基金会、研究所和国际种子公司密切合作，在推进育种学不断进步的同时，也促进了农业产销经营链条的形成，促进了现代农业商业化运营模式对传统农业生产模式的替代。

第三，福特基金会组织专家学者对印度粮食、农业问题以及农业发展政策进行调研、评估，通过调研报告向印度政府提出发展建议。这些调研报告在很大程度上影响着印度政府的决策，其中，最重要的、最有影响力的是福特基金会组织 13 名美国专家撰写的"粮食危机报告"，报告指出印度粮食生产面临的严峻挑战，强烈建议印度政府重视粮食生产，并且提出精耕农业的概念，建议在部分农耕条件好的地区，实行农业发展的"一揽子计划"。① 后来的农业新战略的主要措施就来自于福特基金会提出的精耕农业和"一揽子计划"的建议。

第四，福特基金会驻印度代表恩斯明格通过个人关系，直接向印度政府高层建言献策。印度领导人对美国的援助和专家始终抱有怀疑态度，但是，印度政府对福特基金会的援助以及福特基金会推荐的专家给予了极大的信任。福特基金会驻印度代表恩斯明格可以随时打电话给尼赫鲁讨论印度发展的问题。此外，恩斯明格还和计划委员会副主席 V. T. 克里希纳马查理、先后担任了副总统和总统的达拉克里希南、印度财政部部长 C. D. 德希穆克以及历届内阁秘书长都保持良好的私人关系。② 尼赫鲁、克里希纳马查理、达拉克里希南、德希穆克都是印度政界最有名望、最有发言权的人物，是印度发展决策和经济计划制订过程中最关键的人物。恩斯明格通过与他们之间的私人关系，对印度的发展政策建言献策。这些人物对

---

① Ford Foundation, Agricultural Production Team, *Report on India's Food Crisis and Steps to Meet It*, New Delhi: Ministry of Food and Agriculture and Ministry of Community Development, Government of India, 1959.

② Douglas Ensminger, Oral History, "Relationships with Nehru", Nov. 29, 1971, Douglas Ensminger Papers (MS 1315), box 1, Manuscripts and Archives, Yale University Library.

恩斯明格也非常信任，当福特基金会的援助活动受到质疑和阻碍的时候，他们常常会出面帮助恩斯明格争取理解和信任。[①]

三 发展援助：作用与局限

20 世纪五六十年代，印度出于强烈的工业化和现代化的愿望，以及国内财政储备和外汇储备极为有限的状况，尽力争取来自美国、苏联、英联邦以及其他国际援助机构的援助。印度政府希望通过外国援助来填补工业化和城市化所需要的资金、外汇、物资和技术，以促进印度以较快的速度实现从传统向现代的转变。印度政治精英相信，只有快速实现工业化，印度才可能彻底摆脱对外界的依赖，成为一个独立自主的国家。[②]

这一时期，发展援助是美国外交政策的重要组成部分，与此同时，这段历史时期也见证了美国对外援助体系的成形。美国要通过发展援助实现两个主要目标：第一，促进第三世界国家朝着美国所期待的方向变化；第二，防止第三世界国家朝着美国所担心的方向转变。[③] 美国出于国家安全、外交诉求、政治和经济利益等多方面的考量，为印度等第三世界国家提供了粮食援助和发展援助。美国对印度官方援助最核心的目标是遏制共产主义的发展，其一切发展援助活动都是围绕这个核心目标展开的。这就决定着，美国对印度的官方援助，虽然在客观上为印度提供了发展所急需的资金、物资、技术上的帮助，但是也必然带有其局限性。

具体到福特基金会，从前文的分析可以看出，尽管福特基金会在农业发展问题上的态度与美国官方援助的主张存在分歧，但是从总体上来看，福特基金会援助活动的目标、主张和策略与美国官方

① Douglas Ensminger, Oral History, "The Ford Foundation's Contribution in the Field of India's Village and Small Industries", Nov. 5, 1971, Douglas Ensminger Papers (MS 1315), box 4, Manuscripts and Archives, Yale University Library.

② K. K. Subrahmanian, "Role of Foreign Aid and Investment", *Social Scientist*, Vol. 1, No. 6, Jan., 1973, pp. 3-29.

③ Glenn Palmer, Scott B. Wohlander and T. Clifton Morgan, "Give or Take: Foreign Aid and Foreign Policy Substitutability", *Journal of Peace Research*, Vol. 39, No. 1, Jan., 2002, pp. 5-26.

援助的主要精神意旨是基本吻合的。这突出表现为，福特基金会派往印度的工作人员在知识基础和思想主张上赞同和支持现代化的发展理念，他们自视为推动印度"变革的使者"，运用美国的发展理论和发展经验来改造印度农业社会、推动印度传统农业社会的现代化转型。

结合印度独立以来的政治经济发展的进程，反思福特基金会对印度的援助活动，可以看到发展援助的作用及其局限性。一方面，从发展援助的作用上来说，福特基金会的援助活动为印度提供了发展所需要的资金、技术和知识，这对于独立之初的印度而言是十分可贵的。另一方面，福特基金会所倡导的发展理念，强调民主和渐进改革，有助于印度维持社会和政治稳定。独立之初印度就在农村基层地区传播和实践民主的理念，尽管这种"民主训练"具有很大局限性，但是在某种程度上来说，这为印度创造"民主奇迹"奠定了一定基础。同时，也应该充分肯定福特基金会资助的绿色革命，促进了印度粮食的自给自足，对工业化有一定的推动作用。

然而，发展援助的局限性却是不容忽视的。第一，最显而易见的是，印度的发展对外部的依赖与日俱增。印度的农业发展对外国的化肥、种子和机械是高度依赖的，而购买这些物资需要花费大量的外汇，这引发了印度的外汇短缺，为了获得外国贷款和进一步的援助，印度不得不对国际援助机构做出更多的让步，这就形成了恶性循环，使得印度在内政外交上陷入被动。印度的政治精英渴望通过发展实现经济独立，避免对外国物资的依赖，但是事实上，印度的发展却越来越依靠外部资金、技术和援助，这在某种程度上可以说是印度发展的悖论。

第二，1951—1971 年间福特基金会的农业发展政策忽视了农村社会的结构变革，为印度的发展带来了负面影响，突出表现为难以解决贫困问题。农村贫困问题的解决涉及两个方面，即农业产量的提高，以及农产品分配的问题。良好的分配制度需要较为完善的制度建设、社会结构变革加上有效的市场调节作用。传统的社会结构也许并不必然限制农业产量的提高，但是，在没有有效社会结构变革的前提下，农业产量的提高往往意味着农村贫困和不平等的加剧。[①]

　　一方面，印度独立后进行了土地改革，但是土地改革并不彻底。土地制度和土地关系没有从根本上发生变革，这导致基于土地占有和种姓制度之上的权力结构被保存下来。农村社区发展、农业精耕县发展和绿色革命都高度依赖村庄中的富人、地主和高种姓的力量。在不改变村庄权力结构的基础上，引入现代农耕技术、高产种子和化肥，促进粮食产量的快速提升，这使得高种姓、富人越来越富裕。虽然绿色革命期间，一些中等种姓农民的经济实力有所提升，进而产生了提高社会和政治地位的要求，但是，从总体上来说，农村传统的种姓制度和权力结构没有减弱，反而有加固和加强的趋势。特别是那些处于权力结构最底层的人群，他们缺乏提升社会地位的渠道，无论是经济处境还是社会地位都十分低下。美国的发展理念强调市场的作用和科学技术的作用。美国的粮食援助、福特基金会对农村社区发展和绿色革命的援助，也是建立在不变革农村权力结构，甚至极大依赖农村权力精英和土地精英。这些因素共同作用，使得印度农村传统社会结构呈现固化和不断强化的趋势。

　　另一方面，印度独立后确定了议会民主的政治制度。福特基金会热情洋溢地支持在印度农村开展基层民主自治的实践，从长远来看对印度的民主政治发展有一定的促进作用，但在当时却有着较大的局限性。潘查亚特治理看似为农民提供了参政议政的机会和渠道，实际上是让村庄中的精英不仅拥有经济上的优势，还进一步获得了政治上的权力，这使得传统的权力结构进一步政治化，进而更加阻碍了农村地区的社会流动性。

　　此外，美国援助者出于自身全球战略的需要，对印度的援助是针对农村地区的，而印度的政治精英内部对工农业发展政策存在分歧，一部分政治精英支持工业化，另一部分人受到甘地主义的影响，有着浓厚的乡土情结。在此情况下，印度独立以来的现代化进

---

① Madhusudan Ghosh, "Agricultural Development, Agrarian Structure and Rural Poverty in West Bengal", *Economic and Political Weekly*, Vol. 33, No. 47/48, Nov. 21-Dec. 4, 1998, pp. 2987-2995.

程不是一个社会发展的整体进程，突出表现为城市地区的现代化和农村地区传统结构的固化和强化。城市和工业的发展并没能惠及农业和农村地区，农村地区缺乏流动的社会结构也无法为印度的工业化和城市化提供动力和后劲。

　　印度独立之初选择的发展道路和农业发展策略，对印度独立后的发展与现代化进程造成了深刻的影响。1951—1980 年期间，印度国内生产总值年均增速为 3.5%，人均收入平均每年仅增长 1% 多一点。相对同时期的"四小龙"以及整个东亚地区的发展速度，印度的增长速度被讽刺为"印度教徒的增长速度"。印度工农业发展缓慢，失业、半失业和贫困问题长期得不到解决，到 80 年代末期，还有近 40% 的人口生活在贫困线以下。[1] 1991 年以来，印度开始了以自由化、私有化、市场化和全球化为目标的经济改革，大幅度放松了对私营企业的管制以及对外国投资的限制，并且特别重视以信息技术产业、金融业等为龙头的经济发展。这些措施加速了经济增长，1992—2002 年间，印度 GDP 平均增速为 6%，2002—2005 年期间，印度经济增速平均为 8%，2005—2008 年平均增速为 9%。2008 年受到金融海啸影响，经济增速稍微放慢，但很快回到 8% 的增速。[2] 即便如此，在农村传统权力结构固化和城乡缺乏有效的双向刺激机制的情况下，印度的现代化和工业化的道路仍充满艰辛，贫困问题显得十分突出和难以解决。截止到 2011 年，印度仍有 53% 的劳动力以务农为生，农业产出占国内生产总值的 17.4%，工业吸纳 19% 的劳动力，工业产出占国内生产总值的 26.1%。服务业是印度经济的重要支柱，28% 的劳动力从事服务业，创造了国民生产总值的 56.5%。其中，信息科技服务业是印度经济发展的龙头，不过只吸纳了全部劳动力的 0.5% 左右。印度的失业率为 8.5%，生活在贫困线以下的人口占全部人口的 29.8%，这意味着印度拥有世

---

① 孙士海：《中国与印度的经济改革比较》，《南亚研究》1998 年第 1 期，第 8—14 页。

② "中印民主发展：经验分享研讨会"，原计划委员会成员（Narendra Jadhav）发言，新德里，2015 年 1 月。

界上最多的贫困人口。①

最后，通过对福特基金会在印度援助活动的历史性分析，对今天看待非政府组织的国际援助活动有什么启示？如今，基金会等各式各样的非政府组织遍布世界，他们通过援助活动将其影响力深入到世界的每一个角落，甚至包括一些民族国家政府无法有效控制的村庄和部落。有学者认为，基金会等非政府组织构建了一张世界网络，借此实施全球治理。也有学者认为，非政府组织的全球治理更加民主、更加平等，因为网络中的不同角色可以彼此依赖、相互支持。② 然而，通过对福特基金会援助印度这一历史案例的考察可以看到，基金会等非政府组织虽然是有着充分的独立性和自主性的机构，但是从资金、人员来往和发展主张上来看，非政府组织往往带有鲜明的政治和意识形态的色彩。在国际援助的过程中，援助方和受援方之间几乎不可能是平等的、互相依赖的关系。援助方依靠其资金、技术和知识方面的强大优势，有能力对受援方施加有力的影响和控制。本书认为，在面对非政府组织的国际援助问题上，我们固然应该肯定其善意的出发点和客观上的作用，然而也要保持高度的冷静和审慎。一方面，受援方应该结合自身的情况，有选择地接受援助；另一方面，同时尽可能确保接受援助渠道的多样性。另外，建立起对非政府组织援助活动的管理和监察机制，也很重要。通过这些方式，更有效地利用外援来帮助自身的发展，同时避免陷入对外援过度依赖的处境。

① CIA Factbook, https://www.cia.gov/library/publications/the-world-factbook/geos/in.html；［印］普拉纳布·巴丹：《觉醒的泥足巨人：中印经济崛起评估》，陈青蓝、杨震、许宇萱译，中信出版社 2012 年版，第 6 页。

② E. Sorensen and J. Torfing eds., *Theories of Democratic Network Governance*, Basingstoke：Palgrave Macmillan, 2007, pp. 9-10.

参考文献

I. **档案材料**

1. Douglas Ensminger Papers（MS 1315），Manuscripts and Archives，Yale University Library. 道格拉斯·恩斯明格文件集，共 21 箱，收藏于耶鲁大学手稿与档案图书室。

内容包括：

（1）福特基金会援助印度的相关档案，1951—1971 年，包括项目申请书、项目调查报告等内容。

（2）福特基金会驻印度代表道格拉斯·恩斯明格的口述史。1971年创作，记录了 1951—1971 年间恩斯明格在印度的经历，以及福特基金会在印度的活动情况。

2. Foreign Relations of the United States，1949–1971，Washington：United States Government Printing Office. 美国对外关系文件集，1949—1971 年部分。

1961 年以前的档案文件参见：http：// uwdc. library. wisc. edu/ collections/FRUS。

1961 年以后的档案文件参见：http：//history. state. gov/。

3. 美国国会记录，对印度援助的相关法案。

The Committee on Foreign Affairs House of Representatives，"International Technical Cooperation Act of 1949（'Point IV' Program）"，82nd Congress，1st Session，Washington：United States Government Printing Office，1950.

The Committee on Foreign Affairs，India Emergency Assistance Act of 1951，82nd Congress，1st Session，House Report No. 373，Washington：United States Government Printing Office，1951.

The Committee on Foreign Affairs, Information relating to H. R. 3791, 82nd Congress, 1st Session, Washington: United States Government Printing Office, 1951.

House of Representatives, "Assistance to the Republic of India", 82nd Congress, 1st Session, Documents No. 56, Feb. 12, 1951.

Staff Memorandum of Information on India Emergency Assistance Act, May 17, 1951, Washington: United States Government Printing Office, 1951.

Mutual Security Act Extension 1953: Staff Memorandum on TCA Programs in South Asia (Title III), April 30, 1953, Washington: United States Government Printing Office, 1958.

The Comptroller General of the United States, "Report to the Congress of the United States: Examination of Economic and Technical Assistance Program for India International Cooperation Administration Department of State, Fiscal Years 1955 - 1958", United States: General Accounting Office, 1959.

4. British Foreign Office Documents for South Asia. 英国外交部关于南亚的档案材料，1947—1980 年，收录于英国利兹大学"外交部关于印度、巴基斯坦和阿富汗的档案"数据库。

http: //www. archivesdirect. amdigital. co. uk/Introduction/FO _ India/default. aspx#Introduction.

5. Chester Bowles Papers (MS 628), Manuscripts and Archives, Yale University Library. 切斯特·鲍尔斯文集，收藏于耶鲁大学手稿与档案图书室。

6. Selected Works of Jawaharlal Nehru. 尼赫鲁文集，共 49 卷，北京大学图书馆特藏图书室收藏了 44 卷。

7. Community Projects Administration/ Ministry of Community Developmentand Co - operation, Important Letters: From October 1953 to July 1960. 印度社区发展部印发的社区发展重要通信集。

8. 印度政府印发的项目文件和评估报告。

（1）Report of the Team for the Study of Community Projects and National Extension Service（巴尔万特赖·梅塔委员会报告）。

（2）Report on the Committee on Panchayati Raj Institutions（阿索卡·梅塔委员会报告）。

（3）Report on the Indo‑U. S. Technical Co‑operation Programme（印美技术合作调查报告）。

II. 报刊资料

1. The Times of India 印度时报，1946—1976 系统查阅。

2. New York Times 纽约时报，关键词搜索。

III. 专著

中文

陈峰君主编：《印度社会述论》，中国社会科学出版社 1991 年版。

陈晓律：《战后发展理论研究》，四川人民出版社 1995 年版。

陈宗德、丁泽霁：《改造传统农业的国际经验：对发展中国家的研究》，中国人民大学出版社 1992 年版。

《耿飚回忆录（1949—1992）》，江苏人民出版社 1998 年版。

韩铁：《福特基金会与美国的中国学（1950—1979）》，中国社会科学出版社 2004 年版。

黄思骏：《印度土地制度研究》，中国社会科学出版社 1998 年版。

李铁强：《改造传统农业：一个学说史的梳理与分析》，人民出版社 2013 年版。

李小云、唐丽霞、武晋编著：《国际发展援助概论》，社会科学文献出版社 2009 年版。

林承节：《殖民统治时期的印度史》，北京大学出版社 2004 年版。

林承节：《印度独立后的政治经济社会发展史》，昆仑出版社 2003 年版。

林承节：《印度现代化的发展道路》，北京大学出版社 2001 年版。

刘国柱：《美国文化的新边疆：冷战时期的和平队研究》，中国社会科学出版社 2005 年版。

罗荣渠主编：《各国现代化比较研究》，陕西人民出版社 1993

年版。

孟雷编著：《从晏阳初到温铁军》，华夏出版社 2005 年版。

王红生：《论印度的民主》，社会科学文献出版社 2011 年版。

王红生、［印］B. 辛格：《尼赫鲁家族与印度政治》，北京大学出版社 2011 年版。

王玮、戴超武：《美国外交思想史》，人民出版社 2007 年版。

吴学国：《存在·自我·神性：印度哲学与宗教思想研究》，中国社会科学出版社 2006 年版。

夏义善：《苏联外交 65 年记事：勃列日涅夫时期（1964—1982）》，世界知识出版社 1987 年版。

杨冬燕：《罗斯托：越南战争的幕后推手》，北京大学出版社 2014 年版。

尤建设：《美国对印度援助研究（1951—1971）》，中国社会科学出版社 2010 年版。

岳西宽、张卫星编译：《美国历届总统就职演说集》，中央编译出版社 1995 年版。

张忠祥：《尼赫鲁外交研究》，中国社会科学出版社 2002 年版。

章昌裕主编：《国际发展援助》，对外贸易教育出版社 1993 年版。

周弘主编：《对外援助与国际关系》，中国社会科学出版社 2002 年版。

朱富强：《经济学说史：思想发展与流派渊源》，清华大学出版社 2013 年版。

资中筠主编：《战后美国外交史——从杜鲁门到里根》，世界知识出版社 1994 年版。

资中筠：《财富的归宿：美国现代公益基金会述评》（增订本），生活·读书·新知三联书店 2011 年版。

邹永贤主编：《国家学说史》，福建人民出版社 1999 年版。

译著

［美］阿图尔·科利：《国家引导的发展：全球边缘地区的政治权力与工业化》，朱天飚等译，吉林出版集团有限责任公司 2007 年版。

［美］阿图罗·埃斯科：《遭遇发展：第三世界的形成与瓦解》，

汪淳玉等译，社会科学文献出版社 2011 年版。

[美] 阿尔伯特·赫希曼：《经济发展战略》，曹征海、潘照东译，经济科学出版社 1991 年版。

[美] 巴林顿·摩尔：《民主和专制的社会起源》，拓夫、张东东等译，华夏出版社 1987 年版。

[美] 保罗·巴兰：《增长的政治经济学》，蔡中兴、杨宇光译，商务印书馆 2000 年版。

[美] 丹·摩根：《粮食巨人：一件比石油更强大的武器——国际粮食贸易》，张存节译，农业出版社 1983 年版。

[美] 弗朗西斯·福山：《历史的终结》，《历史的终结》翻译组译，远方出版社 1998 年版。

[美] 韩德：《美利坚独步天下：美国是如何获得和动用它的世界优势的》，马荣久等译，上海人民出版社 2011 年版。

[美] 亨利·福特：《我的工作和生活：福特自传》，李伟译，新世界出版社 2010 年版。

[美] 亨利·基辛格：《白宫岁月：基辛格回忆录全集》（第 3 册），陈瑶华等译，世界知识出版社 2003 年版。

[美] 亨廷顿：《变化社会中的政治秩序》，王冠华等译，生活·读书·新知三联书店 1989 年版。

[美] 加布里埃尔·A.阿尔蒙德、詹姆斯·S.科尔曼编：《发展中地区的政治》，任晓晋等译，上海人民出版社 2012 年版。

[美] 肯尼思·华尔兹：《国际政治理论》，信强译，上海人民出版社 2003 年版。

[美] 拉斐奇·多萨尼：《印度来了：经济强国如何重新定义全球贸易》，张美霞、薛露然译，东方出版社 2009 年版。

[美] 雷迅马：《作为意识形态的现代化：社会科学与美国对第三世界政策》，牛可译，中央编译出版社 2003 年版。

[美] 理查德·帕克：《加尔布雷斯传》，郭路译，中信出版社 2010 年版。

[美] 罗伯特·沃尔特斯：《美苏援助对比分析》，陈源、范坝译，商务印书馆 1974 年版。

［美］切斯特·鲍尔斯：《鲍尔斯回忆录》，上海《国际问题资料》编辑组译，上海人民出版社 1974 年版。

［美］R. 讷克斯：《不发达国家的资本形成问题》，谨斋译，商务印书馆 1966 年版。

［美］R. R. 帕尔默、乔·科尔顿、劳埃德·克莱默：《冷战到全球化：意识形态的终结?》，牛可、王晟、董正华等译，世界图书出版公司 2011 年版。

［美］斯坦利·A. 科查内克：《印度国大党：一党民主制的动力》，上海市徐汇区教师红专学院译，上海人民出版社 1977 年版。

［美］沃尔特·罗斯托：《经济增长的阶段：非共产党宣言》，郭熙保、王松茂译，中国社会科学出版社 2001 年版。

［美］西奥多·舒尔茨：《改造传统农业》，梁小民译，商务印书馆 2006 年版。

［美］小阿瑟·施莱辛格：《一千天》，仲宜译，生活·读书·新知三联书店 1981 年版。

［美］伊曼纽尔·沃勒斯坦：《现代世界体系》，郭方等译，社会科学文献出版社 2013 年版。

［美］约翰·H. 帕金斯：《地缘政治与绿色革命：小麦、基因与冷战》，王兆飞、郭晓兵等译，华夏出版社 2001 年版。

［美］约翰·刘易斯·加迪斯：《遏制战略：战后美国国家安全战略评析》，时殷宏等译，世界知识出版社 2005 年版。

［美］詹姆斯·C. 斯科特：《国家的视角：那些试图改善人类状况的项目是如何失败的》，王晓毅译，社会科学文献出版社 2004 年版。

［美］兹比格涅夫·布热津斯基：《竞赛方案：进行美苏竞争的地缘战略纲领》，刘晓明等译，中国对外翻译出版公司 1988 年版。

［印］A. 古拉蒂主编：《巨龙与大象：中国和印度农业农村改革的比较研究》，科学出版社 2009 年版。

［印］阿玛蒂亚·森：《贫困与饥荒》，王宇、王文玉译，商务印书馆 2009 年版。

［印］阿玛蒂亚·森：《论经济不平等，不平等之再考察》，王利文、于占杰译，社会科学文献出版社 2006 年版。

［印］阿玛蒂亚·森、［印］让·德雷兹：《印度：经济发展与社会机会》，黄飞军译，社会科学文献出版社 2006 年版。

［印］阿玛蒂亚·森：《以自由看待发展》，任赜、于真译，中国人民大学出版社 2002 年版。

［印］库苏姆·奈尔：《贫困的印度农村》，姚念赓等译，世界知识出版社 1965 年版。

［印］罗梅什·杜特：《英属印度经济史》，生活·读书·新知三联书店 1965 年版。

［印］纳塔拉詹：《美国阴影笼罩印度》，姚华译，世界知识出版社 1954 年版。

［印］莫罕达斯·甘地：《印度自治》，谭云山译，商务印书馆 1935 年版。

［印］帕尔塔·查特吉：《民族主义思想与殖民地世界：一种衍生的话语》，范慕尤、杨曦译，译林出版社 2007 年版。

［印］普拉纳布·巴丹：《觉醒的泥足巨人：中印经济崛起评估》，陈青蓝、杨震、许宇萱译，中信出版社 2012 年版。

［英］拉吉·帕特尔：《粮食战争：市场、权力和世界食物体系的隐形战争》，郭国玺、程剑峰译，东方出版社 2008 年版。

［法］托克维尔：《论美国的民主》，董果良译，商务印书馆 2010 年版。

［意］安东尼奥·葛兰西：《狱中札记》，人民出版社 1983 年版。

［挪］文安立：《全球冷战：美苏对第三世界的干涉和当代世界的形成》，牛可等译，世界图书出版公司 2012 年版。

［日］速水佑次郎、［美］弗农·拉坦：《农业发展：国际前景》，吴伟东等译，商务印书馆 2014 年版。

［赞比亚］丹比萨·莫约：《援助的死亡》，王涛、杨惠等译，世界知识出版社 2010 年版。

英文

Ambedkar, S. Nagendra and Shilaja Nagendra, *Women, Empowerment and Panchayati Raj*, Jaipur: ABD Publishers, 2005.

Anheier, Helmut K. and David C. Hammack, eds., *American Foun-*

dations: *Roles and Contributions*, Washington, D. C.: Brookings Institutio Press, 2010.

Arnove, Robert R., *Philanthropy and Cultural Imperialism: The Foundation at Home and Abroad*, Boston, MA: G. K. Hall and Co., 1980.

Bayliss – Smith, T. P., *The Ecology of Agricultural Systems*, Cambridge: Cambridge University Press, 1982.

Berghahn, Volker R., *America and the Intellectual Cold Wars in Europe*, Princeton: Princeton University Press, 2001.

Beteille, Andre, *Class and Power: Changing Patterns of Stratification in Tanjore Village*, Berkerley, California: University of California Press, 1965.

Bhambhri, C. P., *Politics in India*, 1947 – 1987, New Delhi: Vikas Pub. House, 1988.

Bhargava, B. S., *Panchayati Raj Institutions: An Analysis of Issues, Problems and Recommendation of Asoka Mehta Committee*, New Delhi: Ashish Publishing House, 1979.

Bhouraskar, Digambar, *United Nations Development Aid: A Study in History and Politics*, New Delhi: Academic Foundation, 2007.

Bird, Kai, *The Chairman: John J. McCloy, the Making of the American Establishment*, New York: Simon and Schuster, 1992.

Bliss, C. J. and N. H. Stern, *Palanpur: The Economy of an Indian Village*, Oxford: Clarendon Press, 1982.

Brown, L. R., *Seeds of Change: The Green Revolution and Development in the 1970s*, London: Pall Mall Press, 1970.

Chandrasekhar, S., *American Aid and India's Economic Development*, London: Pall Mall Press, 1965.

Christenson, J. A. and J. W. Robinson eds., *Community Development in Perspective*, Iowa City, IA: Iowa State University Press, 1989.

Colony, Kailash, *Seminar on Fundamental Problems of Panchayati Raj*, New Delhi: All India Panchayat Parishad, 1964.

Cooper, Frederick, *Colonialism in Question: Theory, Knowledge, His-*

tory, Berkeley: University of California Press, 2005.

Corbridge, Stuart ed., *Development: Critical Concepts in the Social Sciences*, London and New York: Routledge, 2000.

Cross, Cecil Merne Putnan, *The Development of Self - Government in India*, 1858–1914, New York: Greenwood Press, 1968.

Dahlberg, Kenneth A., *Beyond the Green Revolution: The Ecology and Politics of Global Agricultural Development*, New York and London: Plenum Press, 1979.

Dayal, Rajeshwar, *Community Development, Panchayati Raj and Sahakari Samaj*, Delhi: Metropolitan Book Co. Private LTD., 1965.

Desai, A. R., *Rural Sociology in India*, Bombay: Popular Parkashan, 1978.

Desai, A. R., *India's Path of Development, A Marxist Approach*, Bombay: Popular Prakashan, 1984.

Deshmukh, C. D., *Lectures on the Pre - Requisites of Development in Under - Developed Countries*, Nagpur University R. B. Bapu Rao Dada Kinkhede Lecture Series, Nagpur: Nagpur Vidyapeeth Mudranalaya, 1961–1962.

Dey, S. K., *Community Development: A Chronicle*, 1954 – 1961, Delhi: Ministry of Information and Broadcasting, Government of India, 1962.

Dey, S. K., *Power to the People, A Chronicle of India* 1947–1967, Bombay, Calcutta, Madras, New Delhi: Orient Longmans, 1969.

Dube, S. C., *India's Changing Villages, Human Factors in Community Development*, London: Routledge and Kegan Paul Ltd., 1958.

Dubey, M. P. and Munni Padalia, *Democratic Decentralization and Panchayati Raj in India*, New Delhi: Anamika Publishers and Distributors, 2002.

Ekbladh, David, *The Great American Mission: Modernization and the Construction of an American World Order*, 1914 *to Present*, Princeton, NJ: Princeton University Press, 2010.

Emmanuel, Arghiri, *Unequal Exchange: A Study of the Imperialism of Trade*, New York: Monthly Review Press, 1972.

Ernst, John, *Forging a Fateful Alliance: Michigan State University and the Vietnam War*, East Lansing: Michigan State University Press, 1998.

Etienne, G., *India's Changing Rural Scene*, 1963-1979, Delhi: Oxford University Press, 1982.

Expert Committee on Assessment and Evaluation, *Modernising Indian Agriculture: Report on the Intensive Agricultural District Programme*, New Delhi: Ministry of Food, Agriculture, Community Development and Cooperation, 1969.

Farmer, B. H., *Agricultural Colonization in India since Independence*, London: Oxford Unviersity Press, 1974.

Ford, Henry, *My life and Work*, Garden City Publication Corportation, 1922.

Ford Foundation, Office of the Representative in India, *The Ford Foundation and Foundation Supported Activities in India*, 1955.

Ford Foundation, Agricultural Production Team, *Report on India's Food Crisis and Steps to Meet It*, New Delhi: Ministry of Food and Agriculture and Ministry of Community Development, Government of India, 1959.

Ford Foundation, India Field Office, *The Twin Challenges: Food Enough and Suppression of Population Growth in India*, New Delhi, 1967.

Frankel, Francine R., *India's Political Economy*, 1947-1977: *The Gradual Revolution*, Princeton University Press, 1978.

Frankel, Francine R., *India's Green Revolution: Economic Gains and Political Costs*, Princeton: Princeton University Press, 1971.

Gandhi, Mahatma, *The Collected Works of Mahatma Gandhi*, New Delhi: Publication Division, 1958-1984.

Gilman, Nils, *Mandarins of the Future*, Johns Hopkins University Press, 2003.

Government of India, Community Projects Administration, Ministry of Community Development and Co-operation, *Important Letters: From October*

1953 *to July* 1960, New Delhi, 1961.

Government of India, Planning Commission, *Road to the Welfare State*, issued on behalf of the Community Projects Administration, New Delhi, 1954.

Government of India, *Community Development, Panchayati Raj and Cooperation*, issued on behalf of Ministry of Community Development and Cooperation, Delhi, 1968.

Government of India, Ministry of Food, Agriculture, Community Development and Cooperation, Ministry of Community Development and Cooperation, *Pocket Book of Information on Community Development.*

Government of India, Committee on Plan Projects, *Report of the Team for the Study of Community Projects and National Extension Service*, New Delhi, 1957.

Government of India, Ministry of Finance, *Report on the Indo – U. S. Technical Co-operation Programme*, New Delhi, 1962.

Government of India, Ministry of Agriculture and Irrigation, Department of Rural Development, *Report on the Committee on Panchayati Raj Institutions*, New Delhi, 1978.

Government of India, Ministry of Finance, *Report on the Indo – U. S. Technical Co-operation Programme*, New Delhi, 1962.

Grindle, Merilee S. ed., *Politics and Policy Implementation in the Third World*, New Jersey: Princeton University Press, 1980.

Harriss, John, *Capitalism and Peasant Farming: Agrarian Structure and Ideology*, Bombay: Oxford University Press, 1982.

Hill, Thomas M. and W. Warren Haynes, and Howard Baumgartel, and Samuel Paul, *Institution Building in India*, Boston: Harvard University, 1973.

Jha, Shiva Chandra, *A History of Indian Economic Thought*, Calcutta: Firma Klm Private Limited, 1981.

Johnston, B. F. and P. Kilby, *Agriculture and Structural Transformation: Economic Strategies in Late – Developing Countries*, Oxford University

Press, 1975.

Jolly, Richard et al., *U. N. Contributions to Development Thinking and Practive*, Bloomington: Indiana University Press, 2004.

Kappor, Purnima P., *Economic Thought of Jawaharlal Nehru*, New Delhi: Deep and Deep Publications, 1985.

Karim, Lamia, Microfinance and its Discontents: Women in Debt in Bangladesh, Minnesota: University of Minnesota Press, 2011.

Kavic, Lorne J., *India's Quest for Security: Defense Policies*, 1947–1965, University of California Press, 1967.

Kohli, Atul, *India's Democracy: An Analysis of Changing State–Society Relations*, Princeton University Press, 1990.

Kothari, Shanti and Ramashray Roy, *Politicians and Administrators at the District Level*, New Delhi: Indian Institute of Public Administration, 1969.

Krishnamachari, V. T., *Community Development in India*, Publications Division, Ministry of Information and Broadcasting, Government of India, 1958.

Krishnamachari, V. T., *Planning in India*, Bombay, Madras, Calcutta, New Delhi: Orient Longmans, 1961.

Krishnamachari, V. T., *Report on Indian and State Administrative services and Problems of District Administration*, Planning Commission, Government of India, 1962.

Kunz, Diane B., *Butter and Guns: America's Cold War Economic Diplomacy*, New York, London, Toronto, Sydney, Singapore: The Free Press, 1997.

Lieten, G. K., *Development, Devolution and Democracy*, New Delhi, Thousand Oaks, London: Sage Publications, 1996.

Lipton, Michael and John Toye, *Does Aid Work in India? A Country Study of the Impact of Official Development Assistance*, London: Routledge, 1990.

Lowen, Rebecca S., *Creating the Cold War University: The Transfor-*

mation of Stanford, Berkeley and Los Angeles: University of California Press, 1997.

Lugard, F. D, *The Dual Mandate in British Tropical Africa*, Edinburgh: William Blackwood, 1929.

Lumsdaine, David, *Moral Vision in International Politics: The Foreign Aid Regime*, 1949-1989, Princeton: Princeton University Press, 1993.

Maiti, Narayan Chandra, *Traditional Caste Panchayat and Aspects of Social Movement*, Kolkata: R. N. Bhattacharya, 2007.

McMahon, Robert J., *Cold War on the Periphery, the United States, India, and Pakistan*, New York: Columbia University Press, 1994.

Merrill, Dennis, *Bread and Ballot: The United States and India's Economic Development*, 1947-1963, Chapel Hill: University of North Carolina Press, 1990.

Millikan, Max and Walt Rostow, *A Proposal: Key to an Effective Foreign Policy*, Connecticut: Greenwood Press, 1957.

Mishra, Sudhakanta, *Foreign Aid to India: 1951-1964*, Allahabad: Tirabhukti Publications, 1965.

Mosher, A. T., *Creating a Progressive Rural Structure: to Serve a Modern Agriculture*, New York: The Agricultural Development Council, 1969.

Nair, Kusum, *Blossoms in the Dust, the Human Factor in Indian Development*, New York: Frederich A. Praeger, 1962.

Nehru, Jawaharlal, *Selected Works of Jawaharlal Nehru*, New Delhi: Jawaharlal Nehru Memorial Fund, Teen Murti House.

Parekh, Bhikhu, *Gandhi's Political Philosophy: A Critical Examination*, Basingstoke Hampshire: Macmillan Press, 1989.

Parmar, Inderjeet, *Foundations of the American Century: The Ford, Carnegie, and Rockefeller Foundaitons in the Rise of American Power*, New York: Columbia Unviersity Press, 2012.

Pinstrup-Andersen, P., *Agricultural Research and Technology in Economic Development*, London: Longman, 1982.

Pruthi, R. K., *History of Modern India*, New Delhi: Mohit Publications, 2005.

Pye, Lucian, *Aspects of Political Development: An Analytic Study*, Little Brown, 1966.

Melvin M. Tumin, *Caste in a Peasant Society, A Case Study in the Dynamics of Caste*, Princeton, New Jersey: Princeton University Press, 1952.

Rao, V. K. R. V., and Dharm Narain, *Foreign Aid and India's Economic Development*, London: Asia Publishing House, 1963.

Roelofs, Joan, *Foundation and Public Police: the Mask of Pluralist*, New York: State University of New York Press, 2003.

Rosen, George, *Western Economists and Eastern Societies: Agents of Change in South Asia*, 1950–1970, Baltimore and London: The Johns Hopkins University Press, 1985.

Roy, Binoy K., *US Infiltration in Indian Education*, New Delhi: Perspective, 1973.

Roy, Ramashray, *Gandhi and Ambedkar: A Study in Contrast*, India: Shipra Publication, 2006.

Rudolph, Lloyd and Susanne Hoeber Rudolph, *The Modernity of Tradition: Political Development in India*, Chicago: University of Chicago Press, 1967.

Saing, Soe, *United Nations Technical Aid in Burma: A Short Survey*, Singapore: Institute of Southeast Asian Studies, 1990.

Sharma, R. S., eds., *Servey of Research in Economic and Social History of India*, Delhi: Ajanta Publisher, 1986.

Shiva, Vandana, *The Violence of the Green Revolution*, Third World Network, 1991.

Simpson, Christopher ed., *Universities and Empire: Money and Politics in the Social Sciences during the Cold War*, New York: New Press, 1998.

Singh, Tarlok, *Poverty and Social Change, with a reappraisal*, Bombay, Madras, Calcutta, New Delhi: Orient Longmans, 1969.

Sorensen, E. and J. Torfing eds., *Theories of Democratic Network Governance*, Basingstoke: Palgrave Macmillan, 2007.

Staples, Amy L. M., *The Birth of Development: How the World Bank, Food and Agriculture Organization, and World Organization Changed the World*, 1945-1965, Kent: Kent State University Press, 2006.

Sussman, Gerald E., *The Challenge of Integrated Rural Development in India: A Policy and Management Perspective*, Boulder: Westview Press, 1982.

Wakin, Eric, *Anthropology Goes to War: Professional Ethics and Counterinsurgency in Thailand*, Madison: University of Wisconsin Center for Southeast Asian Studies, 1992.

Wallerstein, Mitchel B., *Food for War-Food for Peace: United States Food Aid in a Global Context*, Cambridge, Mass: MIT Press, 1980.

IV. 期刊文章

中文

蔡佳禾:《肯尼迪政府与 1962 年的中印边界冲突》,《中国社会科学》2001 年第 6 期。

陈兼、余伟民:《"冷战史新研究":源起、学术特征及其批判》,《历史研究》2003 年第 3 期。

陈笕:《挑战与启迪——记美国先锋良种公司》,《中外管理导报》1989 年第 1 期。

陈剩勇、李力东:《20 世纪 50 年代以来的西方比较政治学发展述评》,《政治学研究》2008 年第 6 期。

丁韶彬:《美国对外援助的法律架构及其演进》,《国际论坛》2012 年第 2 期。

丁韶彬、阚道远:《对外援助的社会交换论阐释》,《国际政治研究》2007 年第 3 期。

何承金:《印度的经济调整》,《南亚研究》1985 年第 1 期。

贺文萍:《从"援助有效性"到"发展有效性":援助理念的演变及中国经验的作用》,《西亚非洲》2011 年第 9 期。

霍启淮:《试论印度的粮食价格政策》,《南亚研究季刊》1986 年第 1 期。

林承节:《十九世纪末二十世纪初的印度农民问题与小资产阶级民主派的态度》,《南亚研究》1984 年第 1 期。

刘国柱:《艾森豪威尔政府对发展援助政策的调整与美国冷战战略》,《求是学刊》2011 年第 3 期。

刘国柱:《罗斯托的发展援助理论评析》,《河北师范大学学报》2006 年第 6 期。

刘学成:《印度土地改革的政治意义》,秦毅译,《南亚研究》1989 年第 4 期。

路进:《印度粮食价格政策的变化》,《世界农业》1984 年第 12 期。

牛可:《自由国际主义与第三世界——美国现代化理论兴起的历史透视》,《美国研究》2007 年第 1 期。

邵育群:《美国对巴基斯坦发展援助新战略评估》,《南亚研究》2011 年第 1 期。

孙建党、戴锦波:《美国政府、NGO、跨国公司在菲律宾绿色革命中的角色和作用》,《东南亚研究》2011 年第 6 期。

孙培钧:《农业新战略推动下的印度农业》,《全球瞭望》2006 年第 9 期。

孙培钧:《印度经济五十年》,《南亚研究》2000 年第 1 期。

孙培钧:《90 年代南亚国家面临的挑战与对策》,《亚太经济》1993 年第 1 期。

孙培钧:《90 年代印度的经济和政治》,《南亚研究》1991 年第 1 期。

孙培钧:《印度独立以来农业发展战略的演变》,《南亚研究》1990 年第 1 期。

孙培钧:《印度农村土地关系和国大党政府的土地政策》,《南亚研究》1986 年第 1 期。

孙培钧:《外援在印度农业发展中的作用》,《世界经济》1982 年第 9 期。

孙培钧:《关于印度旁遮普邦农业中资本主义发展的初步探讨》,《南亚研究》1979 年第 1 期。

孙培钧：《日益严重的印度粮荒》，《世界知识》1964 年第 1 期。

孙培钧：《外"援"在印度造成的经济后果》，《世界知识》1963 年第 14 期。

孙士海：《中国与印度的经济改革比较》，《南亚研究》1998 年第 1 期。

王红生：《90 年代以来印度的潘查亚特制度建设与政治改革》，《南亚研究》2009 年第 2 期。

王慧英：《"剩余品"时代美国的对外粮食援助政策》，《世界历史》2006 年第 2 期。

王立新：《跨学科方法与冷战史研究》，《史学集刊》2010 年第 1 期。

王琛、王苏礼：《1971 年南亚危机与尼克松政府的对策》，《史学月刊》2009 年第 12 期。

文富德：《印度的粮食安全对策》，《南亚研究》2004 年第 2 期。

文富德：《论印度的粮食问题》，《南亚研究季刊》1994 年第 1 期。

翟强：《国际学术界对冷战时期美国宣传战的研究》，《历史研究》2014 年第 3 期。

翟韬：《现代化理论与冷战政治——冷战国际史研究中的一种新的学术潮流》，《北大史学》2010 年第 15 期。

詹琳、陈建鹏：《全球现代种业的演进轨迹——基于三大跨国种业公司成长视角》，《农业经济与管理》2014 年第 5 期。

张宏毅：《美国政治价值观与世界霸权》，《理论前沿》2004 年第 4 期。

张宏毅：《现代美国对外政策中的意识形态因素》，《世界历史》1988 年第 6 期。

张杨：《冷战共识：论美国政府与基金会对亚洲的教育援助项目（1953—1961）》，《武汉大学学报》2013 年第 3 期。

周琪：《冷战时期美国对外援助的目标和方法》，《美国问题研究》2009 年第 2 期。

周启元：《关于国际经济援助若干理论问题的研究》，《世界经济》1991 年第 12 期。

资中筠:《洛克菲勒基金会与中国》，《美国研究》1996 年第1 期。

［美］菲利普·麦克迈克尔著，陈祥英、陈玉华编译:《世界粮食危机的历史审视》，《国外理论动态》2010 年第 3 期。

［美］F. 托马森·詹努兹:《印度土地制度改革的失败》，施尧伯译，《南亚研究》1988 年第 3 期。

英文

Abzug, Rikki, "The Nonprofit and the Informal Sector: A Theoretical Perspective", *Voluntas: International Journal of Voluntary and Nonprofit Organizations*, Vol. 10, No. 2, June 1999.

Baldwin, David A., "Analytical Notes on Foreign Aid and Politics", *Backgroud*, Vol. 10, No. 1, 1966.

Bardhan, Pranab, "Decentralization of Governance and Development", *The Journal of Economic Perspectives*, Vol. 16, No. 4, 2002.

Bassett, Ross, "MIT-Trained Swadeshis: MIT and Indian Nationalism, 1880-1947", *Osiris*, Vol. 24, No. 1, 2009.

Beckmann, George M., "The Role of the Foundations", *Annals of the American Academy of Political and Social Science*, No. 356, Nov., 1964.

Bell, Peter D., "The Ford Foundation as a Transnational Actor", *International Organization*, Vol. 25, No. 3, Summer, 1971.

Bhattacharyya, Jnanabrata, "Theorizing Community Development", *Journal of the Community Development Society*, Vol. 34, No. 2, 2004.

Bourieu, Pierre, "Intellectual Field and Creative Project", *Social Science Information*, Vol. 8, No. 2, 1969.

Bowles, Chester B., "The Partnership that must not fail", *Department of State Bulletin*, Vol. 25, No. 658, 1952.

A. K. Chakravarti, "Green Revolution in India", *Annals of the Association of American Geographers*, Vol. 63, No. 3, Sep., 1973.

Chenery, Hollis B. and Alan M. Strout, "Foreign Assistance and Economic Development", *American Economic Review*, Vol. 56, No. 4, Part I, 1966.

Clift, Charles, "Progress of Irrigation in Uttar Pradesh: East – West Differences", *Economic and Political Weekly*, Vol. 12, No. 39, Sept. 24, 1977.

Clinard, Marshall B., "The Sciologist and Social Change in Underdeveloped Countries", *Social Problem*, Vol. 10, No. 3, Winter, 1963.

Cochrane, Willard W., "Public Law 480 and Related Programs", *Annals of the American Academy of Political and Social Science*, Vol. 331, Sept., 1960.

Cordon, Leonard A., "Wealth Equals Wisdom? The Rockefeller and Ford Foundations in India", *Annals of the American Academy of Political and Social Science*, Vol. 554, Nov., 1997.

Cullather, Nick, "Hunger and Containment: How India became 'Important' in US Cold War Strategy", *India Review*, Vol. 6, No. 2, 2007.

D. N. Dhanagare, "Green Revolution and Social Inequalities in Rural India", *Economic and Political Weekly*, Vol. 22, No. 19/21, May, 1987.

Dhar, Biswajit, "Technology Indigenization and External Influences: Case of the Fertilizer Industry in India", *Social Scientists*, Vol. 13, No. 3, Mar., 1985.

Easter, K. Willam and S. Bisaliah and John O. Dunbar, "After Twenty –Five Years of Institution Building, the State Agricultural Universities in India Face New Challenges", *American Journal of Agricultural Economics*, *Proceedingss Issues*, Vol. 71, No. 5, Dec., 1989.

Engerman, David C., "Learning from the East: Soviet Experts and India in the Era of Competitive Coexistence", *Comparative Studies of South Asia, Africa and the Middle East*, Vol. 33, No. 2, 2013.

Engerman, David C., "The Second World's Third World", *Kritika: Explorations in Russian and Eurasian History*, Vol. 12, No. 1, Winter, 2011.

Engerman, David C., "Reproducing Power?" *History and Technology: An International Journal*, Vol. 26, No. 1, 2010.

Engerman, David C., "Bernath Lecture: American Knowledge and

Global Power", *Diplomatic History*, Vol. 31, No. 4, Sept., 2007.

Engerman, David C., "The Romance of Economic Development and New Histories of the Cold War", *Diplomatic History*, Vol. 28, No. 1, Jan., 2004.

Epstein, Jason, "the CIA and the Intellectuals", *the New York Review of Books*, April 20, 1967.

Farmer, B. H., "Perspectives on the 'Green Revolution' in South Asia", *Modern Asian Studies*, Vol. 20, No. 1, 1986.

Fisher, Donald, "The Role of Philanthropic Foundations in the Reproduction and Production of Hegemony", *Sociology*, Vol. 17, 1983.

Gant, George F., "The Southern Regional Education Program", *Public Administration Review*, Vol. 12, No. 2, spring, 1952.

Gaud, William S., "The Current Effect of the American Aid Program", *Annals of the American Academy of Political and Social Science*, Vol. 384, July, 1969.

Ghosh, Madhusudan, "Agricultural Development, Agrarian Structure and Rural Poverty in West Bengal", *Economic and Political Weekly*, Vol. 33, No. 47/48, Nov. 21–Dec. 4, 1998.

Junankar, P. N., "Green Revolution and Inequality", *Economic and Political Weekly*, Vol. 10, No. 13, Mar. 19, 1975.

Karl, Barry D. and Stanley N. Katz, "Foundations and Ruling Class Elites", *Daedalus*, Vol. 116, No. 1, Winter, 1987.

Kennan, George F., "Foreign Aid in the Framework of National Policy", *Proceedings of the Academy of Political Science*, Vol. 23, No. 4, Jan., 1950.

Krige, John, "The Ford Foundation, Europe Physics and the Cold War", *Historical Studies in the Physical and Biological Sciences*, Vol. 29, No. 2, 1999.

Ladejinsky, Wolf, "How Green is the Indian Green Revolution?" *Economic and Political Weekly*, Vol. 8, No. 52, Dec., 1972.

Ladejinsky, Wolf, "Ironies of India's Green Revolution", *Foreign Af-*

fairs, Vol. 48, No. 8, July, 1970.

Leslie, Stuart W. and Rober Kargon, "Exporting MIT: Science, Technology Building in India and Iran", *Osiris*, 2nd Series, Vol. 21, Global Power Knowledge: Science and Technology in International Affairs, 2006.

Magat, Richard, *The Ford Foundation at Work: Philanthropic Choices, Methods, and Styles*, New York: Plenum Press, 1979.

McCarthy, Kathleen D., "From Cold War to Cultural Development: The International Cultural Activities of the Ford Foundation, 1950–1980", *Daedalus*, Vol. 116, No. 1, Winter, 1987.

McGlade, Jacqueline, "More a Plowshare than a Sword: The Legacy of US Cold War Agricultural Diplomacy", *Agricultural History*, Vol. 83, No. 1, Winter, 2009.

Miller, Frank C., "Knowledge and Power: Anthropology, Policy Research, and the Green Revolution", *American Ethnologist*, Vol. 4, No. 1, Feb., 1977.

Morgenthau, Hans, "A Political Theory of Foreign Aid", *The American Political Science Review*, Vol. 56, No. 2, 1962.

Neale, Walter C., "Rural Development and Politics in India", *Pacific Affairs*, Vol. 53, No. 4, Winter, 1980–1981.

Ninan, K. N. and H. Chandrashekar, "Green Revolution, Dryland Agriculture and Sustainability: Insights from India", *Economic and Political Weekly*, Vol. 28, No. 12/13, Mar. 20–27, 1993.

Oommen, T. K., "Green Revolution and Agrarian Conflict", *Economic and Political Weekly*, Vol. 6, No. 26, Jun. 26, 1971.

Paddock, Willian C., "How Green is the Green Revolution", *BioScience*, Vol. 20, No. 16, Aug. 15, 1970.

Palmer, Glenn, and Scott B. Wohlander and T. Clifton Morgan, "Give or Take: Foreign Aid and Foreign Policy Substitutability", *Journal of Peace Research*, Vol. 39, No. 1, Jan., 2002.

Parayil, Govindan, "The Green Revolution in India: A Case Study of Technological Change", *Technology and Culture*, Vol. 33, No. 4, Oct.,

1992.

Parmar, Inderjeet, "The 'Knowledge Politics' of Democratic Peace Theory", *International Politics*, Vol. 50, No. 2, 2013.

Parmar, Inderjeet, "Foundation Networks and American Hegemony", *European Journals of American Studies*, Vol. 1, 2012.

Parmar, Inderjeet, "American Foundations and the Development of International Knowledge Networks", *Global Networks*, Vol. 2, No. 1, 2002.

Parmar, Inderjeet, "The Carnegie Corporation and the Mobilisation of Opinion in the United States' Rise to Globalism, 1939 – 1945", *Minerva*, Vol. 37, 1999.

Posgate, W. D., "Fertilizers for India's Green Revolution: The Shaping of Government Policy", Asian Survey, Vol. 14, No. 8, Aug., 1974.

Raj, K. N., "Agricultural Growth in China and India: Role of Price and Non-Price Factors", *Economic and Political Weekly*, Vol. 18, No. 3, Jan. 15, 1983.

Sackley, Nicole, "Village Models: Etawah, India, and the Making and Remaking of Development in the Early Cold War", *Diplomatic History*, Vol. 37, No. 4, 2013.

Sackley, Nicole, "The Village as Cold War Site: Experts, Development, and the History of Rural Reconstruction", *Journal of Global History*, Vol. 6, No. 3, 2011.

Schmid, A. Allan, "Review of Institution Building in India", *Journal of Economic Issues*, Vol. 10, No. 3, Sept., 1976.

Subrahmanian, K. K., "Role of Foreign Aid and Investment", *Social Scientist*, Vol. 1, No. 6, Jan., 1973.

Sutton, Francis X., "The Ford Foundation: The Early Years", *Daedalus*, Vol. 116, No. 1, Winter, 1987.

Sutton, Francis X., and David R. Smock, "The Ford Foundation and African Studies", *A Journal of Opinion*, Vol. 6, No. 2/3, 1976.

Taub, Richard, "Review of Institution Building in India", *The Journal of Business*, Vol. 49, No. 1, Jan., 1976.

Thorner, Alice, "Nehru, Albert Mayer, and Origins of Community", *Economic and Political Weekly*, Vol. 6, No. 4, 1981.

Tomohisa Hattori, "The Moral Politics of Foreign Aid", *Review of International Studies*, Vol. 29, No. 2, Apr., 2003.

Wade, Nicholas, "Green Revolution (Ⅰ): A Just Technology, Often Unjust in Use", *Science*, New Series, Vol. 186, No. 4169, Dec. 20, 1974.

Wade, Nicholas, "Green Revolution: Creators Still Quite Hopeful on World Food", *Science*, New Series, Vol. 185, No. 4154, Sept. 6, 1974.

Ⅴ. 博士论文和未刊文章

中文

李艳娜:《富兰克林·罗斯福与印度的非殖民化研究》,博士学位论文,山东师范大学,2011 年。

娄亚萍:《试论战后美国对外经济援助》,博士学位论文,复旦大学,2010 年。

牛可:《战后东亚发展中的美国因素:台湾个案研究》,博士学位论文,北京大学,1998 年。

陶亮:《理想主义与地区权力政治:冷战时期印度对外政策》,博士学位论文,云南大学,2012 年。

王昊:《冷战时期美国对印度援助政策研究 (1947—1971)》,博士学位论文,华东师范大学,2008 年。

习罡华:《地缘政治与 1947—1974 年的克什米尔冲突》,博士学位论文,北京大学,2008 年。

英文

Carroll, Margaret M., "The Rockefeller Corollary: The Impact of Philanthropy and Globalization in Latin America", PhD dissertation, University of California, 1999.

Han Tie, "The Ford Foundation and Chinese Studies, 1950-1979", PhD dissertation, University of Wisconsin-Madison, 1997.

Holdcroft, Lane E., "The Rise and Fall of Community Development in

Developing Countries, 1950-1965: A Critical Analysis and an Annotated Bibliography", MSU Rural Development Paper No. 2, Department of Agricultural Economics, Michigan State University, 1978.

Khan, Akhter Hameed, "Ten Decades of Rural Development Lessons from India", MSU Rural Development Papers, Michigan State University, 1978.

Ludden, David, "History and the Inequality Predicament in South Asia", Wertheim Lectures, Centre for Asian Studies, Amsterdam, 2006.

Raynor, Gregory K., "Engineering Social Reform: The Rise of the Ford Foundation and Cold War Liberalism, 1908-1959", PhD dissertation, New York University, 2000.

Serdari, Thomai, "Albert Mayer, Architect and Town Planner: The Case for a Total Professional", PhD dissertation, New York University, 2005.

VI. 网络资源

1. http://site. ebrary. com/lib/yale/Doc? id=10002736andppg=1.
2. http://www. Mapsofindia. com.
3. http://planningcommission. gov. in/index. php.
4. http://www. india. gov. in/govt/constitutions_ of_ india. php.
5. http://www. india. gov. in/govt/constitutions_ of_ india_ amendment. php.

后　记

此书是在笔者博士论文的基础上修改完成，论文的出版为我的求学时光画下一个句号，当然，文中仍有很多不足之处有待改进，此书的出版也是我进行学术研究的一个新起点。笔者从 2008 年起开始南亚史方向硕士的学习和研究，硕士论文选题为"潘查亚特制度建设与独立以来印度地方政治的发展"。通过阅读相关著作和史料，写作了 8 万字左右的论文初稿，在硕士答辩前夕，笔者通过硕博连读开始攻读博士学位。进入博士阶段以后，在硕士论文研究的基础之上，为了让论文的主题更加具体，更加明确，加之搜集论文材料的多重考虑，最终将博士论文选题锁定为"美国福特基金会对印度农业发展援助，1951—1971"。在确定选题后，笔者首先利用北京大学图书馆和国家图书馆的馆藏资源收集相关材料，包括 44 卷《尼赫鲁文集》《鲍尔斯回忆录》等重要材料以及大量的相关研究著述，了解与研究主题相关的基本史实，并制定了具体的研究步骤和搜集材料的具体方案。

2012 年，笔者通过"北大—耶鲁博士生交流项目"资助，前往耶鲁大学学习和收集资料。在 6 个月的时间里，笔者通过耶鲁大学图书馆丰富的馆藏资源和数据库资源，搜集到了福特基金会在印度援助活动的档案，美国外交文件，国会记录，英国外交部关于南亚国家的档案，《印度时报》以及印度政府印发的相关文件和评估报告等重要材料，这些材料是本书写作的坚实基础。

回国以后，笔者利用一年的时间阅读和整理材料，并且通过与导师的不断交流和沟通，进一步明晰了论文所要关注的具体问题，确定了论文的基本框架，并且着手将资料整理成文。在这个过程中，笔者遇到了很多的困难和挑战，其中，如何将研究的主题放在更大的社会科学的理论背景之下加以考察，成为本书写作面临的最大挑战。为了克服这个困难，笔者在完成了论文前三章初稿的基础上，前往荷兰阿姆斯特丹大学社会学系学习。

在荷兰的 10 个月，威廉·范·申德尔（Willem van Schendel）、马里奥·吕腾（Mario Rutten）（已故）、马塞尔·范·德·林登（Marcel van der Linden）等社会史研究和南亚研究的专家对本书写作提供了有益的建议。此外，在荷兰期间，笔者阅读了关于第三部门、文化霸权、世界知识网络等方面的研究文章和国际研究前沿。笔者还写作了《美国的知识精英与印度的社会科学机构建设》《福特基金会与印度农村社区发展》两篇习作，并提交学术研讨会，获得了参会学者与学生的大量反馈意见，不同学科背景的学者的意见对本书的写作有很大的启示和帮助。

需要说明的是，本书的研究主题决定了论文的研究方法主要是档案分析，实地田野调查并非本书的主要研究方法。另一方面，由于客观条件的限制，笔者在论文写作期间，无法到印度从事长期的田野调查。所幸的是，笔者在读博期间获得一次赴印短期调研的机会。2015 年 1 月，笔者随中国社会科学院 "政治发展比较研究" 课题组赴印度新德里、孟买实地调研。调研期间，笔者参加了印度中国研究所主办的 "中印民主发展：共享与经验" 研讨会，通过研讨会的方式，集中搜集了印度学者对印度发展和民主问题的看法。此外，课题组还访问了印度储备银行首席顾问姆利达尔·沙加尔（Mridul Saggar）先生，了解了印度经济发展的最新动向。这次短期的实地调研，使笔者对印度有了更加直观的认识，也加深了笔者对印度民主和发展问题的理解，对本书的思考和写作大有裨益。博士毕业后我两度前往印度，从加尔各答到阿姆利则，从金奈到班加罗尔，游历了印度全国诸多地方，通过一路上的观察、交流与思考，让我对印度的发展、民主、现代化等问题有了更直观和深刻的认识，这对于本书的修改有很大帮助。

另外，论文答辩过程中，各位评委对我的论文提了很多很有价值的意见，这些意见对我进一步修改论文极为重要。对于这些修改意见，我尽我所能地做出了修改，对于一些意见，我也保留了我自己的想法。例如，有评委指出我的论文中对印度的土地改革重视不够，提出与其专门用一章来写美国对印度的粮食援助，不如用一章来写土地改革。对此，我也表达了我的考虑，土地改革固然重要，但是本论文的主题是福特基金会对印度农业发展的援助，而福特基金会并没有直接援助印度的土地改革，或者说福特基金会对土地关系的有关设想，主要体现在其对于美国粮食援助、农村社区发展以及绿色革命看法与主张上，故此没有专设一章写土地改革，而是通过印度接受美国粮食援助，来分析美国政府、福特基金会官员以及印度政治精英对印度农业发展道路相关问题的看法与意见，这其中就包括如何看待农业发展的重要性、如何看待粮食价格政策以及土地改革等问题。

在博士论文即将付梓之际，想要感谢所有对此文写作提供了帮助的人，我的博士论文指导教师王红生教授和吴小安教授对本书写作提供了莫大的帮助，从资料搜集到分析整理成文，无不凝聚着两位老师的心血。此外，中国社科院政治学所房宁所长、阿姆斯特丹大学威廉·范·申德尔教授、马里奥·吕腾教授、北京大学董正华老师、董经胜老师、包茂红老师、牛可老师、李安山老师等对此书写作提供了很多帮助，还有很多的朋友给予我极大的支持与鼓励，在此无法一一列举，真诚地感谢他们的帮助。博士毕业以后，我来到云南大学国际关系研究院工作，在这里遇到了一批热心关注南亚东南亚问题的学者，与他们的交流过程中，我获得了很多的启发，在此也表示衷心感谢！

最后，谨以此文献给含辛茹苦育我成人的父母，三十年来无微不至的关怀，在物质和精神上的默默支持，在我取得进步的时候替我高兴，在我遭受挫折的时候陪我共度，希望我能够回报这份恩情！

冯立冰
2016 年于昆明